INSTITUTIONS & THE CITY: THE ROLE OF ARCHITECTURE

INSTITUTIONS & THE CITY

—

THE ROLE
OF ARCHITECTURE

PARK BOOKS

8
Preface
Avant-propos
Voorwoord

GÉRALD LEDENT & CÉCILE VANDERNOOT

20
Paradoxical Institutions
Paradoxales institutions
Paradoxale instellingen

DELPHINE DULONG

32
Instituting Through Space & Text
Instituer à travers l'espace & le texte
Institueren aan de hand van ruimte & tekst

SOPHIA PSARRA

60
Brussels & Its Institutions
Bruxelles & ses institutions
Brussel & haar instellingen

GÉRALD LEDENT & CÉCILE VANDERNOOT

82
Place Royale in Brussels
La place Royale de Bruxelles
Het Brusselse Koningsplein

CHRISTIAN GILOT

106
The Entwined Histories of Brussels Institutions
Histoires entremêlées d'institutions bruxelloises
Een web van verhalen over de Brusselse instellingen

GÉRALD LEDENT & CÉCILE VANDERNOOT

178
Evolving Institutions
L'évolution des institutions
De evolutie van de instellingen

DIETMAR EBERLE

192
An Institutional Shift
Glissement institutionnel
Institutionele verschuiving

GÉRALD LEDENT & CÉCILE VANDERNOOT

210
Biographies

212
Notes & Bibliographies

AVANT-PROPOS

PREFACE

Gérald Ledent & Cécile Vandernoot

VOORWOORD

Instituer pose la question de l'organisation des rapports humains dans des groupes élargis. Émile Durkheim définit une institution comme un ensemble de pratiques, de rites et de règles de conduite partagés et compris par ces groupes qui balisent leur quotidien et assurent le vivre ensemble de la communauté. Le sociologue poursuit en incluant dans cette définition l'ensemble des représentations qui concernent ces pratiques, définissent leur signification et tendent à justifier leur existence. C'est le cas de l'État, de l'Église, de l'armée, de la justice, de l'éducation, de la famille, du mariage, etc. Autant d'institutions qui orientent nos actions, régissent nos relations humaines et régulent nos sociétés. La portée d'une institution dépend de la compréhension de ses codes par l'ensemble du corps social. Les institutions ne sont pas figées, et elles évoluent au gré de l'histoire. Ainsi, bien qu'objectivées par une série de règles, inscrites dans des lieux ou activées par des rites hérités du passé, elles sont en perpétuelle mutation et forment donc des entités complexes.

De nombreuses civilisations humaines attestent de liens réciproques entre espaces, objets et systèmes de pensée de la société qui les a générés. L'architecture est régulièrement convoquée pour instaurer, identifier ou perpétuer les codes des institutions. Elle n'est pas neutre socialement. Elle n'est jamais une coquille vide dénuée d'intentions. Au contraire, l'architecture conditionne, coordonne, propose et supporte des rapports entre individus. Cette propriété lui donne un rôle primordial dans l'installation de rapports humains et souligne l'importance des espaces construits et, par extension, de la ville.

Instituting poses the question of the organization of human relations in extended groups. Émile Durkheim defined an institution as a set of practices, rituals and rules of conduct that are shared and understood by these groups and that map out their daily lives and ensure the coherence of the community. The sociologist went on to include in this definition the set of representations that concern these practices, define their meaning and tend to justify their existence. This is the case for the state, the Church, the army, justice, education, family and marriage, among others. These are all institutions that guide our actions, govern our human relations and regulate our societies. The weight of an institution depends on the extent to which the social body as a whole understands its codes. Institutions are not fixed but evolve with history. Although objectified by a series of rules, inscribed in places or activated by rites inherited from the past, they are in a state of perpetual transformation and therefore make complex entities.

Many human civilizations attest to the reciprocal links between the spaces, objects and thought systems of the society that produced them. Architecture is regularly called upon to establish, identify or perpetuate the codes of institutions. It is not socially neutral. It is never an empty shell devoid of intentions. On the contrary, architecture conditions, coordinates, proposes and supports relations between individuals. This means it plays a key role in the establishment of human relations and underlines the importance of built spaces and, by extension, of the city.

Hoe organiseer je menselijke relaties in grotere groepen en welke instellingen heb je daarvoor nodig? Émile Durkheim definieert institutes of instellingen als alle praktijken, rituelen en gedragsregels die door groepen gedeeld en begrepen worden, die hun dagelijks leven afbakenen en zorgen dat een gemeenschap kan samenleven. Ook alle representaties van deze praktijken zijn instituties, aldus deze socioloog. Kerk, staat, leger, justitie, universiteit, gezin, huwelijk… Stuk voor stuk instituties die ons handelen sturen, onze menselijke relaties bepalen en onze samenlevingen regelen. Hoe meer mensen de codes van een institutie begrijpen, hoe breder haar draagwijdte is. En hoewel instituties geobjectiveerd zijn in een reeks regels, op bepaalde plaatsen verankerd zijn of functioneren op basis van riten uit het verleden, veranderen ze voortdurend. Het zijn complexe entiteiten die mee evolueren met de tijd.

Veel menselijke beschavingen maken de wederkerige relaties tussen de ruimten, voorwerpen en denksystemen van de maatschappij die ze heeft voortgebracht zichtbaar. Vaak wordt een beroep gedaan op de architectuur om de codes van instellingen in te voeren, te identificeren of te bestendigen. Maatschappelijk gezien is architectuur dus niet neutraal, ze is nooit een lege doos zonder bedoelingen. Integendeel, architectuur conditioneert, coördineert, presenteert en ondersteunt relaties tussen individuen. Architectuur speelt een sleutelrol in de totstandkoming van menselijke relaties en benadrukt het belang van de bebouwde ruimte en dus ook van de stad.

Architectuur geeft een ruimtelijke vorm aan waardesystemen en vertaalt ideologieën in duurzame fysieke

← View of the Royal Route, from Brussels Park – Photo: Simon Schmitt (GlobalView), 2011.

L'architecture formalise dans l'espace des systèmes de valeurs et représente des idéologies dans des structures physiques pérennes, que cela soit dans ses édifices ou dans l'espace de la ville. Qu'il s'agisse d'institutions politiques, religieuses, militaires, économiques ou culturelles, leurs valeurs et symboles ont fréquemment été inscrits dans l'espace et dans la pierre. Les comprendre c'est aussi réaliser que lorsque les idées se matérialisent, les mécanismes de leur production et de leur transmission peuvent aussi être contrôlés. À travers l'histoire, les modifications apportées à ces structures spatiales ont révélé le travail de légitimation nécessaire pour que perdurent certaines institutions. Si l'architecture installe très pratiquement des rapports entre les personnes, elle véhicule aussi des discours. Pendant longtemps, comme le souligne Victor Hugo, l'architecture a été la grande écriture du genre humain. Elle a façonné des espaces en les rendant signifiants pour des groupes élargis de personnes. En ce sens, elle fonctionne comme un repère pour le groupe.

Aujourd'hui, cette relation entre institutions et architecture est en évolution. Plusieurs raisons président à ces changements.

Premièrement, pour en revenir à Victor Hugo, les modes d'expression de la société occidentale se sont diversifiés. Supplantée par l'imprimerie d'abord, l'architecture a vu de nouveaux médias radiophoniques, télévisuels puis virtuels transmettre eux aussi les codes qui nous rassemblent ou nous divisent. Pourtant, si l'architecture est moins audible aujourd'hui dans ce concert élargi, elle n'en est pas muette pour autant.

Architecture formalizes value systems in space and represents ideologies in long-lasting physical structures, either in its buildings or in the space of the city. Whether these are political, religious, military, economic or cultural institutions, their values and symbols have frequently been inscribed in both space and stone. To understand institutions is also to realize that the mechanisms underlying the production and transmission of ideas can be controlled. Throughout history, changes to these spatial structures have revealed the process of legitimization required for certain institutions to endure. While architecture determines relations between people in very practical terms, it also conveys discourses. For a long time, as Victor Hugo pointed out, architecture was the principal expression of humankind. It shaped spaces by making them meaningful to larger groups of people. In this sense, architecture functions as a reference point for the group.

Today, the relation between institutions and architecture is evolving. There are several reasons for this.

First, to return to Victor Hugo, Western society's modes of expression have diversified. Supplanted firstly by the printing press, architecture has since seen radio, television and virtual media come along to transmit the codes that unite or divide us. Although architecture may be less audible today among this plurality of voices, it is not silent for all that. Second, it has recently become clear that tangible spaces are no longer the only places where we gather. Virtual space

structuren, hetzij in bouwwerken, hetzij in de stedelijke ruimte op zich. Of het nu gaat om politieke, religieuze, militaire, economische of culturele instellingen, hun waarden en symbolen zijn vastgelegd in de ruimtelijke organisatie en in steen. Het zijn gematerialiseerde ideeën. Als we die doorgronden, beseffen we dat de mechanismen van hun productie en overdracht gecontroleerd kunnen worden. In de loop van de geschiedenis hebben wijzigingen aan deze ruimtelijke structuren aangetoond dat het voortbestaan van bepaalde instellingen noopt tot een legitimering. Architectuur brengt fysieke relaties tot stand tussen mensen, maar draagt ook een bepaald discours uit. Lange tijd was architectuur, zoals Victor Hugo het stelde, het voornaamste register van de mensheid. Ze gaf vorm aan ruimten door ze een betekenis te geven voor uitgebreide groepen mensen. In die zin fungeert ze als een baken voor de groep.

Vandaag verandert deze relatie tussen instellingen en architectuur, en wel om verschillende redenen.

Ten eerste, om terug te koppelen naar Victor Hugo, drukt de westerse samenleving zich op zeer uiteenlopende manieren uit. Nadat de architectuur werd verdrongen door de drukpers, zag ze hoe ook radio, televisie en vervolgens de online media de codes overbrengen die ons samenbrengen of verdelen. Maar dat de stem van de architectuur in dit veel ruimere orkest minder hoorbaar is, betekent niet dat ze geen stem meer heeft.

Ten tweede is het vandaag duidelijk dat tastbare ruimten niet langer de enige plaatsen zijn waar we samenkomen. Ook in de virtuele ruimte komen sociale groepen

is just as much a home for social groups and this is giving physical space a less prominent role. Lastly, social relations themselves have become more diffuse, even confused, as lifestyles have become more diverse. Institutions that in the past garnered massive support no longer enjoy such backing. They are no longer recognized unanimously. In these circumstances, what is the role of architecture today and which institutions does it serve?

Three questions govern the relation between institutions and architecture. What does it mean to institute? How does architecture become an institutional medium? And what is the relevance of these questions today? These reflections on what structures our Western societies and what the role of architecture is in this structuring have nourished the curriculum of the LOCI Faculty of Architecture of UCLouvain for many years. They have been the guiding thread for several theoretical courses, project workshops and drawing-based explorations. Over a three-year period between 2019 and 2022, the curriculum was refocused on the subject of institutions, from their spatial inscription in the city to the ways in which they can be renewed, feeding an abundance of interdisciplinary deliberations.

Since a LOCI site is located in the heart of Brussels, this city was an ideal field of investigation. From its creation, the city's natural topography has been used to establish clear power relations between the city's lower and upper parts. Since the eleventh century, the upper town has been the location of choice for several types of institutions (political, judicial, religious,

financial and cultural). In the nineteenth century, the young Belgian state would rely on this heritage from the past to inscribe its power structure in space. With this in mind, the students approached the institutions from two angles: analytical and critical.

The observation and analysis of the context is the prerequisite for any project. This is what enables us to position ourselves before taking decisions that will determine future actions. The context is diverse, covering social, political and economic aspects as well as physical elements such as topography, hydrography and vegetation.

The course on means of expression and representation, for example, highlights freehand, pencil and charcoal in situ drawing. By definition, drawing implies choosing, making a selection. More so than photography, it means picking the elements that are represented, the framing, the necessary detail. It transforms the visual approach to the world into a projective approach through the fundamental cognitive operation of representation.

This is also the case with analytical drawings, which literally dissect the projects so as to grasp their articulations, hierarchies and shared elements or, on the contrary, those elements that singularize the buildings and urban realities. Based on surveys and archival documents, this work has enabled us to take a fresh look at the city's institutions and their symbolic significance by scrutinizing them in detail.

Par-delà ces travaux de représentation, une lecture critique de ce que peuvent être les institutions aujourd'hui et le rôle de l'architecture a animé plusieurs séminaires, conférences et travaux théoriques. Il est apparu régulièrement que les étudiants perçoivent un décalage entre leur vécu et les institutions qu'ils fréquentent ou qu'ils connaissent, souvent appréhendées comme des vestiges du passé. Pour beaucoup aussi, elles apparaissent comme désuètes et leurs significations sont difficiles à comprendre, engendrant au mieux perplexité, au pire détachement et rejet. Partant de ces constats, les institutions demandent à être réinventées dans leurs formes immatérielles comme matérielles.

Ces réflexions interrogent également l'impact de l'architecture sur nos systèmes de pensée, nos manières de (nous) construire à l'avenir, nos besoins sans doute différents de légitimité. Par le passé, des projets utopistes ont singulièrement mis en avant ce rôle de l'architecture pour développer de nouveaux récits collectifs et de nouveaux projets de société. À cet égard, le pouvoir visionnaire de l'utopie a l'occasion d'être réexploré.

Ce travail analytique d'observation et de réflexion théorique est doublé d'une approche prospective autour de deux axes. Le premier concerne l'architecture institutionnelle dont nous héritons. Les réflexions s'orientent autour du devenir de ces structures du passé alors que beaucoup semblent fatiguées et peinent à se renouveler. Certaines institutions se vident à la suite de restructurations ou simplement de l'évolution des technologies, laissant des espaces vacants à des endroits stratégiques de la ville. Certains espaces publics aussi sont vidés de leur sens

---

Beyond this representational work, a critical reading of what institutions can be today and of architecture's role filled several seminars, conferences and theoretical works. It frequently appeared that students perceive a gap between their experience and the institutions they visit or know, which are often viewed as relics of the past. For many students, these institutions also appear outdated, making it difficult for them to grasp their significance. This leads at best to perplexity, at worst to detachment and rejection. Based on these observations, institutions need to be reinvented in both their tangible and their intangible forms.

These reflections also concern the impact of architecture on our thought systems, our ways of constructing (ourselves) for the future and our undoubtedly different needs for legitimacy. In the past, utopian projects singularly highlighted this role of architecture in developing new collective narratives and new projects for society. In this respect, the visionary power of utopias is also worth re-exploring.

This analytical work of observation and theoretical reflection is coupled with a prospective approach centred on two themes. The first concerns the institutional architecture that we have inherited. The reflections focus on the future of these structures from the past, many of which appear tired, struggling to renew themselves. Some institutions have been left unoccupied as a result of restructuring or because of technological evolutions, leaving vacant spaces in strategic locations in the city. Some public spaces have also been emptied of their original meaning and

---

de architectuur hierin, het onderwerp van verschillende seminaries, conferenties en theoretische werken. Geregeld stelden studenten een kloof vast tussen hun beleving en de instellingen die ze bezoeken of kennen en die ze vaak als overblijfselen uit het verleden zien. Voor vele studenten lijken die instellingen verouderd en is hun betekenis moeilijk te vatten, wat in het beste geval leidt tot verbijstering, in het slechtste geval tot onverschilligheid en afwijzing. Vanuit deze vaststellingen moeten instellingen zowel in hun immateriële als in hun materiële vorm opnieuw worden uitgevonden.

Binnen deze beschouwingen gaat het ook over de invloed van architectuur op onze denksystemen, op onze manieren om (aan onszelf) te bouwen in de toekomst, onze ongetwijfeld verschillende behoeften aan legitimiteit. In het verleden hebben utopische projecten vooral de nadruk gelegd op de rol van architectuur binnen de ontwikkeling van nieuwe collectieve verhalen en nieuwe maatschappelijke projecten. In dit opzicht kan het visionaire vermogen van de utopie opnieuw worden verkend.

Dit analytisch werk van observatie en theoretische beschouwing wordt gekoppeld aan een toekomstgerichte benadering langs twee assen. De eerste as betreft de institutionele architectuur die wij erven. Daarbij wordt nagedacht over de toekomst van deze structuren uit het verleden, waarvan er vele uitgeblust lijken en moeite hebben zich te vernieuwen. Sommige instellingen lopen leeg door herstructureringen of door de technologische evolutie, waardoor op strategische plaatsen in de stad leegstand ontstaat. Soms zijn publieke ruimten ook van hun oorspronkelijke betekenis

premier et appellent à être réinvestis. C'est précisément ce réinvestissement par des pratiques et des usages contemporains qui est visé par les projets d'étudiants.

Le second axe concerne le versant immatériel des institutions. Face à des modes de vie en évolution, se pose la question des valeurs encore partagées aujourd'hui dans nos villes ou plus largement nos sociétés, et comment l'architecture des édifices et la structure urbaine peuvent les soutenir, les appuyer et les transmettre.

L'ensemble de ces réflexions graphiques met en avant de manière inédite la valeur de la production graphique et les méthodes pédagogiques de la Faculté d'architecture LOCI.

Ces réflexions et les débats qui en sont nés ainsi que leurs conceptualisations sont à la base de la structure de ce livre.

Dans le chapitre inaugural, Delphine Dulong s'attache à définir ce qu'est une institution, comme système normatif rassemblant la pensée et l'action de groupes de personnes, comme idéologie partagée par des éléments matériels ou immatériels. Partant de cette définition, elle clarifie les principes de fonctionnement des institutions et pointe leurs évolutions perpétuelles, soumises à des rapports de force qui montrent que toute institution est toujours retravaillée de l'intérieur comme de l'extérieur. La constitution d'un sentiment d'appartenance ou d'acceptation reste subjective mais concerne les individus dans leur ensemble. Pour faire vivre chaque institution, il faut que chacun – et simultanément, la société – puisse s'approprier le sens qui y est déposé, et qui y est parfois bien ancré.

need to be reoccupied. It is precisely this reoccupation through contemporary practices and uses that the student projects are focused on.

The second theme concerns the immaterial side of institutions. In light of changing lifestyles, the question arises as to what values we still share today in our cities and, more broadly, our societies. Also, how can the architecture of buildings and the structure of cities support, sustain and transmit these values?

All of these graphic reflections highlight the significance of graphic production and of the teaching methods of the LOCI Faculty of Architecture of UCLouvain. These considerations and the debates that ensued, as well as their conceptualizations, make up the backbone of this book.

In the opening chapter, Delphine Dulong sets out to define what an institution is, as a normative system bringing together the thoughts and actions of groups of people and as an ideology shared by material or immaterial elements. On the basis of this definition, she explains the principles underlying the functioning of institutions and points out their ongoing transformations. These changes are subject to power relations which show that institutions are always modified from both the inside and the outside. The creation of a feeling of belonging or acceptance remains subjective but concerns individuals as a group. For each institution to exist, each individual—and simultaneously society as a whole—must be able to appropriate the meaning deposited in it, which is sometimes deeply rooted.

ontdaan en moeten ze een nieuwe invulling krijgen. Het is precies deze 'nieuwe invulling' met hedendaagse praktijken en gebruiken waar de studentenprojecten zich op richten.

De tweede as betreft de immateriële kant van instellingen. In het licht van veranderende levensstijlen rijst de vraag welke waarden vandaag nog steeds worden gedeeld in onze steden, of meer in het algemeen in onze samenlevingen, en hoe de architectuur van gebouwen en het stedelijk weefsel deze kunnen ondersteunen, benadrukken en overdragen.

Al deze grafische bespiegelingen benadrukken op originele wijze de waarde van de grafische productie en van de onderwijsmethoden van de architectuurfaculteit LOCI.

Deze beschouwingen en de debatten die hieruit zijn voortgevloeid, alsook de conceptualisering ervan, vormen de basis voor de structuur van dit boek.

In het eerste hoofdstuk definieert Delphine Dulong wat een institutie is, als normatief systeem dat het denken en handelen van groepen mensen verenigt, als ideologie die aan de hand van materiële of immateriële elementen wordt gedeeld. Vanuit deze definitie verduidelijkt ze de werkingsprincipes van instellingen en wijst ze op hun voortdurende evolutie. Deze veranderingen zijn onderhevig aan machtsverhoudingen en tonen aan dat elke instelling zowel van binnenuit als van buitenaf steeds opnieuw wordt hervormd. De vorming van een gevoel van samenhorigheid of aanvaarding blijft subjectief, maar heeft betrekking op de individuen als groep. Om een instelling te doen werken, moet iedereen – en tegelijkertijd ook de samenleving – zich de betekenis kunnen toe-eigenen die erin is gelegd en er soms diep in verankerd zit.

L'intention institutionnelle se manifeste dans l'espace et se retrouve codée dans des textes. Les bâtiments et les espaces urbains ne sont pas seulement représentés par des figures, des emblèmes ou des éléments stylistiques. Ils incarnent également des relations sociales. Dans le deuxième chapitre, Sophia Psarra explore la manière dont les institutions sont spatialisées et l'influence des textes normatifs sur les relations qui se nouent dans un espace donné à partir de trois contextes différents : la structure urbaine de la ville de Venise, l'organisation spatiale du Parlement britannique et les effets du rapport Parker Morris sur les normes de logement au Royaume-Uni.

À partir du troisième chapitre s'opère un recentrement sur Bruxelles. Cette ville est un terrain fertile d'investigations pour mettre à l'épreuve et vérifier les notions théoriques développées. Les édifices institutionnels, liés à plusieurs types de pouvoirs, ont historiquement occupé le coteau ouest, le coteau bien orienté de Bruxelles. Sur sa ligne de crête, des axes rectilignes se sont développés, imprimant dans l'espace de la ville les rapports de pouvoir de l'État belge au 19e siècle. Ce dessin, le Tracé royal, est encore très présent dans la ville d'aujourd'hui. La manière dont ces rapports se sont mis en place progressivement à travers des équilibrages entre le bas et le haut de la ville est traduite dans une cartographie évolutive. Celle-ci raconte l'origine et les raisons de la matérialisation physique des pouvoirs sur le territoire, entre édifices et ville. Elle raconte par là aussi les évolutions de la société.

Le Tracé royal désigne un tracé « thématique » dédié à la dynastie belge, reliant le Domaine Royal de Laeken

Institutional intention manifests itself in space and is encoded in texts. Buildings and urban spaces are not only represented by figures, emblems and stylistic elements. They also embody social relations. In the second chapter, Sophia Psarra examines the way in which institutions are spatialized and how normative texts influence the relations that unfold within them based on three different contexts: the urban structure of the city of Venice, the spatial organization of the UK Parliament, and the effects of the Parker Morris report on housing space standards in the UK.

In the third chapter, the focus is back on Brussels. This city offers a fertile ground in which to test and verify the theoretical notions put forward. Institutional buildings, linked to several types of power, have historically occupied the city's western, well-oriented hillside. Along its ridgeline, a rectilinear route developed, inscribing in the space of the city the power relations at work in the Belgian state in the nineteenth century. This line, the Royal Route, is still very present in the city today. The way in which these relations were gradually established through the balancing of the city's lower and upper parts is reflected in a series of maps. These maps show the origin of and reasons behind the physical inscription of the centres of power on the territory, between buildings and city. In doing so the maps also portray the evolution of society.

The Royal Route is a 'thematic' course dedicated to the Belgian dynasty. It connects the Royal Palace to the Royal Domain of Laeken. This six-kilometre route is the direct result of

De institutionele intentie komt tot uiting in de ruimte en wordt gecodeerd in teksten. Gebouwen en stedelijke ruimten worden niet alleen voorgesteld aan de hand van figuren, emblemen of stilistische elementen. Ze belichamen ook sociale relaties. In het tweede hoofdstuk onderzoekt Sophia Psarra hoe instellingen in de ruimte vorm krijgen en hoe normatieve teksten de relaties binnen instellingen beïnvloeden. Ze doet dit aan de hand van drie verschillende contexten: de stedelijke structuur van Venetië, de ruimtelijke organisatie van het Britse parlement en de effecten van het Parker Morris-rapport op de huisvestingsnormen.

In het derde hoofdstuk ligt de focus opnieuw op Brussel. Institutionele gebouwen, gelinkt aan verschillende soorten macht, zijn er van oudsher gevestigd op de goed geöriënteerde, westelijke helling. Op de rug van die helling ontwikkelden zich rechte assen, die in de stedelijke ruimte de machtsverhoudingen van de Belgische staat in de 19de eeuw tonen. Dit ontwerp, het Koninklijk Tracé, is nog steeds sterk aanwezig in de stad. Hoe deze verhoudingen geleidelijk tot stand zijn gekomen, door het steeds in evenwicht brengen van beneden- en bovenstad, wordt getoond in een evolutieve cartografie. Ze vertelt over de oorsprong en redenen van de fysieke inplanting van de machtscentra op het grondgebied, tussen bouwwerken en stad in, en brengt aldus ook het verhaal van de maatschappelijke evoluties.

Het Koninklijk Tracé is een 'thematische' route, gewijd aan de Belgische dynastie, die het Koninklijk Domein van Laken verbindt met het Koninklijk Paleis. De zes kilometer lange route is een rechtstreeks gevolg van de expansiepolitiek van de stad onder Leopold II. Dit erfgoed is een

au Palais royal. Parcours long de six kilomètres, il résulte directement de la politique expansionniste de la ville développée par Léopold II. Ce patrimoine dont nous héritons est issu d'une matérialisation de ce que furent dans le passé les organes du pouvoir mais cette inscription urbaine n'est plus aussi lisible qu'elle ne l'a été à l'époque de sa transformation. À travers une relecture de la composition de la place Royale, Christian Gilot retrace dans ce quatrième chapitre les enjeux et la portée symbolique de la formation du quartier royal (1775-1875). Il cerne et rend visible, à partir des transformations de Charles de Lorraine et des architectes simplement consultés ou concrètement à la manœuvre, ce que la construction de ce lieu a cherché à inscrire durablement.

À Bruxelles, l'exploration des éléments urbains et d'architecture, des édifices eux-mêmes ou des relations qu'ils entretiennent avec la ville laisse apparaître des réponses spatiales similaires entre des institutions pourtant diverses et des processus de mutation communs étonnants. De ces relations croisées entre institutions bruxelloises sont extraites des investigations et des trouvailles des étudiants. Ce cinquième chapitre réunit quinze histoires courtes qui s'attachent à décoder le fonctionnement et l'évolution de certaines institutions bruxelloises à travers différentes stratégies d'organisation spatiale. Elles évoquent les manières dont l'espace est aménagé pour organiser les relations sociales et instituer une série de conventions selon trois échelles : la structure urbaine, l'édifice et l'élément d'architecture. Les sujets dévoilent à la fois ce qui les lie, se répète,

the city's expansionist policy under Leopold II. This heritage that has been passed down to us crystallizes spatially the power figures of the past, but this urban inscription is no longer as legible today as it was at the time of the city's transformation. In the fourth chapter, Christian Gilot's rereading of the layout of Place Royale outlines the importance and symbolic significance of the creation of the royal district (1775–1875). Drawing on the transformations made by Charles of Lorraine and the architects who were either simply consulted or actively involved, Gilot identifies and highlights what the construction of this place sought to permanently inscribe.

In Brussels, an examination of urban and architectural elements, of the buildings themselves and of their relations with the city reveals that diverse institutions share similar spatial responses and processes of transformation that are quite surprising. These intersecting relations between Brussels institutions were examined by the students. This fifth chapter gathers fifteen short accounts that seek to decipher both the functioning and the evolution of certain Brussels institutions through different strategies of spatial organization. They evoke the ways in which space is arranged to manage social relations and institute a series of conventions on three scales: the urban structure, the building, and the architectural element. The subjects reveal what connects them, what is repeated or, on the contrary, what distinguishes them. All these entwined stories are illustrated by a selection of student works and archival documents.

kristallisatie in de ruimte van de machtsfiguren uit het verleden. Vandaag is deze stedelijke inbedding niet meer zo leesbaar als bij haar totstandkoming. Met een terugblik op de aanleg van het Koningsplein geeft Christian Gilot in het vierde hoofdstuk een overzicht van de problematiek en de symbolische betekenis van de aanleg van de Koningswijk (1775–1875). Aan de hand van de ingrepen in opdracht van Karel van Lotharingen en van de architecten die werden geraadpleegd of die er concreet bij betrokken waren, wordt geïdentificeerd en zichtbaar gemaakt wat de bouw van deze plaats op duurzame wijze heeft willen vastleggen.

Het onderzoek van stedenbouwkundige en architectonische elementen, van de gebouwen zelf of van hun verhouding tot de stad, brengt in Brussel vergelijkbare ruimtelijke reacties tussen nochtans uiteenlopende instellingen aan het licht en toont verrassend gelijklopende veranderingsprocessen. Het zijn deze dwarsverbanden tussen Brusselse instellingen die door de studenten werden onderzocht. Het vijfde hoofdstuk bundelt vijftien korte verhalen die de werking en evolutie van bepaalde Brusselse instellingen trachten te ontcijferen aan de hand van verschillende ruimtelijke organisatiestrategieën. Ze gaan over de manieren waarop de ruimte is geordend om sociale relaties te organiseren en een reeks conventies te bestendigen op drie schalen: de stedelijke structuur, het gebouw en het architectonisch element. Elk verhaal gaat over de manier waarop de ruimte wordt ingericht om sociale relaties te organiseren en te institueren. De onderwerpen onthullen tegelijkertijd wat hen verbindt, zich herhaalt, of wat hen juist bijzonder maakt. Dit web van elkaar kruisende verhalen wordt

ou, au contraire, les rend singuliers. Toutes ces histoires croisées sont illustrées par une sélection des productions d'étudiants et de documents d'archives. Ensemble, elles racontent les certitudes, les atermoiements et le possible futur des institutions ancrées sur ce fameux tracé.

Ces explorations évoquent le passé, mais s'ouvrent aussi sur leur avenir possible. Elles posent la question de comment et pourquoi instituer aujourd'hui. La posture que l'on adopte vis-à-vis de l'héritage culturel et matériel est liée aux valeurs idéologiques que chaque société défend, qui elles-mêmes éclairent sur toutes les politiques de démolition, réemploi, réhabilitation, restauration, etc. Aujourd'hui, il ne semble plus possible de tenir des discours aussi univoques et hiératiques qu'au 19e siècle. Les institutions ont tendance à s'hybrider, tant dans leurs messages que dans leurs formes construites. L'architecture a un rôle majeur à jouer et celui-ci est présent dès le choix structurel d'un édifice. La recherche d'une neutralité fonctionnelle propice aux adaptations des évolutions futures de la société est centrale dans la posture que développe Dietmar Eberle.

Le chapitre final examine l'évolution des institutions qui abandonnent parfois leur caractère monumental et monofonctionnel pour laisser leurs espaces s'hybrider par des programmes et des messages variés. Il se poursuit par des visions utopiques qui dressent les contours d'une société alternative où l'architecture forme de nouveaux repères collectifs.

Together, they convey the certainties, the hesitancies and the possible future of the institutions established on this famous route.

These investigations evoke the past but also look at possibilities for the future. They raise the question of how to institute today and why. The position adopted towards cultural and material heritage is tied to the ideological values that each society defends, values which shed light on the policies of demolition, reuse, rehabilitation and restoration, among other things. Today, it no longer seems possible to hold such univocal and rigid discourses as in the nineteenth century. Institutions tend to hybridize, in both their messages and their built forms. Architecture has a major role to play, a role that is already present in the structural choice of a building. The search for functional neutrality, essential to ensure adaptability to future social developments, is central to the position developed by Dietmar Eberle.

The final chapter examines the evolution of those institutions that sometimes give up their monumental and single-purpose character to let their spaces hybridize with a variety of programmes and messages. The chapter continues with utopian visions that outline an alternative society in which architecture stands for new collective references.

---

geïllustreerd door een selectie van studentenproducties en archiefdocumenten. Samen vertellen ze het verhaal van de zekerheden, de aarzelingen en de mogelijke toekomst van de instellingen die op dit beroemde tracé zijn verankerd.

Deze onderzoeken roepen het verleden op, maar blikken ook vooruit op een mogelijke toekomst. Ze stellen de vraag hoe en waarom vandaag moet worden geïnstitueerd. De houding die we aannemen ten opzichte van het culturele en materiële erfgoed hangt samen met de ideologische waarden die elke samenleving verdedigt, en die op hun beurt een licht werpen op alle beleidsmaatregelen inzake sloop, hergebruik, renovatie, restauratie, ... Vandaag lijkt het niet langer mogelijk om even eenduidige en hiërarchische discours te voeren als in de 19de eeuw. Instellingen neigen hybride te worden, zowel in de boodschappen die ze uitdragen als in hun gebouwde vorm. Architectuur moet hierbij een belangrijke rol spelen, al vanaf de structurele keuze van een gebouw. Het zoeken naar een functionele neutraliteit die bevorderlijk is voor de aanpassing aan toekomstige ontwikkelingen in de samenleving, staat centraal in het standpunt dat Dietmar Eberle uiteenzet.

Het slothoofdstuk onderzoekt de evolutie van instellingen die hun monumentale en monofunctionele karakter soms opgeven om hun ruimten te laten hybridiseren met gevarieerde programma's en boodschappen. Vervolgens komen utopische visies aan bod die de contouren schetsen van een alternatieve samenleving waarin architectuur nieuwe collectieve referentiepunten vormt.

View of the Royal Route, from Saint Mary's Royal Church – Photo: Simon Schmitt (GlobalView), 2011. →

PARADOXALES INSTITUTIONS

PARADOXICAL INSTITUTIONS

Delphine Dulong

PARADOXALE INSTELLINGEN

Il n'est pas si facile de dire avec justesse ce qu'est une institution. Le mot, d'abord, recouvre plusieurs types de réalités : la famille, le parlement, le mariage, la monnaie, la prison, etc. Il désigne à la fois des choses matérialisées dans des bâtiments (l'hémicycle parlementaire, le palais, l'hôtel de ville, la caserne) ou des petits objets (les alliances des époux, l'écharpe tricolore du maire, les pièces de monnaie, les médailles) et un ensemble de pratiques plus ou moins ritualisées (les prières du croyant, les anniversaires de naissance) et codifiées (le vote d'une loi, l'intronisation d'un monarque, un défilé militaire, une procession de corporations). Cette réalité multiple est ensuite mouvante. Avec le temps certaines institutions se dématérialisent et deviennent de pures abstractions telle la monnaie ; d'autres à l'inverse se chosifient : ainsi des croyances religieuses qui un peu partout dans le monde ont essaimé des églises, des mosquées, des temples. Par-delà cette complexité, il existe toutefois un point commun entre toutes les institutions : elles rassemblent chacune un groupe social uni par et dans le partage de mêmes pratiques et de mêmes croyances. Pas de parlement sans députés ni citoyens convaincus que la délibération collective est un mode efficace d'exercice du pouvoir politique ; pas de mariage sans couples et familles réunis dans la volonté de sanctifier une union ; pas de monnaie sans la confiance réciproque des agents économiques, etc. L'institution désigne donc avant tout un ensemble humain qui n'existe en tant que groupe qu'au travers de l'institution qu'il forme et dans lequel chaque membre peut se reconnaître.

What exactly is an institution? It is not so easy to say. First, the word covers several types of reality: family, parliament, marriage, money, prison and so on. It refers to things materialized in buildings (parliamentary hemicycle, palace, town hall, barracks) or in small objects (wedding rings, a mayor's tricolour sash, coins, medals) and to a set of more or less ritualized practices (the prayers of the faithful, birthdays) and more or less codified practices (the passing of a bill, the enthronement of a monarch, a military parade, a procession of guilds). Second, this multiple reality changes. Over time, institutions can dematerialize and become pure abstractions, like money. Others, by contrast, reify, like religious beliefs that have given rise to churches, mosques and temples around the world. Beyond this complexity, however, all institutions share a common point: they each bring together a social group united by the sharing of the same practices and beliefs. There can be no parliament without members of parliament or citizens who believe that collective deliberation is an effective way of exercising political power; there can be no marriage without couples and families gathering to sanctify a union; there can be no money without mutual trust between economic agents; and so on. The institution therefore refers above all to a human gathering that only exists as a group through the institution it forms and in which each member can recognize themself.

Institutions are also pillars of societies. They fulfil a number of important social functions, without which community life would be riskier and far more complicated.[1] Insofar as they

Nauwkeurig beschrijven wat een instelling nu precies is, blijkt niet eenvoudig. Om te beginnen dekt het woord verschillende soorten ladingen of realiteiten: het gezin, het parlement, het huwelijk, de munt, de gevangenis, ... Het duidt zowel dingen aan die gematerialiseerd zijn in gebouwen (een parlementair halfrond, paleis, stadhuis, kazerne) of in kleine voorwerpen (een trouwring, een burgemeesterssjerp met de Belgische driekleur, muntstukken, medailles, ...), als een geheel van min of meer geritualiseerde (het gebed van de gelovige, verjaardagen) en gecodificeerde praktijken (het stemmen van een wet, de inhuldiging van een vorst, een militair defilé, een gildeprocessie). Deze meervoudige realiteit is bovendien ook in beweging. Door de jaren heen verliezen sommige instellingen hun materiële karakter en worden ze pure abstracties, zoals geld. Andere krijgen dan weer een concretere vorm, zoals religieuze overtuigingen overal ter wereld tot uiting komen in kerken, moskeeën en tempels. Toch is er een rode draad die alle instellingen verbindt: ze brengen allemaal een sociale groep bijeen die door en in het delen van dezelfde praktijken en overtuigingen is verenigd. Er kan geen parlement zijn zonder parlementsleden of burgers die ervan overtuigd zijn dat collectief overleg een doeltreffende manier is om politieke macht uit te oefenen. Er is geen huwelijk zonder echtparen en gezinnen die verenigd zijn in de wens om een verbintenis te vieren. Geld bestaat niet zonder het wederzijdse vertrouwen van economische spelers, ... De instelling verwijst dus in de eerste plaats naar een menselijk geheel dat als groep slechts bestaat door de instelling die het vormt en waarin elk lid zich kan herkennen.

À cela il faut ajouter que les institutions sont des piliers des sociétés. Elles remplissent un certain nombre de fonctions sociales importantes, sans lesquelles la vie collective serait bien plus compliquée et risquée[1]. Dans la mesure où elles fournissent aux individus et aux groupes des modèles d'action et des routines pratiques, elles nous guident et orientent nos conduites. L'institution de la monarchie n'est pas seulement une couronne, un trône, des palais; c'est aussi une longue liste de pratiques autorisées (ou interdites) en présence du monarque. Avec le protocole, une personne qui devient roi – mais cela vaut aussi pour un président de la République – sait à peu près comment se comporter lors de cérémonies officielles. Pour certaines actions, il n'est souvent pas même besoin d'un protocole. Car comme le dit l'anthropologue Mary Douglas «les institutions pensent pour nous»[2]. Par exemple, tout dirigeant politique sait qu'il ne peut se joindre aux manifestations de rue pour protester contre la vie chère sans encourir le risque d'être accusé de dégrader sa fonction. De même, quand dans la vie ordinaire nous entrons dans un magasin pour faire des courses: *a priori* on n'y entre pas pour raconter sa vie au vendeur, vérifier si le ménage est bien fait, tester et goûter les produits. Chacun sait également qu'à l'école, la curiosité n'est pas un vilain défaut mais une qualité attendue des élèves et appréciée des professeurs. Ces institutions définissent ainsi un type de comportement approprié non seulement légitime mais attendu. Elles encadrent les pratiques, sollicitent certaines qualités, en interdisent d'autres. Elles contribuent en cela à coordonner les actions des individus en société.

provide individuals and groups with models for action and practical routines, they guide us and steer our behaviour. The institution of the monarchy consists of more than a crown, a throne and palaces; it comprises a long list of practices that are permitted (or not) in front of the monarch. Thanks to protocol, a person who becomes king—but this also holds for the president of the French Republic—largely knows how to behave in official ceremonies. For some actions, there is often no need even for protocol, because as anthropologist Mary Douglas says, 'institutions think for us'.[2] For example, every political leader knows that they cannot take part in street demonstrations to protest against the high cost of living without running the risk of being accused of degrading their office. The same holds when in daily life we enter a shop to buy goods: in theory, we do not go shopping to tell our life story to sales assistants, check that the shop is clean, or try out the products. Everyone also knows that at school curiosity is not an undesirable flaw but rather a quality expected of pupils and appreciated by teachers. Therefore, every institution sets out a type of appropriate behaviour that is not only legitimate but also necessary. These institutions shape practices, demanding certain qualities while banning others. As such, they help to coordinate the actions of individuals in society.

For the same reasons, institutions also help us to decide. Like aides-memoires, they intervene in the structuring of certain choices and calculations, if only because they enable

Bovendien zijn instellingen de pijlers van samenlevingen. Ze vervullen een aantal belangrijke sociale functies, zonder welke het gemeenschapsleven veel gecompliceerder en riskanter zou zijn.[1] Gezien ze individuen en groepen werkingsmodellen en praktische routines aanreiken, leiden ze ons en sturen ze ons gedrag. Zo bestaat de instelling van de monarchie niet alleen uit een kroon, een troon en paleizen, ze is ook een lange lijst van handelingen die zijn toegestaan (of verboden) in aanwezigheid van de monarch. Dankzij het protocol weet iemand die voor het eerst koning wordt – of president van een republiek – min of meer hoe hij zich bij officiële plechtigheden moet gedragen. Voor sommige handelingen is een protocol vaak niet eens nodig. Want, zoals antropologe Mary Douglas zegt, "de instellingen denken voor ons".[2] Zo weet iedere politieke leider dat hij niet kan deelnemen aan een betoging om te protesteren tegen de hoge levenskost, zonder het risico te lopen dat hij wordt beschuldigd van aantasting van zijn functie. Zo weten we ook wanneer we in het gewone leven een winkel binnengaan om boodschappen te doen, dat we *a priori* niet naar binnen gaan om de winkelbediende ons levensverhaal te vertellen, om te controleren of de winkel goed wordt beheerd of om de producten te testen en te proeven. Iedereen weet ook dat nieuwsgierigheid op school geen slechte eigenschap is, maar een kwaliteit die van de leerlingen wordt verwacht en door de leraren wordt gewaardeerd. Op deze manier definieert elke instelling een passend soort gedrag, dat niet alleen legitiem is maar ook wordt verwacht. Instellingen bieden een kader voor praktijken, waarbij bepaalde kwaliteiten worden vereist en andere

Pour les mêmes raisons, les institutions nous aident aussi à décider. Un peu à la manière des pense-bêtes, elles interviennent dans la structuration de certains choix et calculs, ne serait-ce que parce qu'elles permettent d'anticiper l'attitude des autres. Lorsqu'un professeur entre dans sa salle de cours, tout élève sait que celui-ci est en droit d'attendre un relatif silence de la part des élèves. Ces derniers ont dès lors le choix entre deux options : se taire pour se conformer à cette attente de l'institution scolaire ou parler avec leurs voisins au risque d'être punis. Mais le plus souvent, ils n'y pensent même pas, c'est un savoir qui se situe juste au-dessous du niveau de leur conscience, une sorte de prêt-à-penser déjà là. Et il en va de même pour les émotions : certaines sont légitimes d'autres pas selon les institutions. Exprimer sa colère est normal au parlement mais non au tribunal ; à l'inverse, il n'est pas illégitime de pleurer devant un juge mais ça le serait devant des parlementaires. Certaines institutions – notamment celles qui définissent ce qui mérite notre admiration, tels les musées – vont jusqu'à susciter nos émotions : les cathédrales et mosquées impressionnent les croyants comme les passants ; l'échange des vœux entre les époux émeut jusqu'aux larmes les parents ; les défilés militaires ravivent chez ceux et celles qui y assistent un sentiment de fierté nationale, etc.

Vues sous cet angle, les institutions apparaissent comme de précieuses ressources. Elles habilitent certains « à se livrer légitimement à des pratiques sans encourir le risque d'être accusés d'imposture ou d'arbitraire »[3]. Le prêtre peut confesser, le professeur peut exiger le silence dans

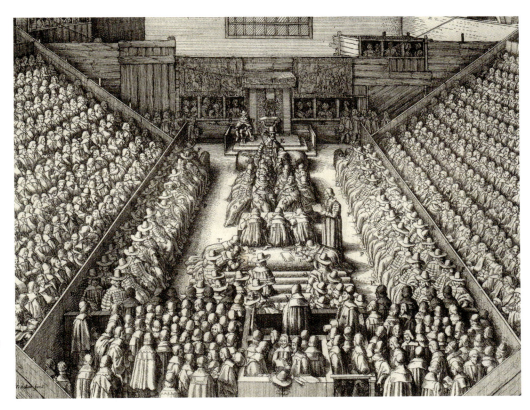

Parliamentary assembly. The British Parliament in the 17th century: The trial of Thomas Wentworth, Earl of Strafford, 1593–1641.

worden verboden. Op die manier helpen ze de handelingen van individuen in de samenleving te coördineren.

Om dezelfde redenen helpen instellingen ons ook om beslissingen te nemen. Net zoals geheugensteuntjes zijn ze betrokken bij het structureren van bepaalde keuzes en verwachtingen, al was het maar omdat ze ons in staat stellen te anticiperen op de houding van anderen. Elke leerling weet dat wanneer een leerkracht de klas binnenkomt hij of zij het recht heeft om van de leerlingen relatieve stilte te verwachten. De leerlingen hebben bijgevolg twee mogelijkheden: zwijgen om aan de verwachting van de schoolinstelling te voldoen of met hun buren praten en het risico lopen gestraft te worden. Maar meestal denken ze er niet eens over na. Het is immers een vorm van kennis die zich net onder het niveau van hun bewustzijn bevindt, een soort van kant-en-klaar denken dat al aanwezig is. Hetzelfde geldt voor emoties: sommige zijn toegestaan, andere niet, afhankelijk van de instelling. Boosheid uiten is normaal in het parlement, maar niet in de rechtbank. Omgekeerd is het dan weer niet ongeoorloofd om te huilen voor een rechter, maar is dat minder gepast voor parlementariërs. Sommige instellingen – vooral die welke bepalen wat onze bewondering waard is, zoals musea – gaan zo ver dat ze onze emoties opwekken: kathedralen en moskeeën maken indruk op gelovigen en voorbijgangers, de uitwisseling van geloften tussen echtgenoten ontroert de familie tot tranen toe, militaire parades wekken bij de aanwezigen een gevoel van nationale trots op, ...

Vanuit dit perspectief lijken instellingen dus waardevolle hulpmiddelen. Ze stellen sommigen in staat "legitiem

sa salle de classe, le président peut gracier un condamné, le général conduire ses troupes à la bataille, etc. Mais si l'allocation des ressources institutionnelles est ici comme ailleurs inégalitaire, les institutions facilitent bien au-delà la vie quotidienne de tout un chacun. Car en proposant des cadres d'interaction stables, elles limitent l'improvisation et permettent de faire l'économie de la réflexion à chaque fois que l'on agit tout en sécurisant les relations sociales.

Cet éclairage ne doit pas laisser dans l'ombre le fait que les institutions sont aussi, et pour les mêmes raisons, de véritables contraintes. Au niveau individuel, elles limitent l'espace du possible, y compris pour ceux qui, parce qu'ils représentent l'institution, en tirent le plus bénéfice. Ainsi, l'université fournit-elle prestige et pouvoirs aux professeurs, notamment celui d'établir la valeur d'un étudiant sur le marché du travail *via* la délivrance de diplômes; elle tend aussi à consacrer les élites sociales. Mais cette institution enserre simultanément la conduite de ces professeurs et des étudiants issus des milieux les plus favorisés dans des limites tout aussi importantes. Les premiers ne peuvent par exemple aller boire un verre en boîte avec leurs étudiants (hétérogénéité de genres entendue) ou encore abandonner la recherche sans susciter des doutes sur leur légitimité et prendre le risque d'être discrédités. Quant aux seconds, l'échec à l'examen ou même la réussite sans mention est un déshonneur. Même pour les monarques et généraux, l'usage de certains droits et libertés publiques est limité, voire interdit. Les premiers ne peuvent se marier ou divorcer aussi librement qu'un simple citoyen tandis que les seconds ne peuvent participer

us to anticipate other people's attitudes. When a teacher enters a classroom, all the pupils know that the teacher has the right to expect relative silence from them. The pupils therefore have two options, either to keep quiet in order to comply with this expectation of the school institution or to chatter with their fellow pupils at the risk of being punished. But generally they do not even think about it, it is knowledge that is located just below the level of their consciousness, a kind of *prêt-à-penser* (ready-to-think) that is already there. The same goes for emotions: some are legitimate, others not, depending on the institution. Expressing anger is normal in parliament but not in court; conversely, it is not unexpected to cry before a judge but it would be before parliamentarians. Some institutions—not least those that define what deserves our admiration, such as museums—go so far as to arouse our emotions: cathedrals and mosques impress both believers and passers-by; an exchange of wedding vows can move relatives to tears; military parades kindle a sense of national pride among spectators; and so on.

The judicial system. Ancient Athenian justice:
Socrates Before His Judges, Edmund J. Sullivan, c. 1900.

Currency. A thaler of the Holy Roman Empire (962–1806) representing Ferdinand III, 1648.

From this perspective, institutions appear as valuable resources. They authorize some people 'to engage legitimately in practices without running the risk of being accused of imposture or arbitrariness'.[3] A priest can hear confession, a teacher can demand silence in the classroom, a president can pardon a convict, a general can lead his or her troops into battle, and so forth. But if, here as elsewhere, the allocation of institutional resources is unequal, institutions facilitate everyone's daily life to a far greater extent. For, by providing stable guidelines for interaction, they limit improvisation and make it possible to dispense with reflection each time one acts, while at the same time making social relations more secure.

This clarification should not obscure the fact that institutions are, for the same reasons, genuine constraints. At the individual level, they limit the space of the possible, including for those who, because they represent the institution, benefit most from it. For example, the university provides professors with prestige and power, including the power to set a student's value on the labour market by awarding them a degree; the university also tends to consecrate social elites. But this institution simultaneously sets equally important limitations on the conduct of these professors and students from the most privileged classes. The former, for example, cannot go to a club for a drink with their students or give up their research without raising doubts about their legitimacy and running the risk of being discredited. As for the students, failing an exam or even passing without honours is a disgrace. Even for

monarchs and generals, the exercising of certain rights and public freedoms is limited or even prohibited. The former cannot marry or divorce as freely as ordinary citizens, while the latter cannot join political associations. It is true that institutional constraint is often exercised in such a gentle way that it often goes unrecognized. This holds in any case for all those actions that we perform unthinkingly, routinely. However, if we break with that routine, if we do not behave in accordance with institutional expectations, in short if we do not stick to our role, the symbolic violence exerted by the institution will immediately take the form of a moral sanction—awkwardness, insecurity, remorse, guilt, etc.—linked to the feeling of illegitimacy and/or to the collective reproach suffered. Army conscripts[4] and elected representatives from working-class backgrounds[5]—who often find it difficult to shine as easily in public as those who possess the confidence of their background and of the *grandes écoles* they attended—know something about this: by providing ready-made scenarios, institutions not only dictate *how to* perform this or that task but also *who* can legitimately carry it out. In other words, they help to reproduce social inequalities.[6]

Institutions also restrict the space of the thinkable. Some do not even hide this fact: political parties, the family, the school, religious institutions, more generally all the institutions of socialization whose explicit purpose is to inculcate social norms and to make individuals comply with the expectations of those institutions. But as with behaviour, this institutional

classements, etc. – ont été créés par et pour l'État. Or cette «pensée d'État»[7] n'est jamais totalement neutre et objective. Classées dans la catégorie des «inactifs», les femmes au foyer sont écartées du groupe des travailleurs; en dessous de 873 euros de revenu mensuel, on est «pauvre»; passé soixante ans, on est «vieux», etc. L'État n'est à cet égard pas seulement ce Léviathan que décrivait Hobbes car son pouvoir de contrainte ne s'exerce pas seulement de l'extérieur, il existe aussi en chacun de nous, sous la forme incorporée de nos schèmes de perception du monde et souvent de notre sentiment d'appartenance à certains groupes («cadres», «pauvres», «jeunes», etc.)[8].

Au niveau collectif, les institutions font obstacle au changement. Faut-il s'en étonner? N'est-ce pas là après tout leur principale raison d'être? Instituer, c'est en effet tenter de figer le temps en instaurant durablement des pratiques, des procédures, des normes, des croyances, mais aussi en organisant l'espace. L'hémicycle parlementaire français n'est sans doute pas totalement étranger à la faible reconnaissance des droits de l'opposition dans ce pays; ce type d'architecture met en tout cas bien moins en valeur le dialogue entre la majorité et l'opposition que la Chambre des communes au Royaume-Uni, qui les dispose face à face. L'État lui-même se heurte ainsi très souvent à ses propres institutions lorsque ses dirigeants entendent les réformer[9]. Car avec le temps, les institutions développent leurs propres logiques de fonctionnement et intérêts. C'est là une autre particularité des institutions: elles échappent à leur créateur, s'autonomisent au point d'acquérir une existence propre, indépendante de la volonté humaine. Or, si cela

hold on thought is sometimes more subtle. Most of the categories and tools we use to grasp and describe the social world—statistics, indicators, typologies, rankings, etc.—were created by and for the state. But this 'state thought'[7] is never entirely neutral and objective. Categorized as 'non-working', housewives, for example, are excluded from the group of workers; workers earning less than 873 euros a month are 'poor'; people over the age of 60 are 'old'; and so forth. In this respect, the state is more than the Leviathan described by Hobbes and whose power of constraint was exercised from the outside. The state also exists

Marriage. *The Wedding Party*, Henri Douanier Rousseau, 1905.

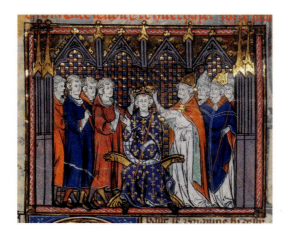

Coronation. *The Coronation of Hugues Capet*, miniature from a 14th century manuscript (detail).

within each of us, in the incorporated form of our patterns of perception of the world and often of our feeling of belonging to certain groups ('executive', 'low-revenue', 'young', etc.).[8]

At the collective level, institutions stand in the way of change. Should we be surprised? After all, isn't this their main raison d'être? To institute is indeed to attempt to freeze time by establishing long-lasting practices, procedures, standards and beliefs but also by organizing space. The French parliamentary hemicycle is probably not totally unrelated to the poor recognition of the rights of the opposition in that country; at the least, this type of architecture plays down the dialogue between the majority and the opposition far more than is the case in the House of Commons in the United Kingdom, which places them opposite one another. The state itself thus frequently comes up against its own institutions when its leaders want to carry out reforms.[9] Over time, institutions develop their own interests and ways of doing things. This is another feature of institutions: they escape their creator, become autonomous to the point of taking on an existence of their own, independent of human will. If this is at all possible, however, it is because this increased autonomy is often also synonymous with change. In the nineteenth century, marriage was a contract between two families and was controlled by the fathers, but in the twentieth century it became the affair of a couple determined to consecrate their love (and potentially pay less tax); parliament was originally a judicial institution, but it emancipated itself from the king's tutelage to legislate in his

en individuen te laten voldoen aan de verwachtingen van instellingen. Maar net zoals bij het handelen, is deze institutionele greep op het denken soms subtieler. De meeste van onze begripscategorieën en instrumenten om de sociale wereld te beschrijven – statistieken, indicatoren, typologieën, ranglijsten, … – zijn door en voor de staat gecreeerd. Dit 'staatsdenken'[7] is echter nooit volledig neutraal en objectief. Huisvrouwen worden geclassificeerd als 'inactief' en worden uitgesloten van de groep van werkenden. Wie minder dan 873 euro per maand verdient, is 'arm'. Wie ouder is dan zestig jaar, is 'oud'. Enzovoort. In dit opzicht is de staat niet alleen de Leviathan die door Hobbes wordt beschreven: haar dwangmacht wordt niet alleen van buitenaf uitgeoefend, maar huist ook in ieder van ons, in de geïncorporeerde vorm van onze perceptiepatronen van de wereld en vaak van ons gevoel tot een bepaalde groep te behoren (managers, armen, jongeren, …).[8]

Op collectief niveau vormen instellingen een obstakel voor verandering. Is dit verwonderlijk? Is dat tenslotte niet hun belangrijkste bestaansreden? Institueren is in feite proberen de tijd te bevriezen door praktijken, procedures, normen en overtuigingen op lange termijn vast te leggen, maar ook door de ruimte te organiseren. De halfronde vorm van het Franse parlement staat waarschijnlijk niet geheel los van de geringe erkenning van de rechten van de oppositie in dat land. In ieder geval geeft dit soort architectuur veel minder waarde aan de dialoog tussen meerderheid en oppositie dan het Lagerhuis in Groot-Brittannië, waar beide tegenover elkaar staan. Zo stuit de staat zelf heel vaak op haar eigen instellingen wanneer haar leiders[9] haar

place;[10] the hospital, which in the Middle Ages took in the needy on the grounds of Christian charity, became a scientific institution that relies on medical knowledge and techniques to treat the sick; and so on.

This increase in autonomy is largely related to the problems that every institutional order faces. Indeed, since an institution is not a thing but a group of human beings, it is never fixed once and for all.[11] On the contrary, it is constantly being altered from the inside and the outside, if only because it is at the centre of more or less muted symbolic struggles among its members—currents, cliques, generations, etc.—seeking to control and define it. A judicial hearing is a political forum for some lawyers, while for some magistrates it is above all a pedagogical affair. Even in prisons, the institutional order is a matter of negotiation.[12]

Endogenous conflicts can sometimes be accompanied by exogenous turbulences. As morals and the law evolved, the institution of the family was greatly disrupted at the end of the twentieth century.[13] The patriarchal order on which it was based appears less and less legitimate in the West, nor is there any consensus regarding the notion of family: a same-sex couple, a father and a mother, a single parent, a reconstituted family? For much of the population, this raises the question of the corruption of the original meaning of the family institution and its future. This question arises in any case, i.e. even when the definition of the institution is not challenged. For with time and the routinization of practices, the meaning

en Occident et la notion même de famille ne fait plus consensus: «un couple du même sexe»? «un papa et une maman»? «un parent isolé»? «une famille recomposée»? Pour toute une partie de la population, se pose alors la question du dévoiement du sens originel de l'institution familiale et de son avenir. Cette question se pose de toute façon, quand bien même il n'y a pas de conflits autour de la définition de l'institution. Car avec le temps et la routinisation des pratiques, le sens originellement déposé dans les institutions – leur raison d'être – tend à se perdre et le risque est alors gros pour les nouvelles générations de cesser de croire en leur nécessité. Nombre d'institutions établies de longue date connaissent ainsi des crises, telles les institutions politiques démocratiques, ou encore l'Église catholique[14]. Pour que l'institutionnalisation ne soit pas aussi synonyme de désenchantement, tout ordre institutionnel en expansion développe par conséquent un *dispositif*[15] qui vise à gouverner les conduites de ses adeptes: par le discours qu'elles produisent sur elles-mêmes, les institutions s'équipent de sens et se construisent une *façade*[16] unifiée qui les donne à voir sous un jour idéalisé; en se matérialisant dans des bâtiments majestueux, elles suscitent respect et admiration; par les divers rites qui scandent régulièrement leur vie – élections, baptêmes, anniversaires, etc. – elles rassemblent leurs membres et réactivent leurs croyances, etc.

Les institutions soulèvent ainsi nombre de paradoxes: ressources et contraintes à la fois, ces produits de l'activité humaine sont vécus comme des choses indépendantes de la volonté humaine[17]; en stabilisant l'espace du possible

Procession. *Celebration of the Ommegang in Brussels: The Procession of Our Lady of the Sablon* series, Denis van Alsloot, 1616.

plaats een opvoedkundige functie heeft. Zelfs in gevangenissen wordt over de institutionele orde onderhandeld.[12]

Interne conflicten worden soms nog aangescherpt door externe onrust. Zo onderging, samen met de evolutie van de moraal en het recht, de instelling van het gezin aan het eind van de 20ste eeuw ingrijpende veranderingen.[13] De patriarchale orde waarop ze gebaseerd was, lijkt in het Westen steeds minder legitiem en het begrip 'gezin' zelf is ook niet meer eenduidig: gaat het om een koppel van hetzelfde geslacht, om een mama en papa, om een alleenstaande ouder of om een nieuw samengesteld gezin? Voor een groot deel van de bevolking doet dit de vraag rijzen naar de afwijking van de oorspronkelijke betekenis van de gezinsinstelling en haar toekomst. Deze vraag rijst hoe dan ook, dus ook als er geen conflicten zijn over de definitie van de instelling. Mettertijd en door de routinisering van de praktijken hebben we immers de neiging de oorspronkelijke betekenis van instellingen – hun bestaansreden – te verliezen en bestaat er een groot risico dat de nieuwe generaties niet meer in hun noodzakelijkheid geloven. Veel gevestigde instellingen, zoals democratische politieke instellingen en de katholieke kerk, bevinden zich in een crisis.[14] Om ervoor te zorgen dat institutioneren niet ook ontgoocheling zou betekenen, ontwikkelt elke zich uitbreidende institutionele orde een *mechanisme*[15] dat erop gericht is het gedrag van haar volgelingen te sturen: via het discours dat ze over zichzelf voeren, voorzien instellingen zichzelf van betekenis en vormen ze een uniforme façade[16] die hen in een geïdealiseerd licht zet. Door zich te concretiseren in majestueuze gebouwen wekken ze respect en bewondering.

et du pensable, elles facilitent les relations sociales mais dépossèdent simultanément les individus d'une partie de ce qui fait leur humanité en émoussant leur autonomie ; elles tendent à se « chosifier » – et du même coup à figer simultanément l'espace, les pratiques et le temps – et pourtant, loin d'être une totalité achevée, cohérente et stable, elles ne sont qu'une « totalisation perpétuellement en cours »[18].

originally placed in institutions—their raison d'être—tends to be lost and there is then a genuine risk that new generations will cease to believe in their necessity. Many long-established institutions, such as democratic political institutions and the Catholic Church, are going through crises.[14] In order for institutionalization not to be synonymous with disenchantment, any expanding institutional order therefore develops a *dispositif*[15] aimed at governing the behaviour of its followers: through the discourse they produce about themselves, institutions equip themselves with meaning and construct a united *façade*[16] which shows them in an idealized light; by materializing in majestic buildings, they arouse respect and admiration; through the various rites which regularly mark their life—elections, baptisms, anniversaries, etc.—they bring their members together and reactivate their beliefs; and so forth.

Institutions thus raise a number of paradoxes: both precious resources and genuine constraints, these products of human activity are experienced as things that are independent of human will;[17] by stabilizing the space of the possible and the thinkable, they facilitate social relations but simultaneously deprive individuals of part of what makes them human by blunting their autonomy; they tend to 'reify'—and at the same time to freeze space, practices and time—and yet, far from being a completed, coherent and stable totality, they are merely a 'perpetually ongoing totalization'.[18]

Via de verschillende riten die hun bestaan ritmeren – verkiezingen, doopsels, verjaardagen, ... – brengen ze hun leden samen en houden ze hun overtuigingen levendig, ...

Instellingen roepen dus een aantal paradoxen op: deze producten van menselijke activiteit, die zowel hulpmiddelen als beperkingen zijn, worden ervaren als dingen die onafhankelijk zijn van de menselijke wil.[17] Door de ruimte van het mogelijke en het denkbare te stabiliseren, vergemakkelijken ze de sociale relaties, maar ontnemen ze het individu tegelijk een deel van wat dit individu menselijk maakt, door zijn autonomie af te zwakken. Ze hebben de neiging om zich te objectiveren en tegelijkertijd ruimte, praktijken en tijd te bevriezen, en toch zijn ze verre van een voltooide, samenhangende en stabiele totaliteit, maar eerder een "totalisering die voortdurend aan de gang is".[18]

INSTITUER À TRAVERS L'ESPACE & LE TEXTE
COMMENT LES INSTITUTIONS SE MATÉRIALISENT DANS LES VILLES, L'ARCHITECTURE & LE LANGAGE

INSTITUTING THROUGH SPACE & TEXT

HOW INSTITUTIONS MATERIALIZE IN CITIES, ARCHITECTURE & LANGUAGE

Sophia Psarra

INSTITUEREN AAN DE HAND VAN RUIMTE & TEKST
HOE INSTELLINGEN TOT UITING KOMEN IN STEDEN, ARCHITECTUUR & TAAL

Sociologists have widely debated the nature and function of institutions. Architects, by contrast, are less versed in this subject. One reason for this deficit is that institutions present architects with the challenge of situating their practice, which is considered an innovative activity, in the context of structures that classify and perpetuate aspects of social experience. Because modernism charged architecture with improving people's lives, architects have to negotiate between engaging with the institutions that commission them and overcoming the constraints they impose in order to achieve social change. In planning practice and research, institutions are often considered as hindering the resolution of planning problems.[1] Another obstacle in addressing institutions is that any discourse on their social practices faces the inadequacy of language. As Adrian Forty argues, 'the task of making evident a relationship between two such utterly disparate phenomena as social practice on the one hand and physical space on the other has proved to be largely beyond the capacity of language'.[2]

Implicated in rising levels of social inequality, institutions and organizational strategies are currently receiving increased attention. These issues raise fundamental questions about how to overcome the deficiencies of language, describing and evaluating institutions through their social and spatial characteristics. How do institutions materialize in space? What do spatial arrangements—either the spaces between buildings in a city or the spaces

within a civic building or domestic dwellings with assigned functions—tell us about how institutions persist and evolve over time? Using the examples of the city of Venice, the UK Houses of Parliament and a reforming proposal to introduce space standards in housing in the UK in 1961, this chapter considers how institutional intent features in space and how space has been encoded in texts for institutional purpose.

The organizing properties of buildings and space

Many aspects of institutions remain invisible. However, not everything is hidden from view. Institutions materialize in ways that can be seen directly, even if we are not conscious about them.

They are visible in buildings and open spaces, such as parliaments, churches, town halls, schools, theatres, financial districts, public squares, housing developments, capital cities and so on. They take material form in objects, furniture, sculpture and insignia, as in the case of the sovereign's throne in the Lords Chamber or the dispatch boxes in the UK Houses of Parliament. The scales of justice on law court buildings and the snake-entwined rod of the pharmacist are other cases in point with enduring ancient origins. Made concrete through visible figures and symbols, institutions express values structuring our cultural

House of Commons Chamber, 2008.

understanding. The museum as an institutional type, for example, expresses the values of collecting, conserving, valorizing, exhibiting, educating, remembering the past and celebrating collectors, benefactors and communities.

But this is only one dimension of how institutions 'work'. Buildings and urban spaces do not only represent through figures, emblems or stylistic elements. They also embody social relations, shaping our experience over time. Through their spatial configuration, built structures and urban areas arrange spaces and boundaries, control social categories, and define permissible and non-permissible activities. The discipline of archaeology, for example, relies heavily on the buried remains of buildings, texts and cultural artefacts to infer the institutional functions they have served, signifying the importance of space as a carrier of cultural meaning.

The capacity of space to enable control and surveillance was a subject of investigation by French philosopher Michel Foucault.[3] He explored this property in his discussion of the panopticon, a model for a prison layout developed by British utilitarian philosopher Jeremy Bentham in his 1791 proposal. Bentham's design comprised a circular layout with a single tower at the centre and prison cells along the periphery, providing the ideal model of surveillance. Occupying the central tower, the prison guard could observe all the prison cells while none of the prisoners could see each other. Foucault explains that the strong asymmetric

onderrichten, herinneren aan het verleden, het huldigen van verzamelaars, weldoeners en gemeenschappen.

Maar dit is slechts één dimensie van hoe instellingen 'werken'. Gebouwen en stedelijke ruimten representeren niet alleen door middel van figuren, emblemen of stilistische elementen. Ze belichamen ook sociale relaties en geven onze ervaring vorm door de tijd heen. Door hun ruimtelijke configuratie organiseren gebouwen en stedelijke ruimten plaatsen en grenzen, controleren ze sociale categorieën en bepalen ze welke handelingen wel en niet zijn toegestaan. De archeologie bijvoorbeeld maakt overvloedig gebruik van de begraven resten van gebouwen, teksten en culturele artefacten om de institutionele functies die ze vervulden te achterhalen, wat het belang aantoont van de ruimte als drager van culturele betekenis.

Dit vermogen van de ruimte om controle en toezicht mogelijk te maken, werd uitvoerig bestudeerd door de Franse filosoof Michel Foucault.[3] Hij onderzocht deze eigenschap in zijn beschouwing over het panopticum, een gevangenisontwerp dat in 1791 was ontwikkeld door de Britse utilitaire filosoof Jeremy Bentham. Benthams ontwerp omvatte een cirkelvormige plattegrond met een centrale toren en gevangeniscellen langs de omtrek, een ideaal model voor bewaking. In de centrale toren kon de gevangenisbewaker alle cellen observeren, terwijl geen van de gevangenen de anderen kon zien. Foucault legt uit dat de sterke asymmetrische relaties en de directe visuele banden tussen de waarnemer (de gevangenisbewaker) en de geobserveerden (de gevangenen) een controlemechanisme vormen dat de geesten en lichamen

relations and the direct visual links between observer (prison guard) and observed (prisoners) construct a mechanism of control that disciplines the minds and bodies of the inmates. Foucault saw the panopticon as an abstract model explaining how power operates in space and society in many building types. Bentham's prison model is at the extreme end of control that institutions can exercise on people through space and was not widely employed in the design of prisons. Investigating the relation between spatial and social patterns, Hillier and Hanson saw the strength of this model in demonstrating different kinds of interface between social categories.[4] This refers to the direct visual connection between the prisoners and the guard, and the control over the prisoners, a category of people with similar identities, through segregation from one another.

A great deal of how institutions think and work is organized through space as well as through texts, such as legislation, building regulations, policy documents and design guides. A building brief, for example, is a document creating categories of spaces and functions and putting them in a certain order. The spatial organization of institutions thus concerns social relations embodied in space and recorded in texts reflecting the social construction of knowledge. The brief for William Stark's Lunatic Asylum in Glasgow (1807), for example, was essentially a socio-medical taxonomy of the inmates organized by gender, social class and diagnosis, a taxonomy reflected in the organization of space in the building.[5]

prison) et les observés (les prisonniers) construisent un mécanisme de contrôle qui discipline les esprits et les corps des détenus. Pour Foucault, le panoptique est un modèle abstrait qui explique comment le pouvoir agit dans l'espace et la société dans de nombreux types de bâtiments. Le modèle carcéral de Bentham représente l'extrême limite du contrôle que les institutions peuvent exercer sur les personnes à travers l'espace et n'a pas été largement utilisé dans la conception des prisons. En étudiant la relation entre structures spatiales et sociales, Bill Hillier et Julienne Hanson[4] ont perçu la puissance de ce modèle pour illustrer les différents types d'interfaces entre catégories sociales. Le lien visuel qui unit prisonniers et gardiens permet un contrôle sur les prisonniers, une catégorie de personnes aux identités similaires, discriminée par rapport aux autres.

L'action et la pensée des institutions se structurent grandement par l'espace et les textes tels que la législation, les règlements de construction, les documents politiques, les rapports de faisabilité, les labels, les catalogues, les inscriptions, les inventaires et les guides de conception. Le programme d'un bâtiment, par exemple, est un document qui crée des catégories d'espaces et de fonctions et qui les classe dans un certain ordre. L'organisation spatiale des institutions concerne donc des relations sociales incarnées dans l'espace et enregistrées dans des textes reflétant la construction sociale de la connaissance. Le programme de l'asile d'aliénés de William Stark à Glasgow (1807), par exemple, était essentiellement une classification socio-médicale des détenus classés par sexe, classe sociale et diagnostic, un ordre qui se reflète dans l'organisation des espaces du bâtiment[5].

The challenge of language and the development of analytical methods

If material form and various documents tangibly manifest aspects of social norms, the spatially situated and time-bound social practices of these norms are intangible and difficult to describe through language. However, not having a language to describe institutions does not lessen the power of language in setting out ordering systems and structures within which institutions operate. It does not reduce our capacity to recognize institutions and adopt expected behaviours either. In her work *How Institutions Think*, Mary Douglas explains that institutions 'make routine decisions, solve routine problems and do a lot of regular thinking on behalf of individuals'.[6] Institutions permeate the ways in which we think without the need for some external centralized mechanisms of social control.[7] It is in the nature of institutions to become recognizable by people through frameworks that fall below the level of consciousness, structuring our thoughts and actions. We have no words to describe socio-spatial relationships and norms of behaviour, but they form the apparatus we think with, guiding our actions.[8]

If language is inadequate in describing the spatial and social patterns we think with, we need a different medium to capture their logic. Bill Hillier, Julienne Hanson[9] and colleagues at UCL developed a theory and a method to describe socio-spatial characteristics from the

De uitdaging van taal en de ontwikkeling van analytische methoden

Terwijl de materiële vorm en verschillende documenten de effecten van sociale normen tastbaar tot uitdrukking brengen, zijn de sociale praktijken die met deze normen samenhangen, afhankelijk van tijd en ruimte, ongrijpbaar en moeilijk te beschrijven aan de hand van taal. Maar de afwezigheid van taal om instellingen te beschrijven doet niets af aan de kracht van taal bij het vastleggen van de systemen van orde en structuur waarbinnen instellingen functioneren. Evenmin vermindert het ons vermogen om instellingen te herkennen en het verwachte gedrag aan te nemen. In haar boek *How Institutions Think* legt Mary Douglas uit dat instellingen "routinebeslissingen nemen, dagelijkse problemen oplossen en vaak in de plaats van individuen denken".[6] Instellingen dringen door in onze manier van denken zonder dat er externe, gecentraliseerde mechanismen van sociale controle nodig zijn.[7] Het ligt in de aard van instellingen om herkend te kunnen worden door middel van kaders die aan het bewustzijn ontsnappen en die ons denken en handelen structureren. We hebben geen woorden om sociaal-ruimtelijke verhoudingen en gedragsnormen te beschrijven, maar ze vormen het apparaat waarmee we denken en handelen.[8]

Als taal ontoereikend is om de ruimtelijke en sociale patronen te beschrijven waarmee we denken, hebben we een ander soort medium nodig om hun logica te vatten. Bill Hillier, Julienne Hanson[9] en hun collega's van de UCL hebben een theorie en een methode ontwikkeld voor de beschrijving van sociaal-ruimtelijke kenmerken, van de

Le défi de la langue et le développement de méthodes analytiques

Si la forme matérielle et divers documents expriment tangiblement les effets de normes sociales, les pratiques sociales liées à ces normes, situées dans l'espace et dans le temps, sont impalpables et difficiles à décrire par le langage. Pourtant, l'absence de langage pour décrire les institutions ne diminue pas le pouvoir de la langue dans l'établissement de systèmes d'ordre et de structures au sein desquels les institutions opèrent. Cela ne réduit pas non plus notre capacité à reconnaître les institutions et à adopter les comportements attendus. Dans son ouvrage *How Institutions Think*, Mary Douglas explique que les institutions «prennent des décisions de routine, résolvent des problèmes quotidiens et réfléchissent souvent au nom des individus»[6]. Les institutions imprègnent nos modes de pensée sans qu'il soit nécessaire de recourir à des mécanismes externes centralisés de contrôle social[7]. Il est dans la nature des institutions de devenir reconnaissables par les individus au travers de cadres qui échappent à la conscience, structurant nos pensées et nos actions. Nous n'avons pas de mots pour décrire les relations socio-spatiales et les normes de comportement, mais elles forment l'appareil avec lequel nous pensons et menons nos actions[8].

Si le langage est inadéquat pour décrire les modèles spatiaux et sociaux avec lesquels nous pensons, nous avons besoin d'un autre type de support pour saisir leur logique. Hillier, Hanson[9] et leurs collègues de l'UCL ont élaboré une théorie et une méthode permettant de décrire les caractéristiques socio-spatiales, de l'échelle d'une pièce

scale of a room to the scale of a city and beyond,[10] in some respects addressing the shortcomings expressed in Forty's above assertion. This approach is built on two ideas: first, that space is an intrinsic aspect of human activities; and second, that spatial configuration is about interrelations of the spaces that make a spatial layout as a whole. We can make these principles clear by representing the three layouts in the figure on p. 39 through graphs in which each circle is a room and each line a door. The graphs can be drawn by placing the outside—or any other space—at the root of the graph and linking each space to those spaces it is directly connected to. The graphs show that in spite of similar geometries, the pattern of space looks different for each layout. When the spaces in a graph cluster close to the root (bottom left and bottom right on p. 39), we say they are 'integrated', and when they stretch away from the root (the graph at the top right), we say they are 'segregated'. We can describe each space numerically and use warm colours to express high levels of integration, and cool colours to indicate segregation. Finally, we can use this approach to analyse urban spaces by assigning a dot to each street element and a line for street intersections. The basic concepts and terminology discussed here are used in the rest of the chapter.

The following three examples provide further insights into the relation of space and institutions using these methods. **1.** The city of Venice reveals a millennium-long process of physical transformations that intertwine space and institutions in urban form. **2.** Built

schaal van een kamer tot de schaal van een stad, en verder.[10] Hiermee worden enkele lege plekken in de uitspraak van Fortry hierboven ingevuld. Hun benadering berust op twee ideeën: ten eerste dat ruimte een verschijnsel is dat inherent is aan alle menselijke activiteit, en ten tweede dat de ruimtelijke configuratie afhangt van de onderlinge relaties tussen de ruimten waaruit ze is opgebouwd. Deze principes worden duidelijk geïllustreerd in de drie diagrammen op p. 39, waarin elke cirkel een kamer voorstelt en elke lijn een deur. De diagrammen kunnen worden getekend door de buitenkant – of elke andere ruimte – aan het begin te plaatsen en elke ruimte te verbinden met de ruimten waarmee ze rechtstreeks verbonden is. Uit de diagrammen blijkt dat, ondanks vergelijkbare geometrieën, de structuur van de ruimte verschillend is voor elke indeling en vanuit elke kamer. Wanneer de ruimten in het diagram zich aan de basis groeperen (onderaan p. 39), zeggen we dat ze 'geïntegreerd' zijn, en wanneer ze zich van de basis verwijderen (het diagram rechtsboven), zeggen we dat ze 'gesegregeerd' zijn. We kunnen elke ruimte een cijfer geven en warme kleuren gebruiken om een hoge mate van integratie aan te geven, en koele kleuren om segregatie aan te geven. Deze benadering kan worden gebruikt om stedelijke ruimten te analyseren door een punt toe te kennen aan elk straatkenmerk en een lijn te trekken voor straatkruisingen. De hier besproken basisconcepten en terminologie worden in de rest van dit hoofdstuk gebruikt.

Drie voorbeelden geven een beter inzicht in de relatie tussen ruimte en instellingen aan de hand van deze methoden. **1.** Venetië toont een eeuwenoud proces van

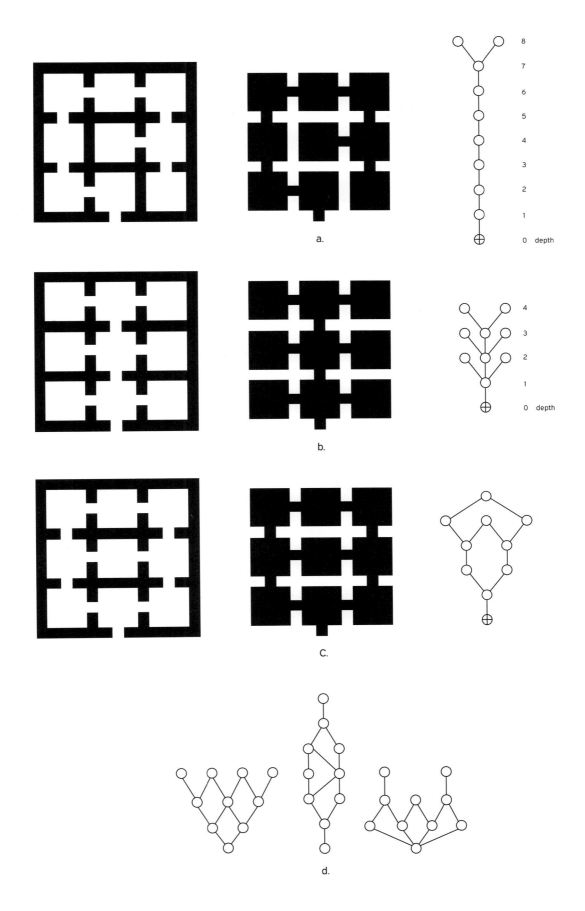

Three hypothetical layouts and their permeability graphs – Drawings: B. Hillier, 1996.

in the nineteenth century, the UK Houses of Parliament also have a legacy of institutional history developed over centuries. **3.** The Parker Morris report, entitled *Homes for Today and Tomorrow*, was a policy document for improving space standards in public housing in the UK in 1961 that heralded a potential restructuring of society through domestic life.

Citycraft and statecraft: history and patterns of institutions in urban form

Venice has a long history as an archipelago that evolved physically and functionally into a compact city. The earliest map of the city shows a land mass perforated by canals[11] and dotted by several churches, most of which are still standing in the urban squares, or *campi*, as these squares are known in Venice. When we analyse the pedestrian network and the combined canal and pedestrian networks (figures on p. 41) using the approach described above, we see that the churches and *campi* are interlinked through a property[12] that captures the simplest and most frequently crossed paths between any pairs of streets in an urban complex.[13] This means that the squares feature as nodes in the overlap of the canal and the alley networks, creating a web of *centres* that permeates the urban fabric. The nodal position of the *campi* can be traced to the time of the archipelago when the islands were separated and *campi* were directly serviced by boat. As land was reclaimed and the islands

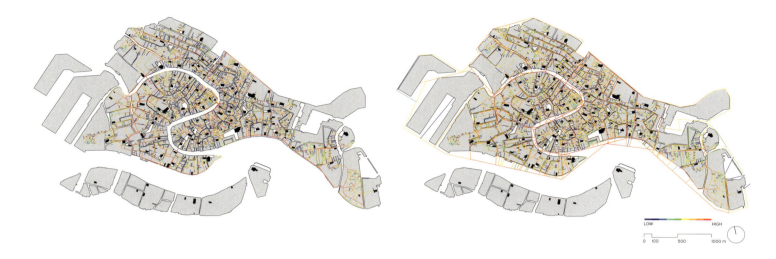

Choice values, capturing the most frequently crossed paths of the pedestrian network, (top left); of combined pedestrian and canal networks, Venice (top right) – Plan: S. Psarra, 2018.

uit de tijd van de archipel, toen de eilanden gescheiden waren en de *campi* rechtstreeks per boot werden bediend. Met het droogleggen van het land en het samenvoegen van de eilanden werden de pleinen via het water en het land met elkaar verbonden, wat het verkeer van goederen en personen vergemakkelijkte.[14]

Dit kenmerk weerspiegelt een evoluerende structuur, gebaseerd op sociale en economische activiteit sinds de oudheid. De parochiepleinen waren semi-autonome gemeenschapscentra met de woningen van de heersende families, een gebedshuis, markten en ambachtelijke winkels, en werden bediend door een nabijgelegen kanaal.[15] Ondanks de samenvoeging van de parochies tot een compacte stad, zijn hun karakter, gewoonten en sociale instellingen bewaard gebleven, wat herinnert aan een Venetië verdeeld in vele eilanden. De parochies[16] waren de fundamentele bouwstenen van de Venetiaanse samenleving en vele ervan behielden ook hun eigen sociale en economische identiteit en hun verering van bepaalde heiligen.[17] Het netwerk van parochiepleinen en hun plaats in de stedelijke structuur van Venetië weerspiegelen het feit dat het grondgebied van Venetië oorspronkelijk uit evenveel eilandgemeenschappen bestond. Elk plein diende als een "microkosmos van de stad in haar geheel",[18] en droeg bij tot de evolutie van de grondwet en het bestuur van Venetië als stad van vele gemeenschappen.

Naarmate de eilanden van Venetië samensmolten, ontstonden door de morfologische veranderingen van de stad herkenbare macrostructuren. Naast de talrijke parochiale centra ontstaan twee grote stedelijke centra, het San

séculaire de transformations physiques qui entremêlent espace et institutions dans la forme urbaine. **2.** Construit au 19ᵉ siècle, le Parlement britannique est aussi l'héritage d'une histoire institutionnelle développée au fil des siècles. **3.** Le rapport Parker Morris, intitulé *Houses for Today and Tomorrow*, était un programme visant l'amélioration des normes spatiales dans le logement public en Grande-Bretagne en 1961, annonçant une restructuration potentielle de la société à travers la vie domestique.

La fabrique de la ville et de l'État : histoire et structures d'institutions dans la forme urbaine
Venise a une longue histoire en tant qu'archipel qui a évolué physiquement et fonctionnellement vers une ville compacte, sillonnée par des canaux, un vaste réseau piétonnier et un tissu urbain dense. La plus ancienne carte de la ville montre une masse terrestre perforée de canaux[11] et parsemée de plusieurs églises dont la plupart occupent encore les places urbaines, ou *campi*, comme on les appelle à Venise. L'analyse du réseau piéton et des réseaux combinés canaux et piétons (images p. 41), en utilisant l'approche décrite ci-dessus, montre que les églises et les *campi* sont reliés entre eux par une caractéristique[12] qui rend compte des chemins les plus simples et les plus fréquemment empruntés entre n'importe quelles rues dans un complexe urbain[13]. Cela signifie que les places sont des nœuds dans la superposition des réseaux de canaux et ruelles, créant un réseau de centralités qui imprègne le tissu urbain. La position nodale des *campi* remonte à l'époque de l'archipel, lorsque les îles étaient séparées et que les *campi* étaient

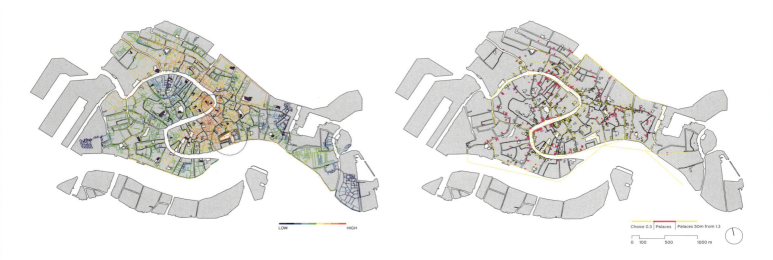

Integration values of pedestrian network in Venice. Integrated spaces are easy to reach from every other space in a layout, constituting the spaces where movement paths converge. In contrast, segregated spaces can be accessed through paths that involve many changes of direction, expressing status or social difference – Plan: S. Psarra, 2018.

Palaces located within 50 m of a square and the highest values of choice of the combined pedestrian and canal networks – Plan: S. Psarra, 2018.

Marcoplein en de Rialto, die zowel de Venetianen als bezoekers van heinde en verre aantrekken (afb. p. 42 links).[19] Het integrerende kenmerk benadrukt duidelijk deze twee polen en het commerciële gebied dat hen verbindt. De Rialto was het financiële centrum van Venetië en huisvestte banken, pakhuizen en winkels.[20] De Piazza en de Piazzetta vormden het religieuze, ceremoniële en administratieve hart van de stad. Hier bevonden zich de Basiliek van San Marco en de hoogste regeringsautoriteiten, namelijk de doge en de aristocratische elite van de stad, die de regering van Venetië vormden. De identiteit van Venetië als keizerlijke en handelsmacht en haar vroegere oorsprong rond de eilandgemeenschappen zijn terug te vinden in de stedelijke geografie die deze twee grote polen en de over de stad verspreide parochiepleinen met elkaar verbindt. De relatie tussen deze centra illustreert de sociale structuur van de heersende koopmansklasse die de stad regeerde vanaf de Piazza en handel dreef vanuit de Rialto en hun *palazzi*.[21] De *palazzi* namen belangrijke strategische posities in, zowel lokaal als globaal, omdat ze elk rechtstreeks in contact stonden met een kanaal en een *campo* (afb. p. 42 rechts).

De dubbele identiteit van Venetië als *imperium* en *emporium* komt duidelijk naar voren in de didactische houtsnede van Jacopo de Barbari waarop de drijvende stad wordt afgebeeld, omringd door haar eigen mythopoesis die bekendstaat als de 'Mythe van Venetië'. Daarin werd een reeks middeleeuwse legenden door Venetiaanse humanisten omgezet in een republikeinse ideologie dat in een 16de-eeuws discours hun sociale en politieke wereld beschreef. De mythe schildert Venetië af als de Meest

directement desservis par bateau. Avec l'assèchement des terres et la réunion des îles, les places sont devenues interconnectées par l'eau et la terre, facilitant la circulation des biens et des personnes[14].

Cette caractéristique rend compte d'une structure évolutive basée sur l'activité sociale et économique depuis des temps anciens. Les places paroissiales formaient des centres communautaires semi-autonomes où se trouvaient les maisons des familles dirigeantes, un lieu de culte, des marchés et des boutiques d'artisans et qui étaient desservis par un canal à proximité[15]. Malgré l'agglomération des paroisses en une ville compacte, leur esprit, coutumes et institutions sociales ont perduré, rappelant une Venise divisée en de nombreuses îles. Les paroisses[16] étaient les éléments fondamentaux de la société vénitienne, beaucoup d'entre elles préservant leur propre identité sociale et économique et leur dévotion à des saints particuliers[17]. Le réseau des places paroissiales servait de «microcosme de la ville dans son ensemble»[18], contribuant à l'évolution de la constitution et de la gouvernance de Venise en tant que ville aux multiples communautés.

À mesure que les îles de Venise fusionnaient, les changements morphologiques de la ville ont donné naissance à des macrostructures reconnaissables. Aux nombreuses centralités paroissiales s'additionnent deux grands centres urbains, la place Saint-Marc et le Rialto, qui attirent les Vénitiens et les visiteurs d'horizons plus lointains (p. 42 à gauche)[19]. La propriété d'intégration met clairement en évidence ces deux pôles et la zone commerciale qui les relie. Le Rialto formait le centre financier de Venise abritant des

were joined, the squares became interconnected by both water and land, facilitating the circulation of goods and people.[14]

This property captures a pattern of evolution based on social and economic activity since early times. Parish squares formed semi-autonomous community centres that contained the houses of leading families, a place of worship, markets and artisans' shops. They were serviced by their proximity to a canal.[15] In spite of the welding of parishes into the compact city, their individual spirits, customs and social institutions endured as a reminder of Venice's origins as many separate islands. The parishes[16] were the fundamental elements of the Venetian society, with many nurturing their own social and economic identity and allegiance to particular saints.[17] The network of parish squares served as a 'microcosm of the city as a whole',[18] contributing to an evolving constitution and governance of Venice as a city of multiple communities.

As Venice's islands coalesced, the morphological changes in the city led to recognizable macrostructures. The interconnected parish centres are juxtaposed with two major urban centres, the Piazza San Marco and the Rialto, attracting Venetians and visitors from wide orbits (p. 42, left).[19] The property of integration, identifying the most navigable and busiest routes in the city, clearly highlights these two hubs and the commercial area that joins them. The Rialto was the financial centre of Venice, housing banks, warehouses and shops.[20]

Serene Republiek in duizend jaar, een gerealiseerde utopie van ideale uiterlijke schoonheid en perfecte politieke instellingen.[22] In diezelfde periode werden de belangrijkste publieke ruimten van de stad door Jacopo Sansovino en Andrea Palladio opnieuw ontworpen en omgevormd in het kader van een door de staat gesteund stadsbeheer.[23] Parallelle processen van institutionele rationalisering hebben de sociale structuren en rituelen van de eilandparochies uitgewist en hun volksmythologieën opgenomen in de officiële geschiedschrijving, zodat de aandacht uitgaat naar de politieke en architectonische verbeelding van de staat, die spectaculair tot uiting komt op de Piazza.[24] De morfologische transformaties van verspreide eilandnederzettingen, waaruit zich later een commune en vervolgens een keizerlijke staat ontwikkelden, vormen een geschiedenis van institutionele mutaties die tot uiting komen in spanningen tussen eilandgemeenschappen en een gecentraliseerde stadsrepubliek.

Het paleis van Westminster: ruimte en politieke cultuur
De met elkaar verweven functies van de Rialto en het San Marcoplein treffen we ook buiten Venetië aan. Zo heeft ook Londen een soortgelijke dialoog tussen twee zones, elk met een andere institutionele inslag. The Square Mile, ook bekend als de *City*, ligt tegenover de City of Westminster. The Square Mile is het historische en financiële centrum van Londen, terwijl Westminster de thuisbasis is van de Houses of Parliament en de regeringsdepartementen die de politieke macht vormgeven. De macht komt tot uiting in de uiterlijke verschijningsvorm van de gebouwen en hun inplanting

banques, des entrepôts et des magasins[20]. La Piazza et la Piazzetta, quant à elles, constituaient le cœur religieux, cérémoniel et administratif de la ville. Elles abritaient la basilique Saint-Marc et les plus hautes instances du gouvernement, à savoir le doge et l'élite patricienne de la ville, qui constituaient le gouvernement de Venise. L'identité de Venise en tant que puissance impériale et mercantile et ses origines antérieures autour des communautés insulaires se manifestent dans la géographie urbaine qui unit ces deux grands pôles et les places paroissiales dispersées dans la ville. La relation entre ces différentes centralités illustre la structure sociale de la classe marchande dirigeante qui gouvernait la ville depuis la Piazza et commerçait depuis le Rialto et ses *Palazzi*[21]. Les *Palazzi* occupaient des positions stratégiques clés, tant au niveau local que global, chacun étant en contact direct avec un canal et un *campo* (p. 42 à droite).

La double identité de Venise, *imperium* et *emporium*, puissance à la fois politique et commerciale, se manifeste clairement dans la gravure sur bois de Jacopo de Barbari, une œuvre didactique qui dépeint la ville flottante enveloppée dans sa propre mythopoïèse. Connues sous le nom de «Mythe de Venise», un ensemble de légendes médiévales ont été transposées en une idéologie républicaine par des humanistes vénitiens dans un discours du 16e siècle décrivant leur monde social et politique. Le mythe dépeint Venise comme la République la plus sereine depuis mille ans, une utopie réalisée d'une beauté extérieure idéale et d'institutions politiques parfaites[22]. À la même époque, les principaux espaces civiques de la ville ont été réimaginés et transformés par Jacopo Sansovino et Andrea Palladio

The Piazza and the Piazzetta, on the other hand, constituted the religious, ceremonial and administrative heart of the city. They contained St Mark's Basilica and the highest strata of government, that is, the Doge and the city's elite class of patricians that constituted Venice's governing councils. The city's identity as imperial and mercantile power and its earlier origins in parish communities was manifested in the urban geography of the two major centres, and the centres of the parish squares dispersed throughout the city. The relation between these different kinds of centrality expressed the social structure of the governing-merchant class that presided over the governance of the city in the Piazza and traded at the Rialto and their Palazzi.[21] The Palazzi held key strategic locations both locally and globally, each being situated in direct contact with a canal and a *campo* (p. 42, right).

The dual identity of Venice as imperium and emporium is clearly manifested in Jacopo de Barbari's woodcut, a didactic work depicting the floating city shrouded in its own mythopoesis. Known as 'The Myth of Venice', a loose collection of medieval legends was converted into a republican ideology within historical discourse in the sixteenth century by Venetian Humanists regarding their social and political world. The Myth portrayed Venice as the Most Serene Republic of one thousand years, a realized utopia of ideal outward beauty and perfect political institutions.[22] Around the same time, the major civic spaces of the city were reimagined and transformed by Jacopo Sansovino and Andrea Palladio through

Venetia MD. Bird's-eye view of Venice (detail), Jacopo de Barbari, c. 1500.

state-sponsored urban management.²³ Parallel processes of institutional centralization suppressed the social structures and rituals of the parish-islands, appropriating their popular mythologies into official historiography, so that attention would turn to the political and architectural imaginaries of statecraft, spectacularly performed in the Piazza.²⁴ The morphological transformation of Venice from a scattering of island settlements to a commune and finally to an imperial state is a history of institutional transformation, expressed as tensions between the island-communities and the centralized city-republic.²⁵

The Palace of Westminster: space and political culture

The way the functions of the Rialto and the Piazza San Marco are intertwined is not peculiar to Venice. A similar dialogue between two areas, each of which has a different institutional purpose, can also be observed in London. The Square Mile, known as The City, is juxtaposed with London's other city, the City of Westminster. The Square Mile is the historical and financial centre of London, while the City of Westminster contains the Houses of Parliament and ministerial departments, shaping political power. Power is expressed in the external appearance of buildings and their siting in the urban context at Westminster. Power relations within these buildings, however, require a more complex and nuanced method of study.

Everyone who has been at the Palace of Westminster or has watched broadcast sittings in the House of Commons and the House of Lords can recognize the bicameral structure of the UK Parliament expressed through the green and red colours of seats in the two chambers, respectively. The organization of the building reveals this structure even more strikingly, through the north–south axis linking the two houses. These are symmetrically arranged with respect to the Central Lobby and to a second axis set almost at right angles to the first. Analysing the spatial layout of the palace we see that the distribution of integration—the areas that are easier to navigate in the building—picks up these two axial links. The Central Lobby is the most integrated space. By contrast, the Norman Porch, Robing Room, Royal Gallery and Prince's Chamber are segregated, in clear separation from the main thoroughfares of movement. This analysis captures a visitor's intuitive grasp of the Central Lobby as the crossroads between Parliament and the world of the citizens. It is not surprising that this is also the space where the 'lobby' journalists have their chance to interrogate parliamentarians. The analysis also picks up the symbolic power of the monarchy through the segregated areas dedicated to the ritual of the State Opening of Parliament. The constitutional structure of the UK Parliament as three powers—the Crown, the Parliament and the Public—is thus inscribed in the configurational structure of the building.[26]

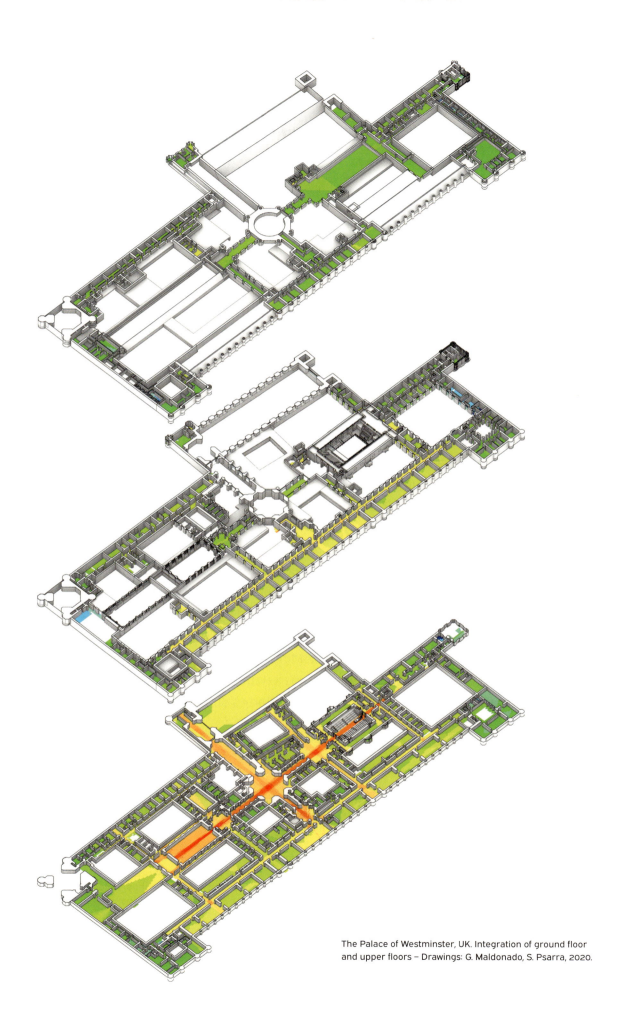

The Palace of Westminster, UK. Integration of ground floor and upper floors – Drawings: G. Maldonado, S. Psarra, 2020.

des espaces en cul-de-sac (bleu) ; un espace menant en une seule séquence à un cul-de-sac avec le même chemin de retour (jaune) ; des espaces dans un anneau de circulation offrant un chemin de retour alternatif (orange) ; et des espaces à l'intersection d'un ou de plusieurs anneaux (rouge). Le graphique du Parlement britannique a une structure complexe, montrant les zones interconnectées des députés et une nette séparation avec le monde du public (p. 49, en bas). Des recherches approfondies appliquées sur différents types de bâtiments révèlent que la propriété d'intégration et les espaces «d» sont étroitement liés à des flux de déplacement élevés, expliquant pourquoi certains espaces sont très fréquentés alors que d'autres restent calmes, confidentiels ou privés[27]. Les personnes qui se déplacent entre des lieux spécifiques familiers ou non familiers sont attirées par les espaces les plus intégrés, qui nécessitent en moyenne moins de changements de direction pour atteindre toutes les destinations possibles. En outre, les recherches montrent que l'intégration spatiale et les circuits de circulation (espaces «d») contribuent à provoquer les interactions informelles entre les différentes catégories d'utilisateurs[28].

Le Parlement britannique possède de nombreux espaces situés à l'intersection des espaces «d» maximisant la probabilité de rencontres informelles fortuites. Les rencontres informelles sont essentielles à l'émergence d'une culture spatiale globale de co-conscience et de co-présence. Divers auteurs[29] et des entretiens avec des membres du Parlement britannique[30] ont confirmé que le système de couloirs du bâtiment facilite les interactions informelles.

There are further marked differences between spaces based on their interconnections in the spatial graph. On p. 49 we see different types of spaces: dead-end spaces (blue or a-spaces); a space leading in a single sequence to a dead-end with the same way back (yellow or b-spaces); spaces in a ring of circulation offering an alternative way back (orange or c-spaces); and spaces at the intersection of one or more rings (red or d-spaces). The plan of the UK Parliament has a complex structure, showing the interconnected areas of the MPs and the clear separation and difference from the world of the public (p. 49, bottom). Extensive research in different building types reveals that the spatial property of integration and d-spaces are closely related with high rates of movement, explaining why certain spaces are highly populated while others remain quiet, distant or private.[27] People who move between specific familiar and unfamiliar locations are drawn to the most integrated spaces, which on average require fewer changes of direction to reach all possible destinations. Further, research shows that spatial integration and rings of circulation (d-spaces) help shape informal interactions between different categories of users.[28]

The UK Parliament has many spaces situated at the intersection of d-spaces, maximizing the probability of incidental informal encounters. Informal encounters are central to the emergence of a global spatial culture of co-awareness and co-presence. Various authors[29] and interviews with members of the UK Parliament[30] confirmed that the corridor system

gemaximaliseerd. Informele ontmoetingen zijn essentieel voor het ontstaan van een globale ruimtelijke cultuur van medebewustzijn en mede-aanwezigheid. Verschillende auteurs[29] en interviews met leden van het Brits parlement[30] hebben bevestigd dat het gangenstelsel van het gebouw informele interacties bevordert. De ondervraagden maakten soortgelijke opmerkingen over de foyers van het Lagerhuis die, als onderdeel van een subcomplex van 'd'-ruimten, een ingewikkeld stemsysteem mogelijk maken. De parlementsleden gebruiken de tijd die ze in deze foyers doorbrengen om informeel hun politieke invloed uit te oefenen. Het is echter belangrijk te benadrukken dat deze analyse natuurlijke bewegingspatronen in een indeling vastlegt, maar niet voldoende is om institutionele culturen te verklaren. Deze culturen zijn evenzeer gebaseerd op geprogrammeerde activiteiten, geschreven regels en ongeschreven gedragscodes als op informele interacties die worden gegenereerd door ruimtelijke mogelijkheden en bewegingsschema's. Zo impliceren de geïntegreerde relaties tussen het House of Lords, het House of Commons en de Central Lobby een onbeperkte toegang: ondanks de scheiding door een sterk gecontroleerde publieke toegang en twee kamers die "zo min mogelijk met elkaar praten",[31] zijn informele ontmoetingen en interacties, waarop de institutionele cultuur is gebaseerd, mogelijk dankzij de ruimtelijke mogelijkheden die de architectuur biedt.

Een van de meest theatrale ruimten voor de opvoering van de institutionele politiek is het Lagerhuis. Het is ook de plek waar machtsverhoudingen en personen voor lange tijd worden vastgelegd. De voormalige St Stephen's Chapel was

Des commentaires similaires ont été faits par les personnes interrogées au sujet des foyers de la Chambre des communes qui, en tant que partie d'un sous-complexe d'espaces «d», facilitent un système de vote élaboré. Les députés utilisent le temps passé dans ces foyers pour exercer de manière informelle leur influence politique. Il est toutefois important de souligner que cette analyse rend compte des schémas de déplacement naturels dans un aménagement, mais qu'elle ne suffit pas à expliquer les cultures institutionnelles. Ces cultures reposent autant sur des activités programmées, des règles écrites, des codes de comportement non écrits, que sur des interactions informelles générées par les potentialités spatiales et les schémas de déplacement. Par exemple, les relations intégrées qui lient la Chambre des lords, celles des communes et le vestibule central supposent un accès sans restriction mais, malgré le fait de la séparation par un accès public très contrôlé et deux Chambres qui «se parlent le moins possible»[31], des rencontres et interactions informelles, sur lesquelles repose la culture institutionnelle, sont possibles grâce au potentiel spatial de l'architecture.

Un des espaces les plus théâtraux de la performance institutionnelle politique est la Chambre plénière. C'est aussi le lieu où sont gravées pour longtemps des configurations de pouvoir et de personnes. L'ancienne chapelle Saint-Étienne était la première salle de la Chambre des communes. Elle a disparu, mais la disposition de ses sièges a influencé la Chambre des communes, survivant aux incendies, aux révolutions et aux guerres[32]. Lors d'entretiens avec des membres du Parlement britannique en 2020,

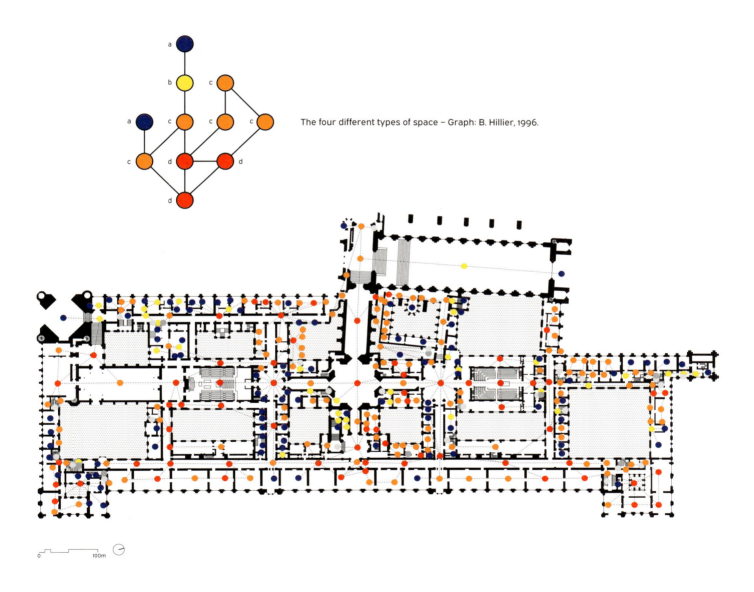

The four different types of space – Graph: B. Hillier, 1996.

Connections superimposed on the plan of the Houses of Parliament. The different colours show a- (blue), b- (yellow), c- (orange) and d-spaces (red). Note that in the House of Lords there is a higher number of c-spaces (those in a single sequence) than in the House of Commons, revealing the ritualistic nature of this area, based on larger interdependencies between its various functions – Graph: S. Psarra and G. Maldonado, 2020 / Plan: G. Berna, 2020.

in the building facilitates informal interactions. Similar comments were made by the interviewees about the Division (Voting) Lobbies in the Commons, which as part of a subcomplex of d-spaces facilitate an elaborate voting system. MPs use the time spent in the Division Lobbies to informally exercise political influence. It is important, however, to stress that, though this analysis captures the natural movement patterns in a layout, it alone is not enough to explain institutional cultures. These cultures rely as much on scheduled activities, written rules and unwritten codes of behaviour as on informal interactions generated by the spatial affordances and patterns of movement. For example, despite the integrated links permeating the Lords, the Commons and the Central Lobby that imply unrestricted access, there is in fact a tightly controlled barrier separating those inside from the public, and the two houses 'speak to one another as little as they can';[31] however, informal encounters and interactions, on which the institutional culture is based, are possible thanks to the spatial potential of architecture.

One of the most theatrical spaces for political institutional performance is the plenary chamber. This is also the place where historical memories of a layout, people and power persist over long periods of time. The old chapel of St Stephen was the first room of the House of Commons. It perished, but the seating arrangement within it has influenced the Commons Chamber, outliving fire, revolution and war.[32] In interviews conducted by the

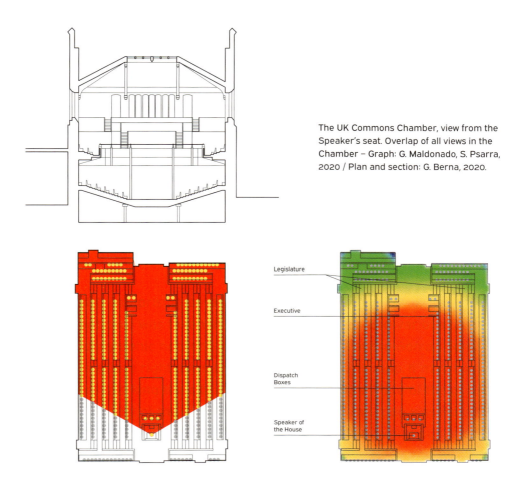

The UK Commons Chamber, view from the Speaker's seat. Overlap of all views in the Chamber – Graph: G. Maldonado, S. Psarra, 2020 / Plan and section: G. Berna, 2020.

author with members of the UK Parliament (2020), one MP mentioned the fields of vision when seated in the Chamber as a particular way to understand relations of power and control, rather than looking at the symmetrical form of this space. We can define the area observed from the vantage point of a seat, and subsequently the most observed areas in the Chamber by overlapping views from all seats (see figure above). Despite the current marked differences of political representation shown in this figure, the number of seats and the area observed are broadly similar for all parties. There are very few MPs who are not co-visible with other MPs in the Commons Chamber.

regelt, zowel op het niveau van het gebouw in zijn geheel als in het Lagerhuis. Het Brits parlementsgebouw, dat de onderhandeling mogelijk maakt tussen onveranderlijke, oude structuren – de voormalige St Stephen's Chapel – en de veranderende aspecten van de Britse politiek, biedt een uitdagende institutionele cultuur gebaseerd op aanpassing, innovatie en institutionele veranderingen.

Het Parker Morris-rapport: institueren door tekst
Aan de hand van een studie van de huiselijke instellingen in de onderling verbonden kamers van renaissancevilla's in het 16de-eeuwse Italië en het gangenplan van Engelse landhuizen vanaf de 16de eeuw, traceert architectuurhistoricus Robin Evans de invloed hiervan op de door de moderne architectuur gebouwde gezinswoningen.[33] Voor

Evans bezaten moderne architecten een "onbegrijpelijke afkeer"[34] voor de benauwdheid van het 19de-eeuwse gezinsleven. Hun conceptuele oplossingen steunden de collectivisering van de familiebanden door middel van huisvestingsprojecten, alsook de verspreiding en scheiding van elke persoon ten opzichte van de andere in huis. Deze twee tendensen, om mensen te groeperen in geïdealiseerde collectieve ruimten en hun leven op te delen in verschillende activiteiten waarbij ze elkaars paden niet kruisen, worden ook weerspiegeld in het Parker Morris-rapport.

In 1961 publiceert de Britse regering het invloedrijke rapport *Homes for Today and Tomorrow*. Het is het resultaat van het werk van het Parker Morris-comité, voorgezeten door Sir George Parker Morris en samengesteld uit architecten, stedenbouwkundigen, maatschappelijk werkers,

une culture institutionnelle stimulante fondée sur l'adaptation, l'innovation et l'ajustement institutionnel.

Le rapport Parker Morris : instituer par le texte
En étudiant les institutions domestiques dans les pièces interconnectées des villas de la Renaissance au 16ᵉ siècle en Italie et le plan des couloirs des maisons de campagne anglaises à partir du 16ᵉ siècle, l'historien de l'architecture Robin Evans retrace l'influence de ces dernières sur les institutions familiales construites par l'architecture moderne[33]. Pour Evans, les architectes modernes possédaient un « dégoût incompréhensible »[34] pour l'oppression de la vie familiale du 19ᵉ siècle. Leurs réponses conceptuelles ont soutenu la collectivisation des liens familiaux par le biais de projets de logement, ainsi que l'atomisation et la séparation de chaque personne par rapport aux autres dans la maison. Ces deux tendances, qui consistent à regrouper les gens dans des espaces collectifs idéalisés et à diviser leur vie en différentes activités dont les cheminements ne se croisent pas, sont également reflétées dans le rapport Parker Morris.

En 1961, le gouvernement britannique publie l'influent rapport *Homes for Today and Tomorrow*. Il est le fruit des travaux du Comité Parker Morris, présidé par Sir George Parker Morris et composé d'architectes, d'urbanistes, de travailleurs sociaux, de décideurs politiques et d'entrepreneurs. Nommé par le comité consultatif central du logement, le comité Parker Morris était chargé d'« examiner les normes et les exigences applicables aux logements pour familles et autres formes d'hébergement résidentiel,

Debating the question of rebuilding the Chamber during the Blitz, Churchill declined an enlarged parliament with a hemi-circular layout, preferring a House that is full and at the edge of intense drama. Speaking from one's place rather than a rostrum—as in other parliaments—and the equally distributed views in the Chamber seem to give a nearly equal spatial footing to the unequal distribution of power. The adversarial style of debate in the Commons Chamber is not a result of the shape of this space, as is often argued. It is rather a result of institutional culture based on informality, adjusting and moderating between the powers of the executive and the Parliament, at the level of the building as a whole as well as the Chamber. Facilitating negotiation between immutable historic structures (the old St Stephen's Chapel) and the mutable aspects of British politics, the UK Parliament building seems to afford a generative institutional culture based on adaptation, innovation and institutional adjustment.

The Parker Morris report: instituting through text

Studying the domestic institutions in the interconnected rooms of Renaissance villas in sixteenth-century Italy and the corridor plan of English country houses from the sixteenth century onwards, architectural historian Robin Evans traces the influence of the latter on

beleidsmakers en ondernemers. Dit Parker Morris-comité was aangesteld door het centraal raadgevend comité voor huisvesting en werd verzocht "de normen en vereisten voor gezinswoningen en andere vormen van woonaccommodatie, zowel publiek als particulier, te herzien en aanbevelingen te doen".[35] Het rapport resulteerde in de toepassing van minimale ruimtenormen die twee decennia lang in de woningbouw werden toegepast. Het heeft invloed gehad op de herstructurering van het huiselijk gezinsleven in een wereld die volop moderniseerde. In de jaren tachtig werden de minimumnormen beschouwd als een onnodige verplichting voor de huisvestingsindustrie en werden ze door de regering van Margaret Thatcher afgeschaft.

Het Parker Morris-rapport moet worden gezien binnen de context van een evolutie in de sociale omstandigheden van alle inkomensgroepen in het Verenigd Koninkrijk. We zien deze evolutie onder meer in de stijging van de levensstandaard, de integratie van vrouwen en adolescenten in de beroepsbevolking, de toegang tot onderwijs voor meer mensen dan in vorige generaties, de toename van het bezit van auto's, televisies en andere toestellen die het leven makkelijker maakten, de oprichting van de Nationale Gezondheidsdienst, diverse verzekeringsdiensten, gezinsuitkeringen en pensioenen. Het rapport, dat tot doel had de kwaliteit van de nieuwe woningen na de Tweede Wereldoorlog te verbeteren en ervoor te zorgen dat ze geschikt waren voor de toekomst, was een poging om de huisvestingsproblemen op te lossen en tegelijk het institutionele kader voor sociale verandering te scheppen.

qu'ils soient publics ou privés, et de faire des recommandations»[35]. Le rapport a donné lieu à l'application de normes minimales d'espace utilisées dans la construction de logements durant deux décennies. Il a eu une influence sur la restructuration de la vie domestique des familles dans un monde en pleine modernisation. Considérées comme une obligation inutile pour le secteur de l'immobilier, les normes minimales ont été abolies par le gouvernement de Margaret Thatcher dans les années 1980.

Le rapport Parker Morris s'inscrit dans un contexte d'évolution des conditions sociales de toutes les catégories de revenus au Royaume-Uni. Celle-ci recouvre entre autres l'augmentation du niveau de vie, l'intégration des femmes et des adolescents dans la population active, l'accès à l'éducation pour un plus grand nombre de personnes par rapport aux générations précédentes, l'augmentation du nombre de propriétaires de voitures, de téléviseurs et d'appareils permettant de nous économiser de l'énergie, la mise en place du service national de santé, de diverses prestations d'assurance, d'allocations familiales et de pensions de retraite. Ayant pour objectif d'améliorer la qualité des nouveaux logements après la Seconde Guerre mondiale et de veiller à ce qu'ils soient adaptés aux besoins des personnes pour les années futures, le rapport représentait une tentative de résoudre les problèmes de logement, tout en produisant incidemment le cadre institutionnel d'une transformation sociale.

La vision du comité consistait à garantir la qualité et à satisfaire le «désir» d'informalité et d'individualité dans la vie familiale, en permettant aux membres de la famille

the family institutions that were constructed by modern architecture.[33] For Evans, modern architects possessed an 'unfathomable distaste'[34] for the oppressiveness of nineteenth-century family life. Their design responses supported the collectivization of family relations through housing projects, and the atomization and separation of each person from the others in the house. Both tendencies—grouping people into idealized spatial collectives and dividing their lives into different activities whose paths do not intersect—are also reflected in the Parker Morris report.

In 1961 the UK government published the influential report *Homes for Today and Tomorrow*. This was the outcome of the Parker Morris Committee chaired by Sir George Parker Morris and consisting of architects, town planners, health and social workers, policymakers and builders. Appointed by the government's housing advisory committee, the Parker Morris Committee was asked to 'consider the standards and requirements applicable to family

Ministry of Housing and Local Government: *Homes for Today & Tomorrow*
(Report of the Parker Morris Committee), HMSO, 1961.

dwellings and other forms of residential accommodation whether provided by public authorities or by private enterprise and make recommendations'.[35] The report led to the application of minimum space standards in the construction of housing for the following two decades. It was influential in restructuring how families lived their domestic lives in a modernizing world. Thought to be imposing unnecessary obligations on the development sector, the minimum standards were abolished by the Thatcher government in the 1980s.

The Parker Morris report situated its task within the context of changing social conditions across all income groups in the UK. These included rising standards of living, the integration of women and teenagers in the workforce, education being available to more people in comparison to previous generations, increased levels of ownership of cars, television sets and labour-saving devices, the establishment of the National Health Service, various insurance benefits, family allowances and retirement pensions. Aimed at improving the quality of new housing after World War II and ensuring that homes were fit for people in the years to come, the report was an attempt to solve housing problems, while inadvertently producing an institutional framework for social transformation.

The committee's vision was to ensure quality and satisfy the 'desire' for informality and individuality in family life, by allowing family members to pursue different activities at home and to live 'a life of their own'.[36] The major physical changes required to meet these

challenges were additional floor space and heating, so as to spread a range of different pastimes throughout the home. Although the committee was asked to consider standards of internal design only, it took into account the layout of housing units on the estate.[37] It specified the good quality of the layout and landscaping, spaces for parking and storage, and places for children to play safely. Both car-parking spaces and playgrounds were to be located close to homes, facilitating mothers when arriving home from shopping with children or when supervising younger children during play. Aware of the limits imposed by labels and room descriptions, the committee defined functional requirements for efficiency, comfort, furniture, equipment and various activities[38] rather than rooms, opting for flexibility and architectural creativity. However, in order to respond practically to a dwelling programme, it provided taxonomies of families, people, space, routines and forms of habitation, even though it had originally set out to avoid such classifications.

The Parker Morris standards for floor space still provides a reference point for good practice.[39] It was the first report to consider extending the terms of reference to private enterprises in an effort to avoid stigmatizing council tenants as socially inferior in relation to private tenants and homeowners. It formed a cultural project in which the welfare state codified housing production in the form of standards to restructure and edify society, moving towards convenience, functionality, public health and a growth of individualism through

being able to afford cars and labour-saving and entertainment devices in the emerging consumerist culture.[40]

At the same time, the report defined an idealized conception of domestic life based on the nuclear family and the individual as the constitutional units of society. It promoted a paradoxical conception of society based on the homogeneous composition of families and habitats, on the one hand, and 'free individuals', on the other. Housing shortages and insufficient housing management funds in the subsequent years led to the production of identical and segregated housing estates, eventually contributing to spatial inequalities and social stigmatization associated with many of the areas where these estates were built.

It would be unreasonable to attribute the shortcomings of large housing developments to the typologies of dwelling units that emerged from the Parker Morris report. Yet, however improved the quality of the individual houses may have been, an implied boundary was 'drawn' around the dwelling unit in the report. The social model instituted through the Parker Morris standards envisioned a society composed of finite entities, the individual and the family. Situated in large housing estates that lacked connections to larger local and wider urban community networks, the increased quality of life experienced at the individual dwelling level was not conceptualized at the aggregate level of the street, the wider neighbourhood and the city as a whole.

rigide. Certaines s'appuient sur des cadres existants pour générer des résultats qui engendrent de nouvelles relations nécessaires à leur stabilité évolutive, comme les Chambres du Parlement. D'autres sont moins flexibles et perpétuent les asymétries et les inégalités. Les premières définissent un espace transactionnel, voire politique, qui construit un système de rencontres négociées par l'usage. Les secondes renvoient à un système fixe de catégories et de relations qui est continuellement réaffirmé par l'usage.

À Venise, la manière dont les institutions ont été inscrites dans la structure urbaine leur offrait la possibilité de fonctionner de concert. Avec l'augmentation de la réglementation des institutions et de la stratification de la société[42], de nombreuses fonctions sociales ont été centralisées sur le plan spatial, économique et administratif. Cependant, la société vénitienne a fait preuve d'adaptation – la principale source du Mythe de Venise – sur une période remarquablement longue. Elle s'est appuyée sur des institutions hétérogènes, comme les palais qui étaient à la fois des résidences et des lieux de travail, exemples d'hybridation fonctionnelle réussie, et sur un système de pouvoir à la fois centralisé (la Piazza et le Rialto) et distribué (par les places paroissiales), mélangeant différentes classes sociales à travers les secteurs résidentiels du tissu urbain.

L'organisation spatiale du Palais de Westminster révèle une culture institutionnelle combinant des types d'activités codifiées à un système d'interactions informelles denses. Les constitutions écrites, soutient Jonathan Sumption[43], peuvent présenter certaines rigidités et agir comme une barrière à la résilience sociopolitique. Bien que ces

Conclusions

The discussion of a city, a governance building and a policy report reveals different ways in which institutions materialize in space and in our minds. Our perceptions of buildings and cities are loaded with social ideals, and institutions come with buildings and urban formations attached to them, such as the house, the parliament and the city centre. Language institutionalizes specific functions and people, forming an essential part of the ways in which architecture and urban space are configured at any point in time by architects, clients, institutional bodies, builders and the public. The effect of spatial configuration in terms of how society and institutions work is not on finite entities and individuals but on different collections of individuals and their interrelation through space.

Institutions may be paradoxical, regulating the possible with ready-made categories that limit human autonomy.[41] However, depending on social and cultural context, many of our institutions actively pursue social change, as the Parker Morris report study shows. It would be a mistake to consider the way in which institutions materialize in space as being conservative and rigid only. Some rely on established frameworks to enable probabilistic outcomes that generate new relations necessary for their evolutionary stability, like the Houses of Parliament. Others are less flexible, perpetuating asymmetries, strengthening

de studie van Parker Morris aantoont. Het zou een vergissing zijn om de manier waarop instellingen in de ruimte gestalte krijgen uitsluitend als conservatief en rigide te beschouwen. Sommige bouwen voort op bestaande kaders om uitkomsten te bieden die nieuwe relaties creëren die nodig zijn voor hun evoluerende stabiliteit, zoals de Houses of Parliament. Andere zijn minder flexibel en bestendigen asymmetrieën en ongelijkheden. De eerste definiëren een transactionele of zelfs politieke ruimte die een systeem vormt van ontmoetingen die tot stand komen door het gebruik ervan. De laatste verwijzen naar een vast systeem van categorieën en relaties dat voortdurend door het gebruik wordt herbevestigd.

De manier waarop de instellingen waren ingebed in de stedelijke structuur van Venetië, bood hun de mogelijkheid om samen te werken. Met de toenemende regulering van de instellingen en de gelaagdheid van de samenleving[42] zijn veel sociale functies ruimtelijk, economisch en administratief gecentraliseerd. De Venetiaanse samenleving heeft echter gedurende een opmerkelijk lange periode blijk gegeven van aanpassing, met als belangrijkste bron de Venetiaanse Mythe. Deze samenleving berustte op heterogene instellingen, zoals de paleizen die zowel woon- als werkplaats waren, voorbeelden van een geslaagde functionele hybridisering, en op een machtssysteem dat zowel gecentraliseerd was (de Piazza en de Rialto) als verdeeld (via de parochiepleinen), waarbij verschillende sociale klassen werden vermengd via de woonzones van het stadsweefsel.

and reproducing inequalities. The former define a transactional or even political space that constructs a more fluid system of encounters negotiated by use. The latter concern a fixed system of categories and relations that is continuously reaffirmed by use.

In Venice, institutions were *inscribed* in the urban fabric in a way that ensured the evolution they needed in order to function collectively. As institutions became increasingly regulated and society more stratified,[42] many social functions were spatially, economically and administratively centralized. However, Venetian society harnessed evolutionary adaptation—the main source of the Myth of Venice—over a remarkably long period of time. This was based on heterogeneous institutions, such as palaces that were residences and workplaces at the same time, and a power structure that was both spatially centralized and distributed, mixing different social classes across residential sectors throughout the urban fabric.

The spatial configuration of the Palace of Westminster revealed an institutional culture of codified types of activity in a space of dense informal interactions. Written constitutions, argues Jonathan Sumption, can have certain rigidities and act as a barrier to sociopolitical resilience.[43] While these written constitutions may be amended, a culture which abides by an unwritten constitution like the UK has embodied the practice of adjustment and negotiation, absorbing internal shocks and elevating it to a codified mode of sociopolitical culture. It may be possible to read the culture of informal exchange in the building as akin to the capacity

of the British state to adjust its policy and identity so as to respond to historical crises with short-term compromises.

In contrast to Venice and the UK Houses of Parliament, the homes envisioned in the Parker Morris report were based on idealized behaviour, an itemized conception of society and *prescribed* standard of collective family life. Yet it was beyond the family unit in the aggregation of multiple families, newly thrown together, that the ideal began to fray. This is not to say that the report did not have good intentions and result in a significant increase in housing standards. It is to highlight the need to understand that all durable and relevant institutions are connected in space and to society beyond themselves and do not survive in isolation.

The way in which institutional patterns endure is through persistent regularities. But within these regularities there are mechanisms for slow and imperceptible yet continuous evolution.

Institutionele structuren houden stand door aanhoudende regelmatigheden. Binnen deze regelmatigheden zijn er echter mechanismen van langzame, haast onmerkbare maar voortdurende evolutie.

BRUXELLES & SES INSTITUTIONS
ENTRE VILLE HAUTE & VILLE BASSE

BRUSSELS & ITS INSTITUTIONS

BETWEEN THE LOWER TOWN & THE UPPER TOWN

Gérald Ledent & Cécile Vandernoot

BRUSSEL & HAAR INSTELLINGEN
TUSSEN BOVEN- & BENEDENSTAD

LA SENNE, UN RÉSEAU HYDROGRAPHIQUE PREMIER — L'histoire de Bruxelles, comme beaucoup d'autres villes, est liée à celle de sa rivière, la Senne. Elle y coule du sud au nord pour rejoindre, via la Dyle et le Ruppel, l'Escaut et la ville d'Anvers. La Senne est une rivière capricieuse et son bassin est régulièrement inondé, faisant place à un large marais. Ce marais est à l'origine du nom de la ville («bruok», le marais et «sella», l'habitation), mais aussi de sa boisson la plus typique, la lambic, dont la fermentation naturelle est permise par des levures sauvages présentes uniquement dans la vallée de la Senne. La rivière est au centre d'un réseau hydrographique particulier composé de nombreux affluents qui ont, pour beaucoup, donné leur nom à des quartiers familiers aux oreilles bruxelloises, comme Molenbeek, Woluwé, etc. Ce réseau a donné lieu aux premiers tracés viaires qui se sont implantés parallèlement ou perpendiculairement à celui-ci, mais aussi aux premières installations humaines à partir de l'époque romaine. Aujourd'hui, la Senne est voûtée et sa trace n'est révélée que très ponctuellement dans la ville. Pourtant, cette structure hydrographique première pourrait être au cœur de la fabrique de la ville de demain, localement avec la réouverture de la Senne et de certains de ses affluents, ou plus largement, comme structure paysagère, telle que présentée dans les études de BXL 2040.

THE SENNE, A PRIMARY HYDROGRAPHIC NETWORK — As is the case with many cities, the history of Brussels is linked to the history of its river. The Senne flows from south to north, reaching the Scheldt and the city of Antwerp via the Dyle and the Rupel. The Senne is an irregular river. Its basin floods frequently, resulting in vast marshlands. This marsh gave the city not only its name—*bruok* (marsh) and *sella* (house)—but also its most famous drink, lambic, whose natural fermentation is made possible by wild yeast found only in the Senne valley. The river is at the centre of a hydrographic network made up of many tributaries, some of which have given their names to districts familiar to residents of the city, from Molenbeek to Woluwe, for instance. This network gave rise to the first roads that ran parallel or perpendicularly to it, but also to the first human settlements from Roman times. Today the Senne is covered over and its course is only occasionally visible in the city. And yet this primary hydrographic network could be at the heart of the fabric of the city of tomorrow, whether locally with the uncovering of the Senne and some of its tributaries or more widely as a feature structuring the landscape, as presented in the BXL 2040 studies.

Marsh landscape. *Winter View of the Abbey of Groenendael near Brussels*, Denis van Alsloot, 1621 (detail).

DE ZENNE, EEN PRIMAIR HYDROGRAFISCH NETWERK — De geschiedenis van Brussel is, net als die van vele andere steden, verbonden met die van haar rivier, de Zenne. Ze stroomt van zuid naar noord via de Dijle en de Rupel naar de Schelde en Antwerpen. De Zenne is een grillige rivier; haar stroomgebied overstroomt regelmatig, waardoor een groot moeras ontstaat. Dit moeras ligt aan de oorsprong van de naam van de stad (*bruok*, moeras, en *sella*, nederzetting), maar ook van haar meest typische drank, de lambiek, waarvan de natuurlijke gisting mogelijk wordt gemaakt door wilde gisten die enkel voorkomen in de Zennevallei. De rivier ligt in het centrum van een bijzonder hydrografisch netwerk samengesteld uit talrijke zijrivieren, waarvan er vele hun naam gaven aan bekende Brusselse wijken zoals Molenbeek en Woluwe. Dit netwerk gaf aanleiding tot de eerste wegennetten die evenwijdig aan of loodrecht op het water werden aangelegd, en ook tot de eerste menselijke nederzettingen, die vanaf de Romeinse tijd ontstonden. Tegenwoordig loopt de Zenne ondergronds en is ze maar hier en daar zichtbaar in de stad. Deze primaire hydrografische structuur zou echter een centrale plek kunnen hebben in het stadsweefsel van morgen, lokaal met het blootleggen van de Zenne en enkele van haar zijrivieren, en ruimer als landschapsstructuur, zoals voorgesteld in de studie Brussel 2040.

← View of Rue Royale from the Botanical Garden. *Brussels. View from above the Brussels-North Railway Station*, A. Guesdon, E. Noury, c. 1850 (detail).

UN COTEAU PRIVILÉGIÉ ET UN PORT À SES PIEDS — Le réseau hydrographique de la Senne a sculpté la topographie du territoire bien avant que la ville de Bruxelles n'y apparaisse. Parmi ses affluents, le Maelbeek est important car, ensemble, ils ont façonné la topographie de la rive droite de la Senne sous la forme d'un éperon orienté vers le nord. Son versant ouest est particulièrement privilégié. Il est baigné de lumière et préservé par sa hauteur des humeurs de la rivière. Il va jouer un rôle central dans l'histoire de la ville, et la ligne de partage des eaux sera mise à profit à partir du 18e siècle pour inscrire dans la chair de la ville différentes institutions. Pour sa part, la Senne est une rivière peu profonde, mais elle est praticable pour des barges à fond plat jusqu'à la pointe nord de l'Île Saint-Géry, au-delà de laquelle les ensablements la rendent impropre à la navigation. À cet endroit, un point de débarquement – *portus* – est aménagé. Ce premier port de Bruxelles est couplé à un pont qui traverse la rivière. Naturellement situé dans la vallée, le port sera le premier lieu de rassemblement et le point de départ du développement de la ville.

A SUITABLE HILLSIDE AND A PORT AT ITS FEET — The Senne's hydrographic network shaped the topography of the area long before the city of Brussels came into being. Among its tributaries, the Maelbeek is important because together they shaped the topography of the Senne's right bank into the form of a north-facing spur. The western slope of this spur is particularly well favoured. It is bathed in light and protected by its elevation from the river's whims. This hillside would play a central role in the city's history, and its ridgeline would be used from the eighteenth century onwards to inscribe various institutions in the fabric of the city. The Senne is a shallow river, but it is passable for flat-bottomed barges as far as the northern tip of Île Saint-Géry, beyond which silting up makes it unnavigable. It is at this site that a disembarking point—*portus*—was built. The first port of Brussels was coupled with a bridge that crossed the river. Naturally located in the valley, the port was the city's first gathering place and the starting point for its development.

The first port of Brussels on the banks of the river Senne was home to flat-bottomed barges. *Triptych of the Four Crowned Martyrs,* anon., 1560 (detail).

EEN BEVOORRECHTE HEUVEL EN EEN HAVEN AAN ZIJN VOETEN — Het rivierenstelsel van de Zenne heeft de topografie van het gebied gevormd, lang voordat de stad Brussel ontstond. Van haar bijrivieren is vooral de Maalbeek belangrijk, omdat die samen met de Zenne zelf de topografie van de rechteroever gesculpteerd heeft in de vorm van een noordelijke uitloper. De westkant is bijzonder bevoorrecht: hij baadt in het licht en wordt door zijn hoogte gevrijwaard van het grillige karakter van de rivier. Hij zal een centrale rol spelen in de geschiedenis van de stad, en de waterscheiding zal vanaf de 18de eeuw worden gebruikt om verschillende instellingen een plek te geven in de stad. De Zenne is ondiep, maar is bevaarbaar voor platbodems tot aan de noordpunt van het Sint-GoriksEiland, waar ze door verzanding onbevaarbaar wordt. Op deze plaats wordt een aanlegplaats – *portus* – ingericht. Deze eerste haven van Brussel is verbonden met een brug die over de rivier gaat. De haven, die natuurlijk in de vallei ligt, zal de eerste verzamelplaats van de stad zijn en het vertrekpunt voor haar verdere ontwikkeling.

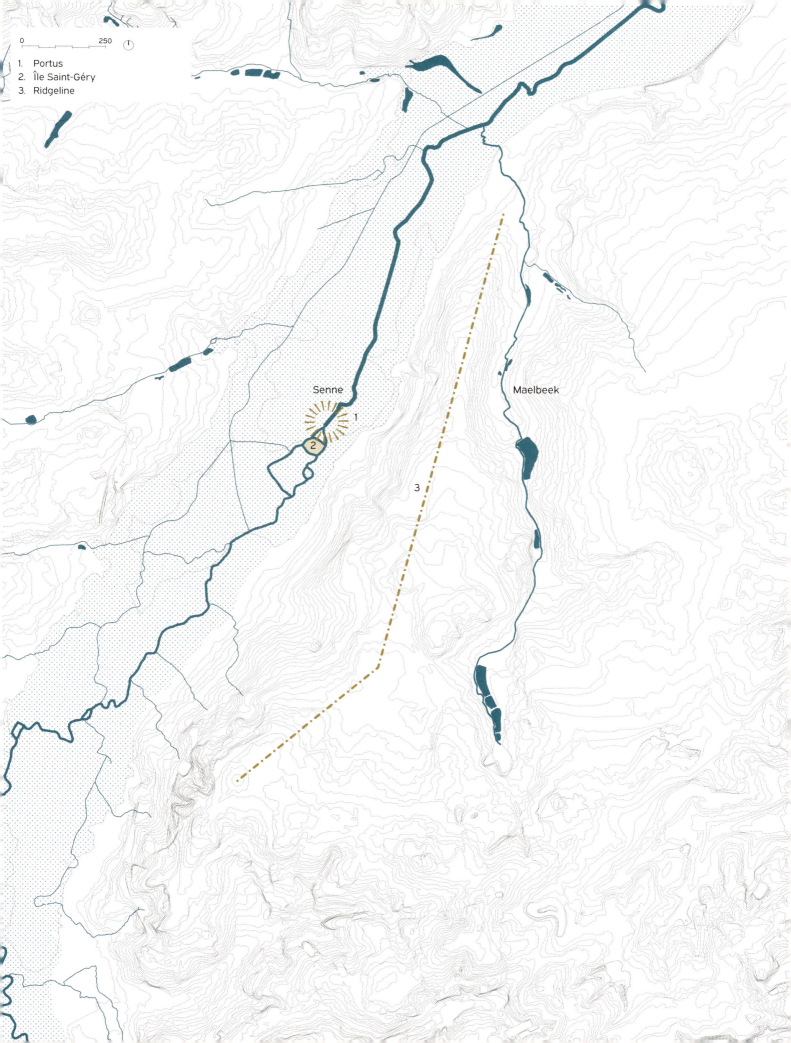

PREMIÈRE AGGLOMÉRATION — La ville de Bruxelles naît à la suite de l'activité du port, en 979 selon la légende. Dès l'origine, elle s'organise autour de trois pouvoirs qui font apparaître pour la première fois les rapports entre le haut et le bas de la ville. Le pouvoir économique s'installe résolument dans la vallée, suite à l'implantation d'un premier marché hors de la zone inondable. C'est le marché bas – *Nedermerkt* – qui deviendra plus tard la Grand-Place. Il se trouve au croisement de la rivière et d'une chaussée perpendiculaire, le *Steenweg*, qui relie le haut et le bas de la ville, et, plus loin encore, les villes de Gand et de Namur. Le pouvoir seigneurial s'installe sur l'île Saint-Géry où il érige un premier *castrum* défensif. Sa chapelle abrite les reliques de la sainte patronne de la ville, Gudule. Enfin, un premier édifice religieux en bois est construit sur le coteau ouest de la Senne. C'est l'oratoire Saint-Michel, dressé sur le *Treurenberg*.

AN EARLY SETTLEMENT — The city of Brussels came into being as a result of the port activity, in 979 according to legend. From the start, the city was organized around three powers, which for the first time revealed the relation between the city's lower and upper parts. The economic power was firmly established in the valley, following the creation of an initial market outside the flood zone. This was the Nedermerkt or lower market, which later became the Grand Place. It was located at the intersection of the river and a paved road, the Steenweg, which connected the lower and upper parts of the city and, beyond that, the cities of Namur and Ghent. The seigneurial power settled on Île Saint-Géry, where it erected a first defensive *castrum* (fort). Its chapel housed the relics of the town's patron saint, Gudula. Lastly, an early wooden religious building was built on the western hillside of the Senne. This was the oratory dedicated to Saint Michael, built on the Treurenberg (Hill of Lamentations).

Saint Michael, patron saint of the city. *Homiliarium Corbeiense*, Eusebius Gallinacus, c. 1179.

DE EERSTE STEDELIJKE KERN — De stad Brussel ontstond vanuit deze havenactiviteiten, volgens de legende in 979. Vanaf het begin wordt ze georganiseerd rond drie machten, die voor het eerst de verhouding tussen de boven- en benedenstad duidelijk maken. De economische macht wordt stevig gevestigd in de vallei, na het ontstaan van de eerste markt buiten het overstromingsgebied. Dit is de lage markt – *Nedermerkt* – die later de Grote Markt zal worden. Ze ligt op het kruispunt van de rivier en een loodrechte weg, de *Steenweg* die de boven- en benedenstad met elkaar verbindt en verder doorloopt richting Gent en Namen. De heerlijkheid vestigt zich op het Sint-Goriksseiland waar ze een eerste defensief *castrum* opricht. De kapel herbergt de relikwieën van de beschermheilige van de stad, de Heilige Goedele. Ten slotte wordt een eerste houten kerkgebouw opgetrokken op de westelijke helling van de Zenne, op de Treurenberg: het Sint-Michielsoratorium.

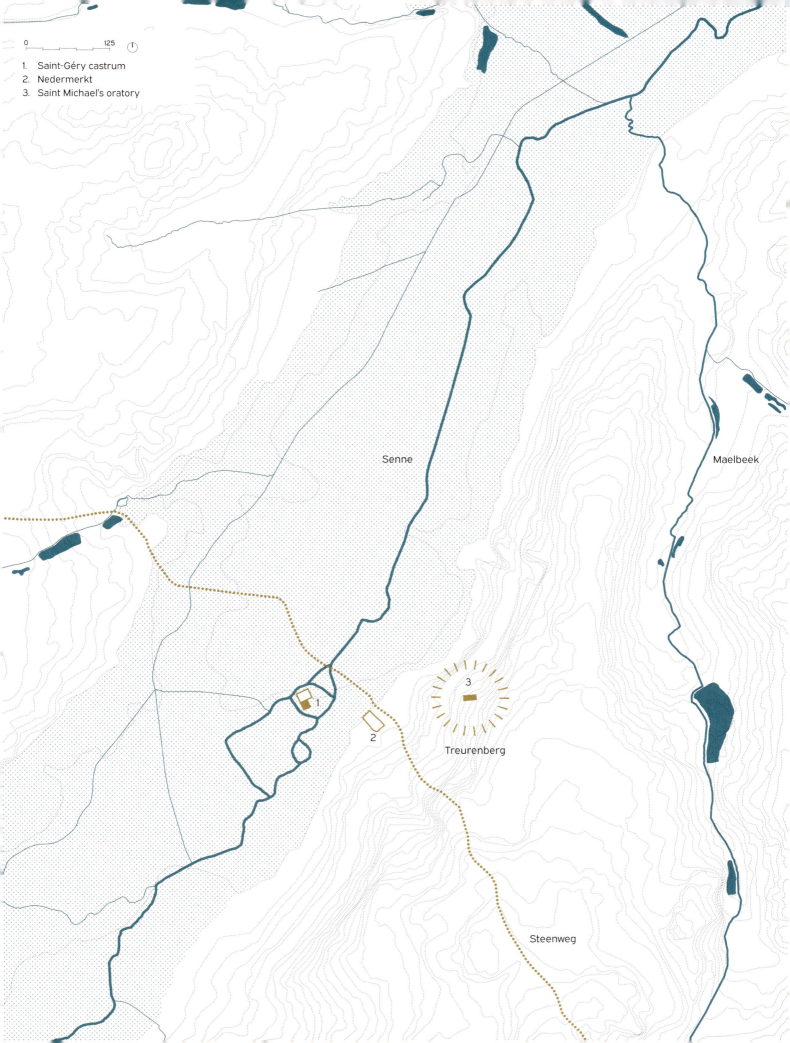

PREMIERS REMPARTS ET COUDENBERG — Pour défendre la ville, de premiers remparts sont construits au 13ᵉ siècle. Ce sont de robustes constructions de terre et de pierre, percées de sept portes dont plusieurs vestiges existent encore aujourd'hui, comme la Tour Noire à côté de la place Sainte-Catherine. Dans le bas de la ville, l'enceinte protège le port et la Grand-Place, mais elle se développe aussi sur le coteau ouest, en incorporant l'oratoire Saint-Michel et une deuxième proéminence, le *Coudenberg*. Un nouveau château y est construit, à cheval sur les remparts, 40 mètres au-dessus du niveau de la Senne. Cette époque est marquée par deux déplacements des institutions vers la colline. Au niveau religieux, l'oratoire Saint-Michel acquiert une nouvelle importance. Il est remplacé par une collégiale où sont déplacées les reliques de Sainte Gudule préservées jusqu'alors sur l'île Saint-Géry. Au niveau politique, le château du Coudenberg supplante l'ancien *castrum* et le pouvoir seigneurial migre du marais vers la colline. Cet élément défensif deviendra progressivement un palais qui sera le siège des ducs de Brabant puis de Bourgogne qui y construiront l'*Aula Magna*, une des plus belles salles de réception d'Europe. Charles V lui-même l'agrandira par l'adjonction d'une chapelle gothique et de la place des Bailles devant le palais.

FIRST RAMPARTS AND COUDENBERG — To defend the city, ramparts were first built in the thirteenth century. These robust constructions of earth and stone included seven gates, several remains of which still exist today, such as the Black Tower at Place Sainte-Catherine. In the lower part of town, the ramparts protected the port and the Grand Place, but also covered the western hillside, incorporating the oratory dedicated to Saint Michael and a second hillock, the Coudenberg (Cold Hill). This is where a new castle was built. It straddled the ramparts forty metres above the level of the Senne. On two occasions during this period, institutions were moved to the hill. On a religious level, the oratory of Saint Michael gained in importance. It was replaced by a collegiate church into which the relics of Saint Gudula were transferred, relics which had been previously kept on Île Saint-Géry. At the political level, Coudenberg Castle replaced the old *castrum* and the seigneurial power migrated from the marsh to the hill. This defensive element gradually evolved into a palace that became the seat of the Dukes of Brabant and then of Burgundy, who would build the *Aula Magna* in it, one of Europe's most beautiful banqueting halls. Charles V himself would add a Gothic chapel to the *Aula Magna* and lay out Place des Bailles in front of the palace.

Coudenberg Palace and Place des Bailles.
The Court of Brussels, Joan Blaeu, 1649 (detail).

DE EERSTE STADSMUREN EN DE KOUDENBERG — Ter verdediging van de stad worden in de 13de eeuw de eerste stadsmuren gebouwd. Het zijn stevige constructies van aarde en steen, met zeven poorten, waarvan enkele delen nog steeds goed bewaard zijn, zoals de Zwarte Toren naast het Sint-Katelijneplein. In het lagergelegen deel van de stad beschermt de muur de haven en de Grote Markt, maar hij strekt zich ook uit over de westelijke helling, waar hij het Sint-Michielsoratorium en een tweede prominente plek, de *Koudenberg* omvat. Hier wordt een nieuw kasteel gebouwd, dwars over de vestingmuren, 40 meter boven het niveau van de Zenne. Deze periode wordt gekenmerkt door twee verschuivingen van de instellingen in de richting van de heuvel. Op religieus niveau krijgt het Sint-Michielsoratorium een nieuwe betekenis. Het wordt vervangen door een kapittelkerk waarnaar de relikwieën van de Heilige Goedele worden overgebracht, voorheen bewaard op het Sint-Gorikseiland. Op politiek niveau vervangt het Koudenbergkasteel het oude *castrum* en de soevereine macht verhuist van het moeras naar de heuvel. Dit verdedigingselement zal geleidelijk uitgroeien tot een paleis dat de zetel zal worden van de hertogen van Brabant en vervolgens van Bourgondië, die er de *Aula Magna* zullen bouwen, een van de mooiste pronkzalen in Europa. Karel V zal het verder uitbreiden met een gotische kapel en de aanleg van het voor het paleis gelegen Baliënplein.

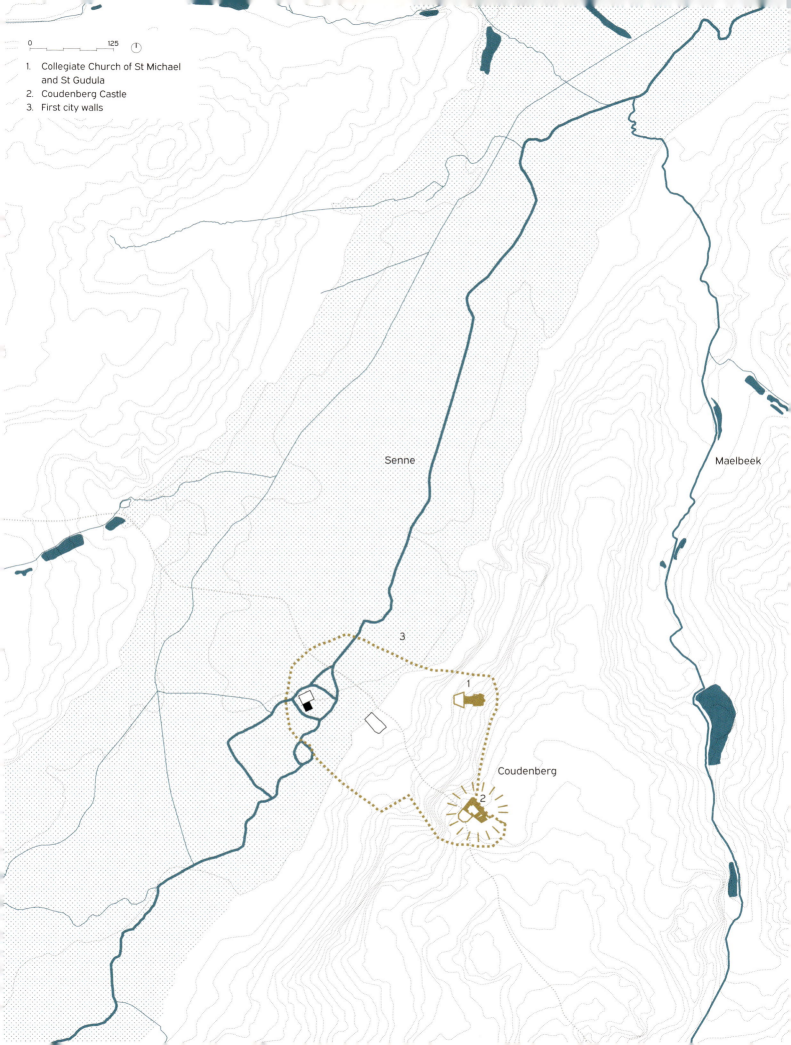

SECONDS REMPARTS — La ville se développe rapidement grâce au commerce et à l'industrie, drapière notamment. Sa population augmente en conséquence et les premiers remparts deviennent trop exigus. Une seconde enceinte est construite au 14ᵉ siècle. Les murs de brique et de pierre de dix mètres de hauteur sont accompagnés de larges fossés dont certains sont remplis d'eau. Si l'enceinte a totalement disparu aujourd'hui à l'exception de la Porte de Hal, son dessin reste bien visible dans la ville puisqu'il a fait place aux boulevards de la petite ceinture entourant le cœur de la ville, le *Pentagone* bruxellois. À l'intérieur des murs, les lieux de pouvoir s'équilibrent entre la ville haute et la ville basse. Les guildes marchandes prennent de l'importance et s'organisent de manière de plus en plus structurée autour de la Grand-Place. L'hôtel de ville symbolise cette montée en puissance de la bourgeoisie urbaine et du pouvoir des corporations. Trois éléments symboliques verticaux marquent alors le ciel de Bruxelles : la flèche de l'Hôtel de Ville, les hautes toitures du Palais du Coudenberg et les nouvelles tours gothiques de la collégiale Saints-Michel-et-Gudule.

SECOND RAMPARTS — The city developed rapidly thanks to trade and industry, in particular the cloth industry. Its population increased accordingly, the city soon becoming cramped within the first ramparts. A second surrounding wall was built in the fourteenth century. The ten-metre-high brick-and-stone wall was accompanied by wide ditches, some of which were filled with water. Although the wall has completely disappeared today, with the exception of Halle Gate, its outline is still clearly visible in the city, as it gave way to the boulevards that make up the inner ring road surrounding the city, the Brussels Pentagon. Within these walls, the centres of power were balanced out between the lower town and the upper town. The merchant guilds had gained in importance and were organizing themselves around the Grand Place. The town hall symbolized the rise of this urban bourgeoisie and the increased power of the guilds. Three vertical symbols marked the Brussels skyline at the time: the spire of the town hall, the high roofs of Coudenberg Palace, and the new Gothic towers of the Collegiate Church of St Michael and St Gudula.

The second city walls of Brussels. *Engraving of the Brussels City Walls in the 16th Century*, Wenceslaus Hollar, n.d. (detail).

DE TWEEDE STADSMUUR — De stad ontwikkelt zich snel dankzij de handel en industrie, met name de lakenindustrie. De bevolking neemt toe en de eerste muren worden te klein. In de 14de eeuw wordt daarom een tweede omwalling opgetrokken. Naast de tien meter hoge bakstenen en stenen muren komen brede greppels, waarvan sommige gevuld zijn met water. Hoewel de muur vandaag volledig is verdwenen, met uitzondering van de Hallepoort, is de omtrek ervan nog steeds duidelijk zichtbaar in de stad. De muur heeft immers plaatsgemaakt voor de boulevards van de binnenring rond de stadskern, de zogenaamde *Brusselse Vijfhoek*. Binnen de muren zijn de machtsposities tussen de boven- en benedenstad in evenwicht. De koopmansgilden worden alsmaar belangrijker en organiseren zich op een steeds gestructureerdere manier rond de Grote Markt. Het stadhuis symboliseert deze opkomst van de stedelijke bourgeoisie en de macht van de gilden. Drie verticale symbolische elementen tekenen zich af tegen de hemel boven Brussel: de torenspits van het stadhuis, de hoge daken van het Koudenbergpaleis en de nieuwe gotische torens van de Sint-Michiels- en Sint-Goedelekerk.

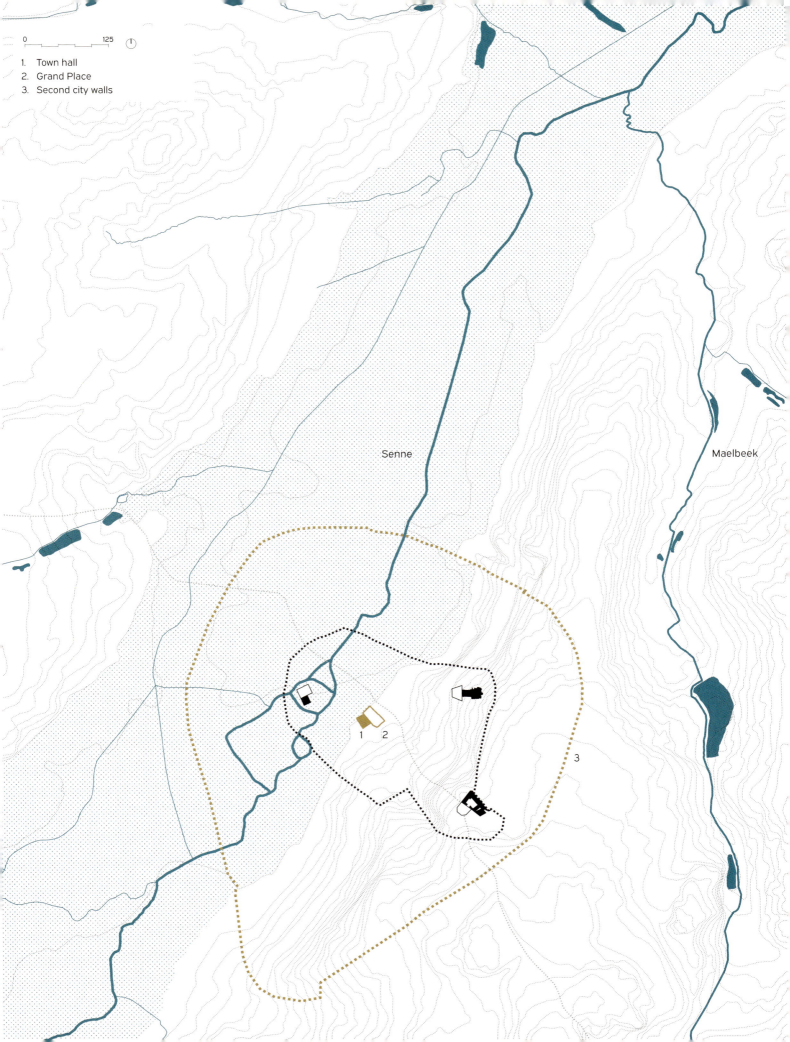
1. Town hall
2. Grand Place
3. Second city walls

INCENDIE DU PALAIS, UN PARC — Au 18ᵉ siècle, en 1731 exactement, le Palais du Coudenberg brûle et une grande partie des chefs-d'œuvre qu'il abrite partent en flammes. Cet évènement sera le prétexte pour une restructuration complète du quartier dans le dernier quart du 18ᵉ siècle. Au nord du Palais, un grand parc boisé – la *Warande* – était réservé à la chasse. Occupant l'espace compris entre la rue de Louvain et la porte de Namur, cette garrigue présentait une forte pente. En 1775, le pouvoir autrichien propose de remanier le parc en l'arasant complètement à partir du niveau des remparts à l'est. À l'ouest, au niveau de la rue Isabelle, le nivellement est repris par un important mur de soutènement d'une dizaine de mètres qui met en évidence l'important dénivelé entre la ville haute et la ville basse. Le nouveau parc est un grand tapis de verdure rectangulaire organisé autour d'un dessin géométrique en patte d'oie dont le tracé servira de départ pour plusieurs projets urbains adjacents. La Ville de Bruxelles finance le projet par une vaste opération immobilière d'hôtels particuliers qui entourent le parc. Ses petits côtés sont occupés par le Palais du Conseil du Brabant qui deviendra plus tard le Parlement belge, et un complexe de quatre hôtels particuliers dont le remaniement progressif mènera au 19ᵉ siècle au Palais royal.

A PALACE ON FIRE, A PARK — In the eighteenth century (in 1731), Coudenberg Palace burned down and many of the masterpieces it housed went up in flames. This led to a complete restructuring of the district in the last quarter of the eighteenth century. To the north of the palace was a large wooded park reserved for hunting, the Warande. Occupying the area between Rue de Louvain and Porte de Namur, this area of scrubland featured a steep slope. In 1775 the Austrian authorities sought to redesign the park by levelling it with the ramparts to the east. To the west, at the level of Rue Isabelle, the levelling involved the construction of a ten-metre retaining wall that highlighted the significant difference in altitude between the lower town and the upper town. The new park consisted of a vast geometric area of greenery whose layout included paths and junctions that would inspire several adjacent urban projects. To finance the project, the city authorities relied on an ambitious real-estate operation involving private mansions being built around the park. The park's shorter edges were home to the Palace of the Council of Brabant (the future Belgian Parliament) and a complex of four private residences whose gradual restructuring would result, in the nineteenth century, in the Royal Palace.

From a hunting park to a parade ground. *Hunting Scene in the Park of the Coudenberg Palace*, anon., 1620 (detail) / *View of the Brussels Park*, François Lorent, 1778.

HOE EEN PALEISBRAND LEIDT TOT EEN PARK — In de 18de eeuw (in 1731) brandt het Koudenbergpaleis af en gaat een groot deel van de meesterwerken die het herbergt in vlammen op. Deze gebeurtenis zou de aanleiding worden voor een volledige herstructurering van de wijk in het laatste kwart van de 18de eeuw. Ten noorden van het paleis ligt de *Warande*, een groot bebost park dat voorbehouden is voor de jacht. Deze groene zone, gelegen tussen de Leuvenseweg en de Naamsepoort, heeft een steile helling. In 1775 wordt het park onder Oostenrijks bewind opnieuw ingericht door het volledig te egaliseren vanaf het niveau van de vestingmuren in het oosten. In het westen, ter hoogte van de Isabellastraat, wordt de nivellering opgevangen door een grote keermuur van ongeveer tien meter, die het aanzienlijke niveauverschil tussen de boven- en benedenstad benadrukt. Het nieuwe park is een groot rechthoekig groen tapijt dat volgens een geometrisch ontwerp in de vorm van een ganzenpoot is georganiseerd. Dit tracé zal dienen als uitgangspunt voor verschillende aangrenzende stedelijke projecten. De stad Brussel financiert de aanleg van dit park via een omvangrijke vastgoedoperatie van particuliere herenhuizen rond het park. De korte zijden worden ingenomen door het Paleis van de Soevereine Raad van Brabant, dat later het Belgisch Parlement zou worden, en door een complex van vier herenhuizen waarvan de geleidelijke verbouwingen in de 19de eeuw tot het Koninklijk Paleis hebben geleid.

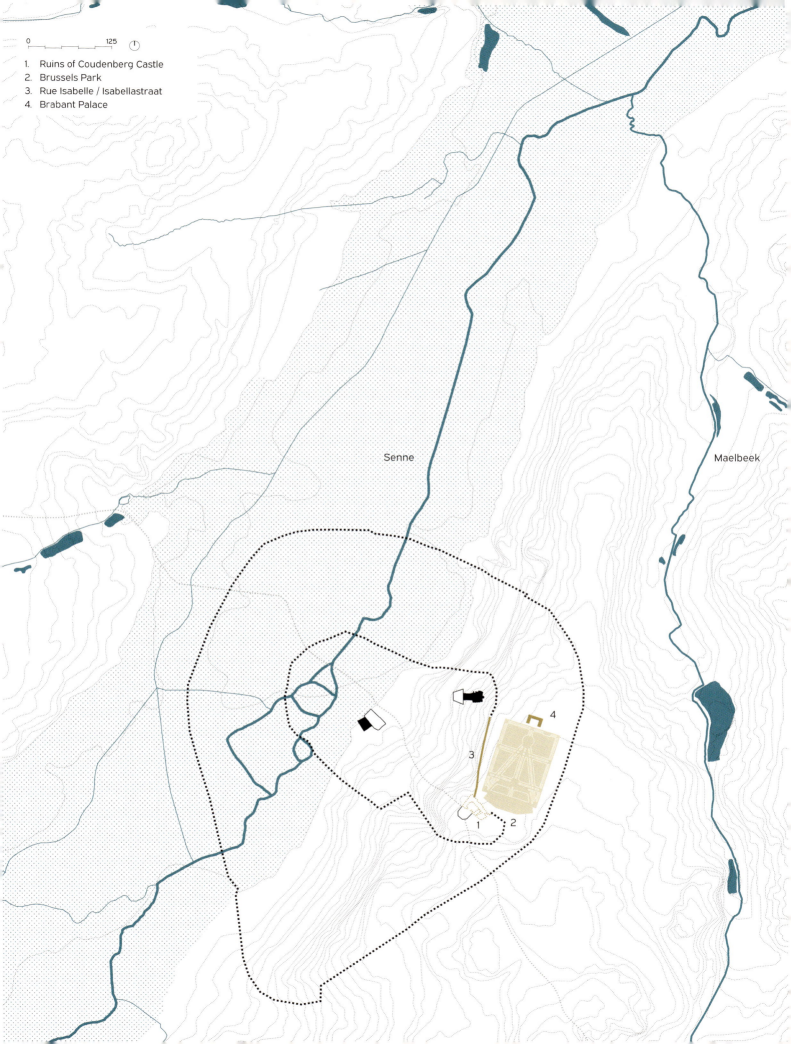

1. Ruins of Coudenberg Castle
2. Brussels Park
3. Rue Isabelle / Isabellastraat
4. Brabant Palace

INCENDIE DU PALAIS, UNE PLACE — Côté jardin, l'incendie du Palais du Coudenberg sert de prétexte à l'aménagement du Parc de Bruxelles. Côté cour, il est décidé de niveler l'ancienne place des Bailles qui formait le parvis sud du Palais du Coudenberg. La nouvelle place fait écho aux places royales construites à Paris. Celle de Bruxelles doit consacrer Charles de Lorraine dont la statue occupera le centre. La place néoclassique s'organise autour de deux axes. Le premier la relie directement au Parc de Bruxelles, en s'ouvrant vers le nord dans la prolongation d'une des branches diagonales de son tracé. À la perpendiculaire, un deuxième axe relie à travers le centre de la place la flèche de l'hôtel de ville et la nouvelle église Saint-Jacques-sur-Coudenberg. Celle-ci remplace, après bien des atermoiements, la chapelle de Charles Quint qui avait pourtant résisté aux flammes. La place propose ainsi une nouvelle articulation entre le haut et le bas de la ville. Celle-ci est d'autant plus forte que la place intègre le tracé historique du Steenweg, qui y pénètre sous les arcades d'un de ses angles. Aujourd'hui, Charles de Lorraine n'occupe plus le centre de la place, remplacé par Godefroid de Bouillon dans une tentative de donner une identité à la nation belge au milieu du 19ᵉ siècle.

A PALACE ON FIRE, A SQUARE — On the garden side, the fire that destroyed Coudenberg Palace led to the creation of Brussels Park. On the other, it was decided to level the former Place des Bailles, which formed the southern forecourt of Coudenberg Palace. The new square echoed the royal squares built in Paris. The Brussels Place Royale was intended to consecrate Charles of Lorraine, whose statue would fill the centre. The neoclassical square was structured around two routes. The first connected it directly to Brussels Park, extending north from one of the diagonal paths in the park's layout. The second, perpendicular route traversed the centre of the square to draw a line from the spire of the town hall to the new Church of Saint-Jacques-sur-Coudenberg. After many delays, this church finally replaced the Chapel of Charles V, although the latter had survived the fire. The square thus provided a new link between the lower and upper parts of the city. This link was reinforced by the fact that the square incorporated the historical course of the Steenweg, which entered the square under the arcades in one of its corners. Today, Charles of Lorraine no longer dominates the square. He was replaced in the mid nineteenth century by Godfrey of Bouillon in an attempt to give the Belgian nation an identity.

View of Place Royale, Georg Matthias Probst, after Rooland, late 18th century; *View of Place Royale*, anon., c. 1830.

HOE EEN PALEISBRAND LEIDT TOT EEN PLEIN — Aan de tuinzijde vormt de brand in het Koudenbergpaleis de aanleiding voor de aanleg van het Warandepark, ook gekend als het Park van Brussel. Langs de kant van de binnenplaats wordt besloten het vroegere Baliënplein, dat het zuidelijke plein van het Koudenbergpaleis vormt, te nivelleren. Het nieuwe plein sluit aan bij de stijl van de koninklijke pleinen die destijds in Parijs werden aangelegd. Dat van Brussel wordt gewijd aan Karel van Lotharingen, wiens standbeeld in het midden zal staan. Het neoklassieke plein is georganiseerd volgens twee assen. De eerste verbindt het rechtstreeks met het Warandepark en opent zich naar het noorden toe, in het verlengde van een van de diagonale vertakkingen van het tracé. Loodrecht hierop loopt een tweede as door het midden van het plein, die de torenspits van het stadhuis verbindt met de nieuwe Sint-Jacob-op-de-Koudenbergkerk. Deze vervangt, na veel getalm, de hofkapel van Karel V, die nochtans ongeschonden uit de brand was gekomen. Het plein vormt zo een nieuwe verbinding tussen boven- en benedenstad. Die wordt nog versterkt doordat het plein deel uitmaakt van het historisch tracé van de Steenweg, een tracé dat tot op het plein doordringt via de arcaden op een van de hoeken. Vandaag staat Karel van Lotharingen niet meer in het midden van het plein. Hij werd vervangen door Godfried van Bouillon in een poging om de Belgische natie in het midden van de 19de eeuw een identiteit te geven.

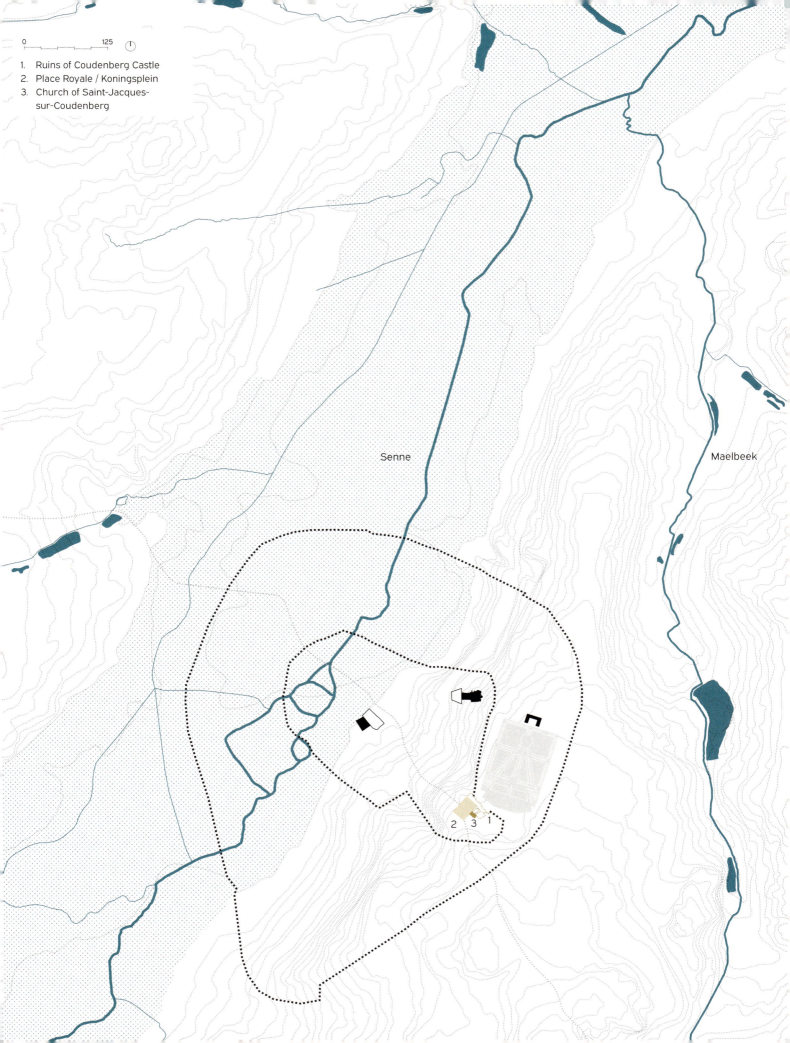

UN TRACÉ ROYAL — En 1831, la Belgique devient indépendante avec Bruxelles comme capitale. La place Royale et le Parc de Bruxelles sont à l'origine d'un vaste projet qui institue par l'espace l'ordre de ce nouveau pays. Vers le sud, la rue de la Régence est percée, prolongeant un des axes diagonaux du parc. Elle longe l'église du Sablon pour aboutir sur la colline du *Galgenberg* qui accueillait autrefois les potences des condamnés. À cet emplacement est érigé un immense Palais de justice. Vers le nord, la rue Royale qui borde le parc est prolongée au-delà du Pentagone et longe un nouveau parc, le Jardin botanique. Cet axe se poursuit jusqu'à l'église royale Sainte-Marie, où il est prolongé plus localement vers la maison communale puis la gare de Schaerbeek. Au niveau de l'église royale Sainte-Marie, l'axe bifurque et traverse la vallée vers l'ouest pour aboutir sur l'église Notre-Dame de Laeken, voisine de la résidence secondaire du roi. Ce système d'axes prend appui sur la ligne de crête naturelle et installe dans l'espace de la ville la division tripartite de l'État belge : juridique, religieux et politique dans la confrontation installée à travers le Parc de Bruxelles entre le Parlement et le Palais royal. La ville basse reste attachée aux fonctions commerciales et laborieuses avec l'implantation de la Bourse de commerce, des grands magasins, mais aussi de fabriques qui font de Bruxelles au 19e siècle la première ville industrielle de Belgique.

A ROYAL ROUTE — In 1831 Belgium gained its independence and Brussels became its capital. Place Royale and Brussels Park were at the origin of a vast project that instituted, through the organization of space, the order of this new state. To the south, Rue de la Régence was built, extending one of the park's diagonal paths. Running down by the Church of the Sablon, it terminated at the Galgenberg, the hill which used to be the site of the gallows fields. A colossal courthouse was built on this site. To the north, Rue Royale, which borders the park, was extended beyond the Pentagon, running alongside a new park, the Botanical Garden. This route extended as far as Saint Mary's Royal Church, where it continues more locally to the town hall and then to Schaerbeek station. At the level of Saint Mary's Royal Church, the route branches off and crosses the valley towards the west, ending at the Church of Our Lady of Laeken, which is adjacent to the king's secondary residence. This network of routes is based on the natural ridgeline. It establishes, in the space of the city, the Belgian state's tripartite division (judicial, religious and political) in the confrontation set up in Brussels Park between the Parliament and the Royal Palace. The lower town remained focused on trade and labour functions, with the creation of the Commodity Exchange and department stores as well as factories, which made Brussels the leading industrial city in Belgium in the nineteenth century.

View of Rue Royale from the Botanical Garden. *Brussels. View from above the Brussels-North Railway Station*, A. Guesdon, E. Noury, c. 1850.

EEN KONINKLIJK TRACÉ — In 1831 wordt België onafhankelijk met Brussel als hoofdstad. Het Koningsplein en het Warandepark liggen aan de oorsprong van een groot project dat de inrichting van dit nieuwe land in de ruimte zal vastleggen. Naar het zuiden toe wordt de Regentschapstraat ontsloten, waardoor een van de diagonale assen van het park wordt verlengd en via de Onze-Lieve-Vrouw-ter-Zavelkerk eindigt op de *Galgenberg*, de heuvel waar ooit de galg van de veroordeelden stond. Op deze plaats wordt een groot gerechtsgebouw opgetrokken. Naar het noorden toe wordt de Koningsstraat doorgetrokken tot buiten de Vijfhoek en langs een nieuw park, de Kruidtuin. Deze as loopt door tot aan de Koninklijke Sint-Mariakerk, vanwaar hij voortloopt tot aan het gemeentehuis en vervolgens tot aan het station van Schaerbeek. Ter hoogte van de Koninklijke Sint-Mariakerk vertakt de as zich en doorkruist hij de vallei in westelijke richting, om uit te komen bij de Onze-Lieve-Vrouw-van-Lakenkerk, nabij de tweede residentie van de koning. Dit assenstelsel is gebaseerd op de natuurlijke lijn van de heuvelrug en maakt de driedeling van de Belgische staat – juridisch, religieus en politiek – in de stad concreet in de confrontatie die tussen het Parlement en het Koninklijk Paleis ontstaat, over het Warandepark heen. De benedenstad blijft verbonden met handels- en arbeidsfuncties, met de vestiging van de Beurs, warenhuizen, maar ook fabrieken die in de 19de eeuw Brussel tot de belangrijkste industriestad van België maken.

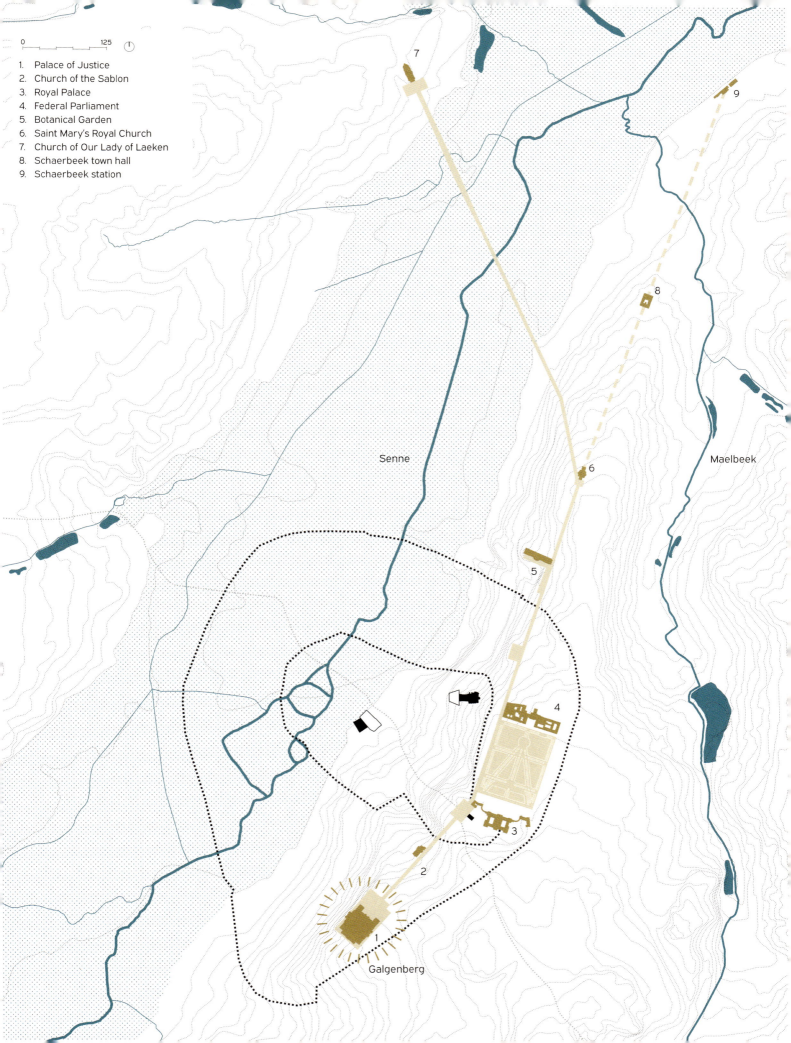

DES PANORAMAS — Une série d'esplanades s'installent sur ce Tracé royal. Elles servent tantôt de parvis aux institutions qui la bordent, tantôt de terrasses offrant des points de vue sur la ville. Depuis le sud, le Tracé royal offre une promenade panoramique qui s'égrène depuis la place Poelaert et son balcon sur Bruxelles. Elle se poursuit vers le square du Petit Sablon, la place Royale et le Parc de Bruxelles. À la hauteur de celui-ci, deux percées ouvrent sur la ville basse, les rues Baron Horta et Montagne du Parc. Plus loin, elle longe la place du Congrès et sa colonne commémorative. Au niveau du Jardin botanique, la vue se dégage largement vers la partie ouest de la ville. Enfin, au niveau du parvis de l'église royale Sainte-Marie, c'est Laeken que l'on peut apercevoir. Certaines de ces vues sont codifiées et préservées, notamment celle qui lie le balcon du Palais royal et la flèche de l'hôtel de ville, réminiscence de l'équilibre né au Moyen Âge entre le pouvoir du prince et celui de la population laborieuse. Tous ces lieux qui s'accrochent à la corniche royale inventent des liaisons entre le haut et le bas de la ville : rampes du Palais de justice, aujourd'hui complétées par un ascenseur public, balcon du Mont des Arts, escalier monumental de la rue Baron Horta, escaliers néoclassiques de la Colonne du Congrès, remplacés par l'esplanade de la Cité administrative, et paliers successifs du Jardin botanique.

PANORAMAS — A series of esplanades were created along this Royal Route. They sometimes served as forecourts for the institutions established on the route and sometimes as terraces offering views of the city. From the south, the Royal Route offers a panoramic walk that stretches from Place Poelaert and its balcony overlooking Brussels, continuing towards Square du Petit Sablon, Place Royale and Brussels Park. Two roads at the level of the park lead to the lower town, Rue Baron Horta and Rue Montagne du Parc. Further on, the route runs along Place du Congrès and past its commemorative column. At the level of the Botanical Garden, the view opens up towards the west of the city. Lastly, Laeken can be seen from the square in front of Saint Mary's Royal Church. Some of these views have been codified and preserved, notably the one linking the balcony of the Royal Palace and the spire of the town hall, a reminder of the balance born in the Middle Ages between the prince's power and that of the working population. All these places that cling to the royal ledge establish links between the lower and upper parts of the city: the ramps of the Palace of Justice (today completed by a public lift), the balcony of the Mont des Arts, the monumental steps of Rue Baron Horta, the neoclassical steps of the Congress Column replaced by the esplanade of the Cité Administrative de l'État, and the successive levels of the Botanical Garden.

Rue Montagne du Parc. *Panorama from Rue Royale*, c. 1913.

PANORAMA'S — Op het Koninklijk Tracé komen een aantal esplanades. Soms dienen ze als voorplein voor de instellingen die eraan grenzen, soms als terrassen die een uitzicht bieden op de stad. Vanuit het zuiden biedt het Koninklijk Tracé een panoramische wandeling die start vanop het Poelaertplein en zijn balkon met uitzicht over Brussel. Vandaar gaat ze verder langs de Kleine Zavel, het Koningsplein en het Warandepark. Hier komen twee openingen uit op de benedenstad, de Baron Horta- en de Warandebergstraat. Verderop loopt het parcours langs het Congresplein en zijn gedenkzuil. Bij de Kruidtuin opent het uitzicht zich naar het westelijk deel van de stad. Ten slotte komt, op het plein voor de Koninklijke Sint-Mariakerk, Laeken in zicht. Sommige van deze uitzichten zijn gecodificeerd en bewaard gebleven, met name het uitzicht dat het balkon van het Koninklijk Paleis verbindt met de torenspits van het stadhuis, een herinnering aan het evenwicht dat in de middeleeuwen ontstond tussen de vorstelijke macht en die van de werkende bevolking. Al deze plaatsen op het hooggelegen Koninklijk Tracé vormen verbindingen tussen de boven- en benedenstad: de hellingen van het Justitiepaleis, vandaag aangevuld met een publieke lift, het balkon van de Kunstberg, de monumentale trap van de Baron Hortastraat, de neoklassieke trappen van de Congreskolom, vervangen door de esplanade van het Rijksadministratief Centrum, en de opeenvolgende bordessen van de Kruidtuin.

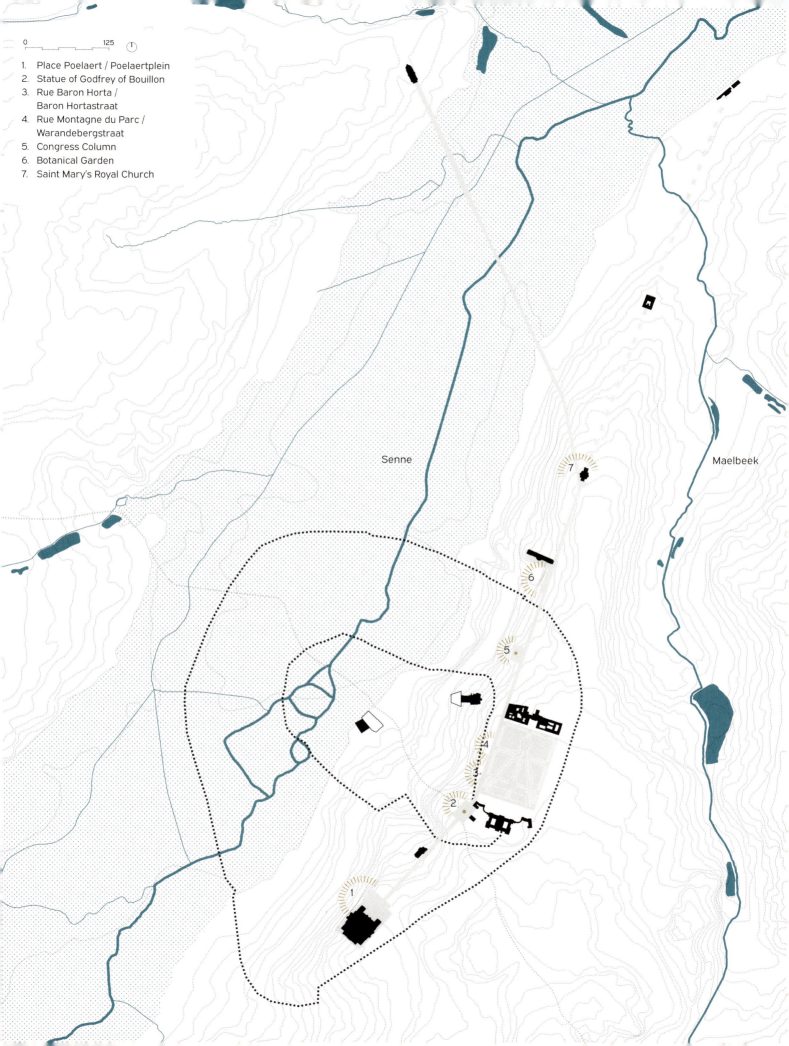

1. Place Poelaert / Poelaertplein
2. Statue of Godfrey of Bouillon
3. Rue Baron Horta / Baron Hortastraat
4. Rue Montagne du Parc / Warandebergstraat
5. Congress Column
6. Botanical Garden
7. Saint Mary's Royal Church

CONCLUSION — Au-delà des pouvoirs juridique, religieux et politique, le Tracé royal a attiré et permis d'installer de manière pérenne une série d'institutions. La culture y siège en bonne place avec le conservatoire et des musées importants comme le Palais des Beaux-Arts (Bozar) ou les Musées royaux des Beaux-Arts de Belgique. À côté de la religion catholique, d'autres se positionnent également comme la Grande Synagogue de Bruxelles. Les institutions bancaires y ont également pignon sur rue, notamment avec la Société Générale de Belgique qui vient, elle aussi, s'asseoir à la table des institués. C'est le cas également de l'administration qui, après la Seconde Guerre mondiale, s'institutionnalise dans la colossale Cité administrative de l'État. Enfin, certaines fonctions ont trouvé sur le Tracé royal de quoi renforcer leur prestige, comme par exemple l'Hôtel Astoria, devenu, *de facto*, une institution elle-même.

Aujourd'hui, cette structure urbaine où s'accumulent les strates du temps et figée au cours des 19e et 20e siècles ne semble plus véhiculer les valeurs de notre société actuelle. Elle doit être repensée. Pour ce faire, elle doit être étudiée et comprise pour pouvoir être réinterprétée et projeter à nouveau dans l'espace ce qu'instituer signifierait aujourd'hui.

CONCLUSION — In addition to the judicial, religious and political powers, the Royal Route has attracted a number of institutions and made it possible for them to establish themselves on a permanent basis. Culture occupies prime locations, with the Royal Conservatory of Brussels and important museums such as the Centre for Fine Arts and the Royal Museums of Fine Arts of Belgium. Alongside Catholic institutions, other faiths are present too, including the Great Synagogue of Europe. Banking institutions are also well represented, notably with the Société Générale de Belgique, which also took a seat at the table of the instituted. This is also the case for the administration which, after World War II, became institutionalized in the state's colossal Cité Administrative. Lastly, through their location on the Royal Route, a number of functions have acquired great prestige, such as the Astoria Hotel, which became, de facto, an institution itself.

The Royal Route is an urban structure that grew over time and consolidated during the nineteenth and twentieth centuries. Today, it no longer seems to represent the current values of our society. It needs to be rethought. Therefore, it must be studied and understood so that it can be reinterpreted and can project back into space what it means to institute today.

The urban structure solidified by new institutions.
Cité Administrative de l'État, 1988.

CONCLUSIE — Naast de juridische, religieuze en politieke machten, heeft het Koninklijk Tracé een reeks instellingen aangetrokken en een permanente basis gegeven. Zo kreeg cultuur een prominente plaats met het conservatorium en belangrijke musea zoals het Paleis voor Schone Kunsten (BOZAR) en de Koninklijke Musea voor Schone Kunsten van België. Naast de katholieke kerk vinden we er ook andere religies terug, met bijvoorbeeld de Grote Synagoge van Brussel. Ook de bankinstellingen hebben er stevig voet aan de grond, met name de Generale Maatschappij van België, die hier mee aan de tafel van de instellingen zit. Dit is ook het geval voor de administratie, die na de Tweede Wereldoorlog werd geïnstitutionaliseerd in het kolossale Rijksadministratief Centrum. Ten slotte hebben bepaalde functies hun prestige kunnen versterken door zich te vestigen op het Koninklijk Tracé, zoals Hotel Astoria, dat de facto een instelling is geworden.

Vandaag lijkt deze stedelijke structuur, die in de loop van de tijd is opgebouwd en in de 19de en 20ste eeuw vaste vorm heeft gekregen, niet langer de waarden van onze samenleving uit te dragen. Ze moet opnieuw worden uitgedacht. Ze moet worden bestudeerd en begrepen, om haar vervolgens opnieuw te interpreteren en in de ruimte te tonen wat institueren vandaag betekent.

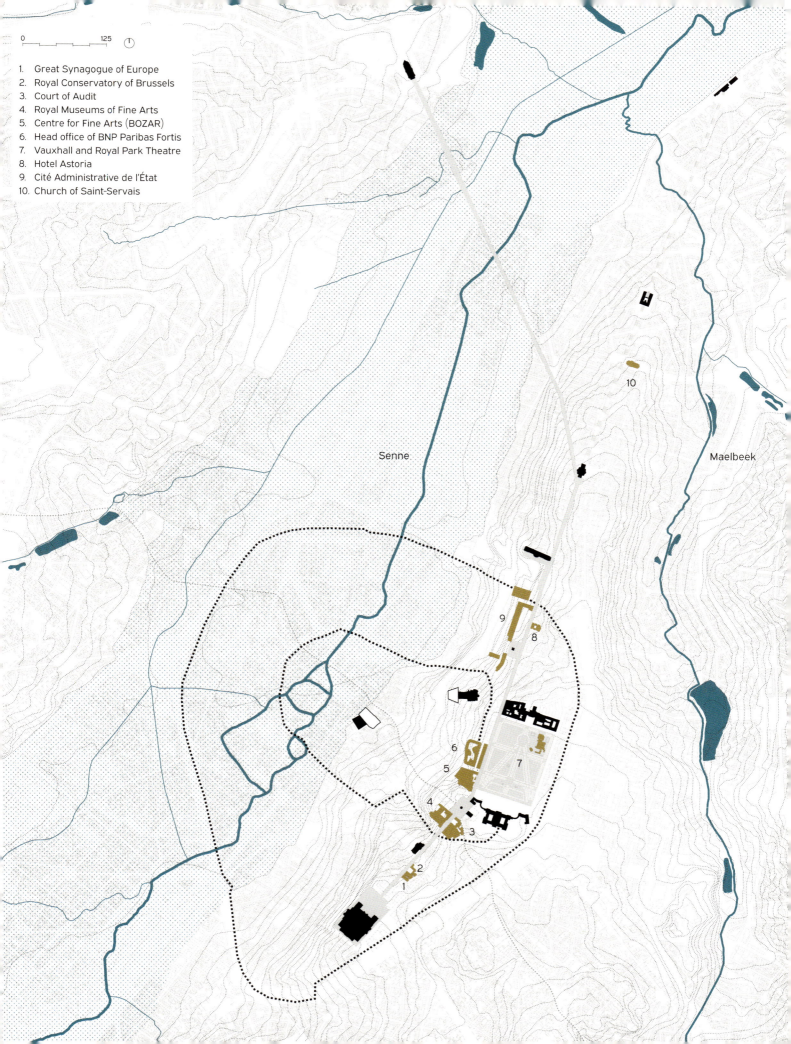

LA PLACE ROYALE DE BRUXELLES
QUESTIONS D'ÉCHELLES & DE CADRAGES

PLACE ROYALE IN BRUSSELS
A MATTER OF SCALES & FRAMES

Christian Gilot

HET BRUSSELSE KONINGSPLEIN
VRAGEN ROND SCHAAL & KADRERING

Une carte de 1880 présente *Bruxelles et ses environs* dans un assemblage de feuillets imprimés en couleurs. Soulignons le soin mis à dessiner les faubourgs et divers éléments de structures territoriales tels que le système hydrographique et la masse verte de la forêt de Soignes, toute entière reprise jusqu'au bord inférieur du plan. On peut être surpris par le fait que l'étendue rouge marquant le centre de la ville, veinée du blanc des espaces publics, ne soit pas placée au milieu de la carte. Pour comprendre ce cadrage, peut-être faut-il cesser de se concentrer sur les bâtiments et les espaces publics d'un centre historique et penser que pour l'auteur de la carte, présenter la ville de Bruxelles conduisait à décrire les formes de la forêt, postulant ainsi que celle-ci n'est plus le lieu des loups ou des brigands mais celui des promeneurs. Ceci clarifie alors l'importance de la séquence qui lie la forêt de Soignes, le bois de la Cambre, l'avenue Louise, la place Poelaert, la rue de la Régence et la place Royale qui apparaît ainsi comme l'ancrage d'une procession qui lie la partie historique et institutionnelle de la ville à son ouverture sur le territoire.

Cela me rappelle la surprise, lors d'une visite de l'Hôtel Solvay construit par Horta sur l'avenue Louise, de constater que l'on ne pouvait pas aller depuis le salon jusqu'au jardin sans repasser par le porche d'entrée. Mais quand on voit les illustrations de l'avenue Louise au moment de la construction de ce bâtiment, on comprend que monsieur Solvay considérait sans doute que son jardin était le bois de la Cambre et que c'est là qu'il irait lire les textes de Thoreau et rêver de Walden au *Chalet de la Forêt*.

A map from 1880 comprising several printed colour sheets shows 'Brussels and its surroundings'. Great care was taken in drawing the suburbs and various territorial elements such as the hydrographic network and the green mass of the Sonian Forest, which is represented in its entirety right down to the lower edge of the map. It may come as a surprise that the red area marking the city centre, veined with the white of the public spaces, does not occupy the middle of the map. To understand why the map was framed in this way, it is perhaps necessary to stop concentrating on the buildings and public spaces of the historical centre and instead to imagine that, for the mapmaker, a presentation of the city of Brussels included a description of the outlines of the forest, thus suggesting that the forest was no longer the domain of wolves or brigands but that of walkers. This would explain the importance of the sequence joining the Sonian Forest, Bois de la Cambre, Avenue Louise, Place Poelaert, Rue de la Régence and Place Royale, which thus appears as the anchor point of a procession linking the city's historical and institutional part to its border with the surrounding territory.

This reminds me of how surprised I was to discover, during a visit to the Solvay mansion built by Victor Horta on Avenue Louise, that it was not possible to go from the salon to the garden without passing through the main entrance. However, when you look at the illustrations of Avenue Louise at the time this building was erected, you realize that Ernest Solvay

Een kaart uit 1880 toont *Brussel en omgeving* in een verzameling prenten in kleurendruk. Opmerkelijk is de zorg waarmee de voorsteden en verschillende territoriale structuurelementen zijn weergegeven, zoals het hydrografisch stelsel en de groene massa van het Zoniënwoud, dat in zijn geheel wordt weergegeven tot aan de onderkant van het plan. Het zal misschien verbazen dat de rode vlakte die het centrum van de stad aanduidt, dooraderd met het wit van de publieke ruimten, niet in het midden van de kaart staat. Om deze kadrering te begrijpen, moeten we ons niet enkel concentreren op de gebouwen en publieke ruimten van het historisch centrum, maar bedenken dat voor de auteur van de kaart het voorstellen van de stad Brussel ook de beschrijving van het bos inhield. Hij geeft hiermee meteen ook aan dat dit bos niet langer een plek is voor wolven of rovers maar voor wandelaars. Dit verduidelijkt het belang van de lijn die het Zoniënwoud verbindt met het Ter Kamerenbos, de Louizalaan, het Poelaertplein, de Regentschapsstraat en het Koningsplein, dat een soort ankerpunt wordt van een stoet die het historische en institutionele deel van de stad verbindt met haar opening naar het omliggende gebied toe.

Dit doet me denken aan de verbazende vaststelling bij een bezoek aan Hotel Solvay, gebouwd door Horta aan de Louizalaan, dat men niet van de salon naar de tuin kon gaan zonder langs het voorportaal te gaan. Als we de afbeeldingen van de Louizalaan echter zien ten tijde van de bouw van dit herenhuis, begrijpen we dat de heer Solvay het Ter Kamerenbos beschouwde als zijn tuin en dat hij daar de teksten van Thoreau las en droomde van Walden in *Life in the woods*.

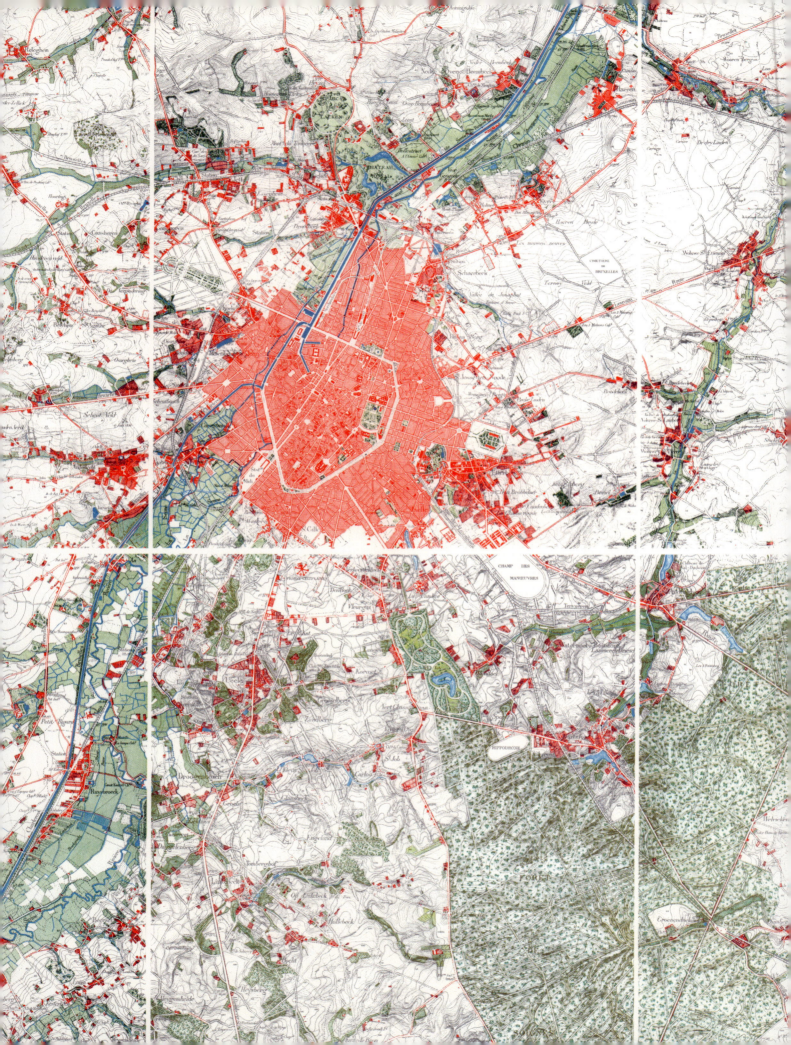

Place Royale, facing the city, 1904.

no doubt saw the Bois de la Cambre as his garden and that *that* was where he would go to read Thoreau in the *Chalet de la Forêt* and dream of Walden.

Place Royale evokes two visions of nature: on the one hand, the Royal Park (or Brussels Park), an urban space where the paths take the form of avenues drawn between the masses they delimit, extending the urban structure, and, on the other hand, the Bois de la Cambre and the Sonian Forest, which suggest another idea of nature by inscribing it in the new horizon of a metropolis.

Other documents, of a very different nature, can complete this description of Place Royale, to the sound of a record from my youth, *Wish You Were Here*. Old postcards bear witness to epistolary, imaged relationships: 'I'm thinking of you.' They play out the history of a theme and variations on the desire to define a space with objects: how to assert volumes on the upper level by granting them autonomy, integrity, detaching them from each other, and how to hold the space on the lower level by surrounding it with a set of continuous lines? The base of the buildings will form a unified system that now draws the lower level of the façades and now creates porticoes that extend from one building to the next.

Themes and variations, with some oddities, since we can see that the connection between the porticoes and the corners of the buildings is sometimes precise, while on the contrary some buildings continue beyond the corner of the square. There is every reason to believe

Place Royale, facing the Royal Route. Transformation of the former Hôtel de Belle-Vue: the façade has been extended beyond the porticoes.

← Brussels and its surroundings (c. 1880), map comprising several sheets from the Institut cartographique militaire (ICM).

La place Royale parle de deux visions de la nature : le Parc royal – ou Parc de Bruxelles – d'un côté, cet espace urbain où les allées sont des avenues dessinées entre les masses qu'elles délimitent, prolongeant la structure de la ville, et de l'autre côté le bois de la Cambre et la forêt de Soignes qui installent une autre idée de la nature en l'inscrivant dans l'horizon nouveau d'une métropole.

D'autres documents, très différents, peuvent compléter cette description de la place Royale, enroulés aux sons d'un disque de ma jeunesse : *wish you were here*. Les cartes postales anciennes sont les témoignages de relations épistolaires et imagées : ici j'ai pensé à vous. Elles jouent l'histoire d'un thème et de variations sur le désir de définir un espace avec des objets : comment affirmer des volumes au niveau supérieur en leur donnant une autonomie, une intégrité, en les détachant les uns des autres, et comment tenir l'espace au niveau inférieur en l'entourant d'un ensemble de lignes continues ? La base des constructions formeront un système unitaire qui tantôt dessine le niveau inférieur des façades, tantôt fabrique des portiques qui se prolongent d'un bâtiment à l'autre.

Thèmes et variations, avec néanmoins quelques états étranges puisque l'on voit que le raccord entre les portiques et les coins des bâtiments est quelques fois précis, alors qu'au contraire certains bâtiments se poursuivent au-delà de l'angle de la place. Tout porte à croire que ces interventions peu soucieuses du rôle assigné aux portiques (qui les décline en éléments tendus entre les coins des bâtiments) ont été réalisées ultérieurement.

that these interventions—which care little about the role assigned to the porticoes (which stretch between the corners of the buildings)—were carried out at a later date.

Here, then, is our question: is there a relation between the observations developed above at such different scales—territorial in one case, of the order of architectural elements in the other?

Elements of an urban structure

Let's change scale again to understand the structures of an even vaster territory. Goods arrive by sea in large ships that are unloaded in Antwerp, where they are transferred to small ships that travel up the Scheldt and its tributaries. The ships will have to stop where the rivers have shallow meanders, to unload, store, sell goods to supply the territory. The points that mark the end of the navigable stretches are Leuven for the Dyle and Brussels for the Senne.

These cities are centres of trade but also, in the case of Brussels, of power: local power centred on the Grand Place and territorial power occupying the Ducal Palace built on the hill.

A paved road runs straight through the city, the Steenweg. From east to west, it connects the port with Rue de Flandre at one end and Rue de Namur at the other. Between the two, near the Grand Place, there is a series of market squares.

Het Koningsplein biedt twee visies op de natuur: enerzijds het Koninklijk Park of het Warandepark, een stedelijke ruimte waar de paden lanen vormen tussen de perken die ze afbakenen en die de structuur van de stad verlengen, en anderzijds het Ter Kamerenbos en het Zoniënwoud, die een ander idee van de natuur vestigen door haar deel te laten uitmaken van de nieuwe horizon van de metropool.

Heel andere documenten kunnen deze beschrijving van het Koningsplein vervolledigen, op de klanken van een plaat uit mijn jeugd: *Wish You Were Here*. Oude prentbriefkaarten getuigen van relaties in woord en beeld: hier dacht ik aan jou. Ze bespelen een thema met variaties, binnen het verlangen een ruimte te definiëren aan de hand van objecten: hoe kunnen we de volumes van de bovenste delen bevestigen door ze autonomie en integriteit te geven, door ze van elkaar los te maken, en hoe behouden we door middel van een reeks doorlopende lijnen ruimte in de onderste delen? De eerste meters van de gebouwen zullen een eenheid vormen die nu eens het onderste deel van de gevels bepaalt en dan weer portieken vormt, die van het ene gebouw naar het andere doorlopen.

Thema's en variaties, maar met enkele vreemde gevallen, want we zien dat de verbinding tussen de portieken en de hoeken van de gebouwen soms nauwkeurig is, terwijl andere gebouwen juist verder doorlopen dan de hoek van het plein. Er is alle reden om aan te nemen dat deze ingrepen, waarbij geen rekening wordt gehouden met de rol die is toegekend aan de portieken (die tussen de hoeken van de gebouwen zijn geplaatst), later zijn uitgevoerd.

Brussels – *Bruxella, Urbs Aulicorum Frequentia, Fontium Copia*, Georg Braun, Frans Hogenberg, 1576.

Voici alors notre question: y a-t-il une relation entre les observations développées ci-dessus à des échelles si différentes: territoriale dans un cas, de l'ordre d'éléments d'architecture dans l'autre cas?

Éléments d'une structure urbaine
Changeons d'échelle à nouveau pour comprendre les structures d'un territoire encore plus grand. Les marchandises arrivent par la mer dans de grands bateaux qui sont déchargés à Anvers, où elles sont transférées sur des petits bateaux qui remontent l'Escaut et ses affluents. Il faudra s'arrêter là où les rivières ont des méandres peu profonds, il faudra décharger, stocker, vendre et irriguer le territoire. Ces points qui marquent la fin des parties navigables s'appelleront Leuven pour la Dyle et Bruxelles pour la Senne.

Voilà des villes comme lieux de commerce mais aussi de pouvoirs dans le cas de Bruxelles: un pouvoir local centré sur la Grand-Place et un pouvoir territorial occupant le Palais ducal construit sur la colline.

Une rue traverse la ville de part en part: le *Steenweg*. D'est en ouest, elle relie le port à la rue de Flandre d'un côté et à la rue de Namur de l'autre. Entre les deux, à proximité de la Grand-Place, se trouve un ensemble de lieux de marchés.

Dans le haut de la ville, devant le Palais ducal, cette rue longe un espace délimité par une clôture imposante, les Bailles de la Cour ou place des Bailles, une esplanade bordée par l'ancienne église Saint-Jacques-sur-Coudenberg. La rue est à Bruxelles, les Bailles sont en Espagne quand nous sommes espagnols, en Autriche quand nous sommes

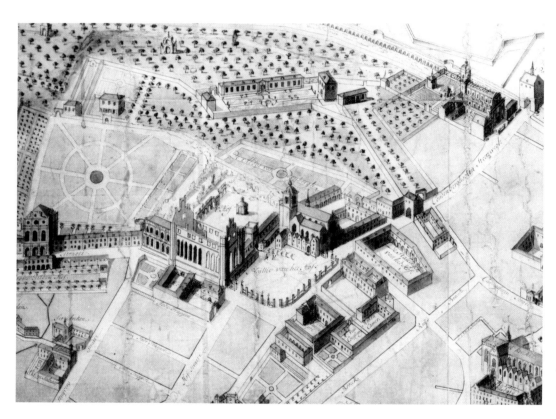

The burned courtroom on a map of Brussels, anon., c. 1750.

De hamvraag luidt: bestaat er een verband tussen de waarnemingen die hierboven op zulke verschillende schalen zijn ontwikkeld, enerzijds op territoriaal vlak, anderzijds op vlak van de architecturale elementen?

Elementen van een stedelijke structuur
Laten we de schaal nogmaals veranderen om de structuren van een nog groter gebied te begrijpen. De goederen komen van over zee aan in grote boten die in Antwerpen gelost worden. Daar worden ze overgeladen in kleinere boten die de Schelde en haar zijrivieren opvaren. Waar de rivieren ondiepe meanders hebben, moeten de schepen noodgedwongen stoppen en worden de goederen gelost, opgeslagen, verkocht en over het grondgebied verdeeld. Deze punten, die het einde van de bevaarbare gedeelten mar-

keren, zijn Leuven voor de Dijle en Brussel voor de Zenne.

Deze steden zijn plaatsen van handel, maar in het geval van Brussel ook van macht: lokale macht geconcentreerd op de Grote Markt en territoriale macht in het Hertogelijk Paleis op de heuvel.

Eén straat doorkruist de volledige stad: de *Steenweg*. Van oost naar west verbindt hij de haven met de Vlaamsesteenweg aan de ene kant en met de Naamsestraat aan de andere. Tussen die twee in, nabij de Grote Markt, vinden we een aantal marktplaatsen.

In de bovenstad, voor het Hertogelijk Paleis, loopt deze straat langs een gebied dat wordt afgebakend door een imposante omheining, het Baliënhof of Baliënplein, een esplanade begrensd door de voormalige Sint-Jacob-op-de-Koudenbergkerk. De straat ligt in Brussel, de Baliën

autrichiens. Chacun sait ainsi qui enlève la neige et ramasse les feuilles mortes.

Le palais a deux entrées donnant sur la place des Bailles, une pour la grande salle d'audience, l'autre menant vers une cour et le corps principal du bâtiment situé à l'arrière le long d'un jardin aménagé entre la première et la seconde muraille de Bruxelles. Une grande chapelle faisait l'articulation entre la salle d'audience et l'aile de logement.

Notons encore qu'une seconde rue appelée Montagne de la Cour reliait le bas de la ville à l'angle de la place des Bailles, arrivant directement près de l'entrée de la salle d'audience.

En 1731, un grand incendie détruira presque tout cet ensemble à l'exception de la salle d'audience, fortement abîmée, et de la chapelle restée intacte.

Charles de Lorraine

Charles de Lorraine, marié à la seconde fille de l'empereur d'Autriche, l'archiduchesse Marie-Anne, vient s'établir à Bruxelles en 1744 avec le titre de gouverneur des Pays-Bas autrichiens. Simultanément, son frère aîné s'était installé à Vienne après son mariage avec la fille aînée de l'empereur d'Autriche. Les deux frères avaient quitté Nancy dans un jeu de chaises musicales où l'on voyait Stanislas, roi de Pologne déchu et beau-père de Louis XV, arriver dans cette ville qu'il transformera à la gloire de ce roi de France qui avait tiré les ficelles de ce *mercato royal* afin de l'accueillir (et de recevoir plus tard la ville en héritage). Le projet magnifique mis en œuvre à Nancy sera sans aucun doute une référence – à moins que ce ne soit une pression – pour Charles de Lorraine qui en retour entreprendra de transformer Bruxelles.

In the upper part of the city, in front of the Ducal Palace, this long street borders a space delimited by an imposing fence, the Bailles de la Cour or Place des Bailles, an esplanade bordered by the former Church of Coudenberg. The street is in Brussels, while the Bailles are in Spain when we are under Spanish rule and in Austria when we are under Austrian rule. Everyone knows who shovels the snow and collects the dead leaves.

The palace has two entrances giving onto Place des Bailles, one for the large courtroom, the other leading to a courtyard and the main body of the building located at the rear along a garden laid out between the city's first and second ramparts. A large chapel connected the courtroom to the housing wing. It should also be noted that a second street, Rue Montagne de la Cour, linked the lower part of town to the corner of Place des Bailles, arriving near to the entrance to the courtroom.

In 1731 a fire destroyed almost the entire complex, except for the heavily damaged courtroom and the chapel, which remained intact.

Charles of Lorraine

Charles of Lorraine, married to the second daughter of the Austrian emperor, Archduchess Marie-Anne, came to Brussels in 1744 as the Governor of the Austrian Netherlands. His older

in Spanje op het moment dat we Spanjaarden zijn, in Oostenrijk wanneer we Oostenrijkers zijn. Het is duidelijk wie de sneeuw ruimt en de stoep veegt.

Het paleis heeft twee ingangen op het Baliënplein, de ene voor de grote rechtszaal, de andere leidt naar een binnenplaats en het hoofdgedeelte van het gebouw dat zich aan de achterzijde bevindt, langs een tuin tussen de eerste en tweede omwalling van Brussel. Een grote kapel vormde de verbinding tussen de rechtszaal en de woonvleugel.

Een tweede straat, de Hofbergstraat, verbond het lager gelegen gedeelte van de stad met de hoek van het Baliënplein en kwam direct uit bij de ingang van de rechtszaal.

In 1731 verwoestte een grote brand bijna het hele complex, met uitzondering van de rechtszaal, die zwaar beschadigd werd, en de kapel, die intact bleef.

Karel van Lotharingen

Karel van Lotharingen, gehuwd met de tweede dochter van de Oostenrijkse keizer, aartshertogin Marie-Anne, kwam in 1744 naar Brussel met de titel van gouverneur van de Oostenrijkse Nederlanden. Zijn oudere broer was naar Wenen verhuisd na zijn huwelijk met de oudste dochter van de Oostenrijkse keizer. De twee broers hadden Nancy verlaten in een soort stoelendans waarbij Stanislas, de afgezette koning van Polen en schoonvader van Lodewijk XV, in deze stad aankwam, die hij zou omtoveren tot glorie van de Franse koning die aan de touwtjes van deze koninklijke mercato had getrokken om hem te verwelkomen (en de stad later als erfenis te ontvangen). Het prachtige project dat in Nancy werd uitgevoerd, zal ongetwijfeld een referentie – en misschien zelfs drukmiddel – zijn voor Karel van

Left: Palace of Charles of Lorraine. *Detailed Plan of the City of Brussels*, François-Jacques Desaubleaux, c. 1775.

Right: Palace of Charles of Lorraine. Twenty-four illustrations from *Guide pittoresque dans Bruxelles*, François Stroobant, 1846 (p. 34b).

brother had moved to Vienna after marrying the elder daughter of the Austrian emperor. Both brothers had left Nancy following a game of musical chairs that resulted in Stanislas, the deposed King of Poland and father-in-law of Louis XV, entering the city, which he transformed to the glory of the French king, who had pulled the strings behind this royal 'transfer market' in order to welcome him (and later inherit the city). The magnificent project carried out in Nancy would undoubtedly serve as a reference—or perhaps a litmus test—for Charles of Lorraine, who in return would undertake to transform Brussels.

The Ducal Palace had not been rebuilt after the fire and Charles of Lorraine moved into an existing building located halfway between the lower and upper parts of the city, on the main street running through it. This was the occasion for a major change: by altering the space, Charles of Lorraine asserted his need to make himself known (identification) and to be recognized (legitimization). He decided to interrupt this street by erecting a building that would be the entrance to his palace, which would only be accessible from the upper part of the city in order to clarify the sphere that served as his reference. Since it was no longer possible to cross the city by the old road, traffic was diverted and had to take the street that climbed to the old courtroom, then went along the Bailles de la Cour before reaching Rue de Namur.

Le Palais ducal n'avait pas été reconstruit après l'incendie et Charles de Lorraine s'est installé dans un bâtiment existant situé à mi-distance entre le bas et le haut de la ville, le long de la rue principale qui la traversait. Ce fut l'occasion d'un changement majeur : par le biais d'une modification de l'espace, Charles de Lorraine marque son besoin de se faire connaître (identification) et reconnaître (légitimation). Il décida d'interrompre cette rue en construisant un bâtiment qui serait l'entrée de son palais, dont le seul accès se ferait alors par le haut de la ville de manière à clarifier son univers de référence. La traversée ancienne n'étant plus possible, le trafic fut détourné et dut prendre la rue qui monte vers l'ancienne salle d'audience, puis longer les Bailles de la Cour afin de rejoindre la rue de Namur.

Baudour

Ainsi, Charles de Lorraine est dans son palais et la traversée de la ville est détournée. Que faire des bâtiments en ruine ? Et de la chapelle royale, majestueuse, en bon état mais inutile (aujourd'hui disparue), isolée entre une salle sans toiture et un jardin abandonné ? Et comment s'inscrire dans les rivalités qui rugissent entre Paris, Nancy et Vienne ? Ce sera, sans surprise, par un projet de statue au centre d'une place, objet utilisé pour instituer son pouvoir.

Un premier dessin daté d'avril 1774 présente un espace public au centre duquel on pourrait installer une statue de Charles de Lorraine. Il a été établi par l'architecte Louis-Joseph Baudour qui travaillait pour la Cour d'Autriche. Un projet radical, économe, inventif. Le document ressemble à un acte notarié, proposant un échange de terrains entre

Baudour

With Charles of Lorraine established in his palace and traffic diverted, what was to be done with the dilapidated buildings? And with the majestic royal chapel, in good condition but useless (now long gone), isolated between a roofless hall and an abandoned garden? And how was one to inscribe oneself in the rivalries raging between Paris, Nancy and Vienna? Not surprisingly, it would be through a statue planned for the centre of a square, an object used to institute his power.

A first drawing dated April 1774 shows a public space at the centre of which a statue of Charles of Lorraine could be installed. It was the work of architect Louis-Joseph Baudour, who worked for the Imperial Court of Austria. It was a radical, economical and inventive project. The document resembles a notarial deed, proposing an exchange of land between the city authorities and the Imperial Court of Austria in order to adjust the geometry of the respective properties and give the Bailles de la Cour a rectangular shape. It was like a game of Monopoly: 'The blue part on the plan is yours if you give me the yellow part.'

The proposed layout took advantage of the demolition of the palace to double the surface area of the public space, with the street that used to arrive at the edge of Place des Bailles becoming a symmetrical route set against Rue Montagne de la Cour. The statue was to be

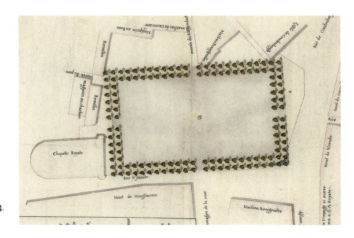

Plan of Place Royale, Louis-Joseph Baudour, c. 1774.

placed at the centre of the square, facing the tower of the town hall. The project was pragmatic, respecting all the existing buildings: the mansions and bourgeois houses located at the top of Rue Montagne de la Cour, as well as the Church of Saint-Jacques-sur-Coudenberg and the royal chapel, which marked the beginning of Rue de Namur.

The drawing is fascinating on account of what one could call the *materials of the project* (that is, what makes a project). The idea here was to give shape to the public space *simply* by aligning trees. This was a new category: neither a garden, nor a park, nor even a square in the traditional sense of being a clearing in the urban mass, a breathing space amidst its density. This was an invention akin to certain elements of the Nancy project, the plan for Place Louis XV in Paris and the Prato della Valle in Padua, where the shape of the void no longer depends strictly on the buildings delimiting it.

Fisco

A second project was drawn up by architect Claude Fisco, who was working for the city of Brussels and had just completed what is now known as Place des Martyrs. His project was far more ambitious than Baudour's in terms of demolitions and constructions. It also put forward new urban relations.

Fisco

Un second projet a été établi par l'architecte Claude Fisco qui travaillait pour la ville de Bruxelles et venait de terminer ce que l'on appelle maintenant la place des Martyrs. Le projet était beaucoup plus ambitieux que celui de Baudour en termes de démolitions, de constructions et par la proposition de nouvelles relations urbaines.

Bien évidemment, il y a un espace rectangulaire avec une statue au centre, un espace dont l'axe correspond à l'ouverture vers le bas de la ville. Le projet prévoit un second axe, perpendiculaire au premier, passant à côté de la chapelle royale et donnant accès au jardin de l'ancien palais ainsi qu'à une rue longeant les remparts jusqu'au quartier de la cathédrale.

Fisco proposait de démolir les bâtiments existants dans le haut de la Montagne de la Cour et de construire quatre bâtiments identiques : deux bâtiments marquant l'arrivée sur la place Royale et face à ceux-ci deux bâtiments encadrant un élément monumental qui semblait lié à l'église Saint-Jacques-sur-Coudenberg.

Le dessin était complété par une note qui posait une question étrange, celle d'une hésitation sur les mesures à donner à l'espace : *416 pieds de Bruxelles × 286 ou 416 × 246 suivant la largeur de la rue qui devait relier la future place au quartier Isabelle.*

On peut comprendre qu'il n'y avait pas de doute sur la longueur (416 pieds de Bruxelles) car la place est calée en son centre par l'axe de la Montagne de la Cour et sur son bord par la chapelle royale dont ce projet n'impliquait pas la démolition. Mais pourquoi hésiter sur la largeur de la

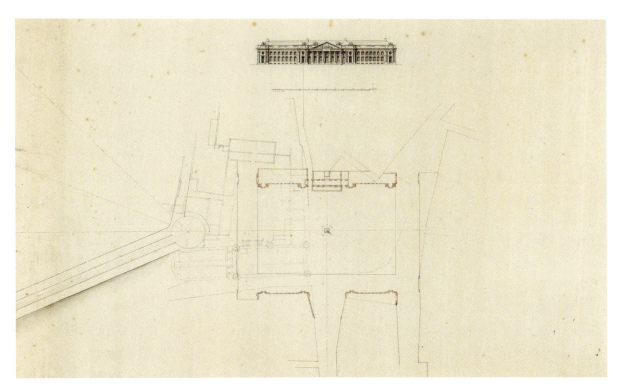

Plan and façade of Place Royale, Claude Fisco, c. 1775.

voor de Place Louis XV in Parijs of de Pratto della Valle in Padova, waarbij de vorm van de leegte niet meer strikt afhangt van de gebouwen die de grenzen ervan bepalen.

Fisco

Een tweede project werd uitgewerkt door architect Claude Fisco, die voor de stad Brussel werkte en net het huidige Martelarenplein had voltooid. Het project was veel ambitieuzer dan dat van Baudour. Het behelsde meer afbraak, meer nieuwe constructies en nieuwe stedelijke verhoudingen.

Uiteraard komt er een rechthoekige ruimte met een standbeeld in het midden, een ruimte waarvan de as overeenstemt met een opening naar de benedenstad toe. Het project voorziet in een tweede as, loodrecht op de eerste, die naast de Koninklijke Kapel loopt en toegang geeft tot de tuin van het voormalige paleis en tot een straat die langs de vestingmuren naar de wijk van de kathedraal loopt.

Fisco stelde voor de bestaande gebouwen op de top van de Hofberg af te breken en vier identieke gebouwen op te trekken: twee gebouwen die aangeven dat je het Koningsplein betreedt en tegenover deze twee gebouwen een monumentaal element dat verbonden leek met de Sint-Jacob-op-de-Koudenbergkerk.

De tekening werd aangevuld met een notitie waarin een vreemde vraag werd gesteld, namelijk een aarzeling over de maten van de ruimte: *416 Brusselse voet × 286 of 416 × 246*, afhankelijk van de breedte van de straat die het toekomstige plein met de Isabellawijk moest verbinden.

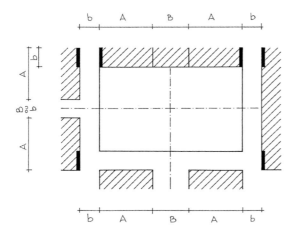

416 Brussels feet × 286 feet or 416 × 246, depending on the width of the street meant to connect the future square to the Isabelle district: values for the analytical study of Fisco's plan – Drawing: C. Gilot, 1995.

Of course, the project included a rectangular space with a statue at the centre, a space whose axis corresponds to the opening towards the lower part of the city. The project also provided for a second axis, perpendicular to the first, passing next to the royal chapel and giving access to the garden of the old palace as well as to a street running alongside the ramparts to the cathedral district.

Fisco wanted to demolish the existing buildings at the top of Rue Montagne de la Cour and to erect four identical buildings: two constructions marking the arrival on Place Royale and, opposite them, two buildings framing a monumental element that seemed linked to the Church of Saint-Jacques.

The drawing was completed by a note which posed a strange question, involving a certain hesitation regarding the measurements to be given to the space: '416 Brussels feet × 286 or 416 × 246, depending on the width of the street to connect the future square to the Isabelle district.'

It is understandable that there was no doubt about the length (416 Brussels feet), as the square is structured at its centre by the axis of Rue Montagne de la Cour and at its edge by the royal chapel, which was not to be demolished in this project. But why the hesitation about the width of the square? And what could be the significance of these two specific values: 286 or 246 feet?

Het is begrijpelijk dat er geen twijfel bestond over de lengte (416 Brusselse voet), aangezien het plein in het midden wordt begrensd door de as van de Hofberg en aan de rand door de Koninklijke Kapel, die bij dit project niet afgebroken hoefde te worden. Maar waarom aarzelen over de breedte van het plein? En wat zou de betekenis kunnen zijn van deze twee specifieke waarden: 286 of 246 voet?

Bij de analyse van het project merken we op dat de toegangen tot het plein slechts twee mogelijke afmetingen hebben: een brede naar de benedenstad en een smalle naar de Naamsestraat, het Paleis van Karel van Lotharingen en de doorgangen aan de zijkant van de gebouwen. Een onbekende maat is de breedte van de straat die naar het Koninklijk Park leidt, die slechts als een as wordt weergegeven. Als we het plan op schaal brengen, zien we dat wat wordt voorgesteld overeenkomt met de smalle waarde voor de straat naar het park, en dus voor het plein (246 voet), en merken we op dat dit het behoud van de Sint-Jacobskerk mogelijk maakt, zelfs als een van de voorgestelde gebouwen erdoor wordt gehinderd. De kleine tempel in het midden van het plein zou dan een nieuwe ingang tot de kerk worden, die toegang zou geven tot het transept.

Als we de tekening echter aanpassen door dezelfde waarde toe te kennen aan de Hofbergstraat en de toegang tot het park, stellen we vast dat de waarde van 286 voet wordt voorgesteld voor de breedte van het plein en zien we dat in dit geval de Sint-Jacobskerk moet worden afgebroken. Die zou dan kunnen worden herbouwd in de as van het plein. Het monumentale element dat op het plan is aangegeven, zou de nieuwe hoofdgevel worden.

An analysis of the project reveals that only two dimensions were possible for the access to the square: a wide value towards the lower part of the city and a narrow value towards Rue de Namur, the Palace of Charles of Lorraine and for the passages running along the sides of the buildings. The unknown is the width of the street leading to the Royal Park, which is only drawn by its axis. If we scale the plan, we see that the street heading towards the park, and therefore for the square, corresponds to the narrow value (246 feet). This makes it possible to retain the Church of Saint-Jacques, even if one of the proposed buildings interferes with it. The small temple at the centre of the square would then serve as a new entrance to the church, giving access to its transept.

However, if we adapt the drawing by giving the same value to Rue Montagne de la Cour and the access to the park, we find the value proposed for the width of the square to be 286 feet and we see that in this case Saint-Jacques must be demolished. The church could then be rebuilt in the axis of the square. The monumental element shown on the plan would then constitute its new main façade.

The key points of Fisco's project can be summed up as follows: by carefully setting out the geometries (and by shifting slightly the centre of the square compared to Baudour's project), the plan for a rectangular square does not require the demolition of the royal chapel to give access to a public park. This is the main innovation of the project. It could be done in a

modest way if the Church of Saint-Jacques had to be preserved, or in an ambitious way, but in that case the church would have to be demolished and rebuilt in the axis of the square.

Barré

The Austrian authorities then sought the opinion in Paris of architect Jean-Benoît-Vincent Barré on Baudour's and Fisco's projects. Barré responded with a third, even more ambitious project, which required the demolition of the royal chapel and the Church of Saint-Jacques.

The project presents a regular square with two main openings of equal width, one towards the lower part of the city and the other towards the Royal Park. The other openings were less wide but regular, although not uniform: for example, on the right, facing each other, the openings towards Rue de Namur and towards the Palace of Charles of Lorraine have no porticoes, whereas on the left the openings leading to the courtyards have porticoes and railings. The use (or not) of porticoes thus established a hierarchy between the two sides of the square, corresponding to their importance in the city: it seemed logical not to treat the entrance to an important street in the same way as that leading to a private courtyard.

It should also be noted—crucially—that the two main axes are open on one side and closed on the other: the axis open towards the lower part of the city is blocked by the façade

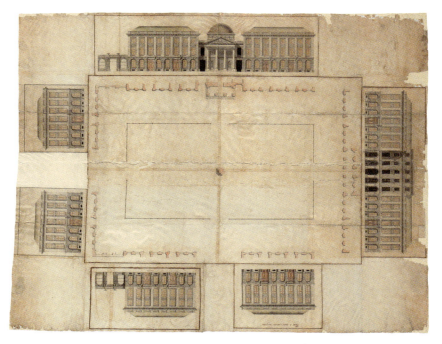

General plan of Place Royale in Brussels, Jean-Benoît-Vincent Barré (attributed to), 1775.

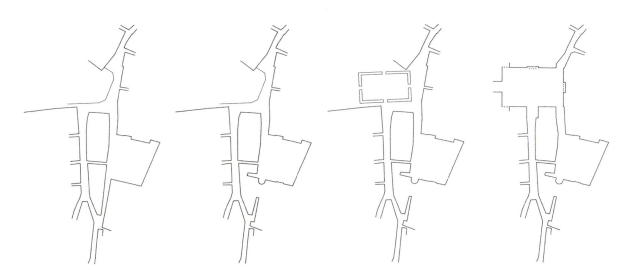

Evolution of the urban structure around Place Royale. From left to right: Passing through the city and access to the Palace of Charles of Lorraine: before transformation of the palace; after transformation of the palace; project by Louis-Joseph Baudour; project by Jean-Benoît-Vincent Barré – Drawings: C. Gilot, 1995.

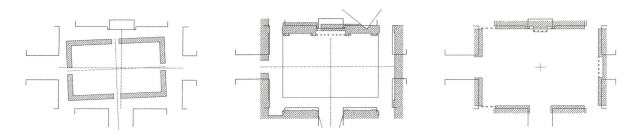

From left to right: Baudour's plan compared to the situation before the recent transformations; Fisco's plan compared to the situation before the recent transformations; Barré's plan compared to the situation before the recent transformations – Drawings: C. Gilot, 1995.

puis en 1872, conjointement à la construction du nouveau Palais de justice).

Guimard

Un accord fut alors conclu entre le pouvoir autrichien et la Ville de Bruxelles : l'Autriche céderait tous les terrains à la Ville qui aurait la charge de construire les rues et la place, d'aménager le parc et de trouver des investisseurs pour les différents bâtiments. La Ville pourrait ensuite vendre les terrains entourant le parc tout en cédant un tiers du prix au pouvoir autrichien.

L'architecte Barré ne vint jamais à Bruxelles et la réalisation du projet fut confiée à l'architecte Barnabé Guimard. Même s'il y a bien sûr des similitudes de langage, plusieurs décisions ont néanmoins conduit à des changements importants dans la structure spatiale de l'ensemble.

La première modification concerne l'église. Sur le dessin initial, elle était petite et dégagée des bâtiments qui l'encadraient. Le tracé régulateur de la façade était simple et soigné, basé sur un carré dont le centre correspondait à la hauteur de la statue et au niveau supérieur des soubassements des différents bâtiments. La taille de l'église fit l'objet de critiques de la part de la Ville qui craignait qu'elle soit peu visible. Le projet fut alors modifié et l'église a été agrandie jusqu'à toucher ses voisins, diminuant alors leur autonomie et la lisibilité des relations entre les bâtiments qui se font face.

Le premier bâtiment qui fut mis en chantier était un hôtel (Belle-Vue), entre la place et le parc, côté droit en regardant le parc. La ville avait des exigences précises

of a new church, while the axis open on the left towards the park is blocked by a building connecting the two proposed buildings on the right side (Rue de la Régence would only be created at a later date, in two phases, in 1826 and then again in 1872, in conjunction with the construction of the new Palace of Justice).

Guimard

An agreement was then reached between the Austrian government and the city authorities: Austria would hand over all the land to the city, which would be in charge of building the streets and square, developing the park and finding investors for the various buildings. The city could then sell the land surrounding the park and give a third of the price to the Austrian government.

Barré never came to Brussels and the project was entrusted to the architect Barnabé Guimard. Although there are similarities in language, several decisions led to important changes in the spatial structure of the complex.

The first change concerns the church. In the original design, it was small and stood clear of the surrounding buildings. The regulating layout of the façade was simple and meticulous, based on a square whose centre corresponded to the height of the statue and the upper

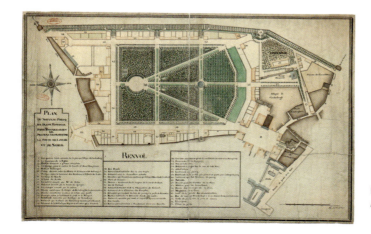

Final plan for the new Warande district.
Plan for Place Royale and the Park, Joachim Zinner, 1780.

98

sur la largeur de l'ouverture en haut de la Montagne de la Cour. Le projet voulait que cette largeur soit la même que celle donnant sur le parc. Mais l'implantation du premier bâtiment fut entachée par une confusion entre le pied de Paris (long de 32,48 cm) et celui de Bruxelles (long de 27,57 cm), une confusion aux effets importants car il n'y a pas de marge de manœuvre dans ce type de projet qui fixe les proportions de la place en plan (longueur/largeur), celles des façades des bâtiments (largeur/hauteur) et celles des écarts entre les bâtiments (largeurs de la rue/hauteur des bâtiments). Changer une mesure déclenche des ajustements en cascade, dans lesquels il faut arbitrer entre les différentes proportions pour choisir celles qui seront conservées et celles qui vont sonner comme autant de fausses notes.

Le premier bâtiment terminé, Barré poursuivit la construction de gauche à droite jusqu'à terminer par le grand bâtiment faisant face à l'ouverture donnant sur le parc. Tout chavirait : les largeurs des bâtiments et celles des ouvertures, de sorte que Guimard ne pouvait plus transposer sur le côté droit ce qui était construit sur le côté gauche sans perdre la proportion carrée de l'élévation du bâtiment central. Il fut alors décidé de retourner vers Barré pour qu'il fasse un nouveau projet pour ce dernier bâtiment, en fonction des éléments déjà terminés. Réponse : *Je crains aussi que quand le projet sera mis au net qu'il ne serve pas plus que les décorations que j'ai donné pour la place dont on m'a remi le dessein de la façade, qui est du plus mauvais gout et du plus barbare. Après tout, quand j'aurai fait, on fera ce que l'on voudra. Il y a apparence que dans chaque*

level of the foundations of the various buildings. The size of the church was criticized by the city authorities, who feared that it would not be very visible. The project was then adapted, the church being made larger until it touched its neighbours, thus reducing their autonomy and the legibility of the relations between the buildings facing each other.

The first building to be constructed was the Belle-Vue mansion, between the square and the park, on the right-hand side when facing the park. The city had specific requirements for the width of the opening at the top of Rue Montagne de la Cour. It had to be the same width as that giving onto the park. However, construction of this first building was marred by a confusion between the Paris foot (32.48 cm long) and the Brussels foot (27.57 cm long), a confusion with a significant impact since there is no room for manoeuvre in this type of project, which fixes the proportions of the square in plan (length/width), those of the façades of the buildings (width/height) and those of the spaces between the buildings (street width/building height). Changing a unit of measure triggers a cascade of adjustments, making it necessary to arbitrate between the different proportions and choose those to keep and those to discard.

Once the first building was completed, Barré continued construction from left to right, ending with the large building facing the opening onto the park. Everything shifted, both the widths of the buildings and those of the openings, to the extent that Guimard could no

De eerste verandering betreft de kerk. Op de oorspronkelijke tekening was ze klein en stond ze vrij van de gebouwen die haar omkaderen. De regelmatige indeling van de voorgevel was eenvoudig en verzorgd, gebaseerd op een vierkant waarvan het midden overeenkwam met de hoogte van het standbeeld en de bovenkant van de sokkel van de verschillende gebouwen. De omvang van de kerk werd door de stad bekritiseerd, omdat ze niet zou opvallen. Het project werd vervolgens gewijzigd en de kerk werd vergroot tot ze de aanpalende gebouwen raakte, waardoor hun autonomie en de leesbaarheid van de relaties tussen de tegenover elkaar liggende gebouwen afnamen.

Het eerste gebouw dat werd opgetrokken was het Hotel Bellevue, tussen het plein en het park, aan de rechterkant met uitzicht op het park. De stad had specifieke eisen voor de breedte van de opening bovenaan de Hofberg. Het was de bedoeling dat deze breedte gelijk zou zijn aan de breedte van de opening naar het park toe. De inplanting van het eerste gebouw werd echter ontsierd door het verwarren van de Parijse (32,48 cm lang) met de Brusselse voet (27,57 cm lang). Een vergissing met grote gevolgen, omdat er geen speelruimte is bij dit soort projecten waarbij de verhoudingen van het plein op plattegrond (lengte/breedte), die van de gevels van de gebouwen (breedte/hoogte) en die van de tussenruimten tussen de gebouwen (breedte van de straat/hoogte van de gebouwen) vastliggen. Het veranderen van een maat brengt allerlei aanpassingen teweeg, waarbij de voor- en nadelen van de verschillende verhoudingen geëvalueerd moeten worden en gekozen moet worden welke behouden zullen blijven.

longer transpose to the right side what was built on the left without losing the square proportion of the central building's elevation. It was then decided to return to Barré for him to design a new project for the latter building, based on the elements already completed. His answer: 'I am also afraid that when the project is finalized it will be of no more use than the decorations I gave for the square, the design for the façade of which I have been shown, and which is in the worst taste and most barbaric. After all, when I am finished, they will do what they want. It seems that each country has different tastes, and that what is popular in Brussels is not an accepted style in Paris.'

The result was that the two buildings framing the entrance to the park were simply and strictly reproduced on the other side of the square, with an opening in the middle that corresponded to that giving onto the park. An opening that was not anticipated in the various projects, an opening of no use and that was initially closed off by a gate. An opening that later offered the temptation to extend the line of the park towards the Egmont Palace at first, then towards the Palace of Justice, and so on to the Bois de la Cambre.

The standardization of the main openings (Rue Montagne de la Cour, the access to the park and the gap facing it) led to another standardization: that of the secondary openings, which were all marked by porticoes, thus abandoning the hierarchies of the initial project.

des allées qui se croisaient en des points rayonnants où se tenaient les guetteurs qui pouvaient observer les mouvements d'un cerf par exemple quand il passait d'un massif à l'autre. Ils pouvaient alors avertir les chasseurs qui n'avaient plus qu'à se déplacer par ces allées jusqu'à cerner le massif où se trouvait l'animal pris au piège. La ville serait une masse sans structure apparente, comme une forêt, et les places y seraient des carrefours : points de croisements et moments d'ouvertures.

Laugier tournait ainsi le dos à la tradition qui nous a légué tant de places qui brillaient comme autant de *salons urbains*. Voici ce qu'il disait de l'espace que l'on nomme actuellement place des Vosges à Paris : *La Place Royale la plus fpacieufe de toutes pourroit être belle, fi on faifoit fauter cette grille de fer qui eft dans le milieu, & qui reffemble à l'enclos d'un jardin, fi on muroit ces portiques écrafés qui regnent tout-au tour, & qui valent moins que le plus mauvais cloître de moines, fi on abattoit les pavillons qui mafquent les deux principales entrées, fi on perçoit de grandes rues aux quatre coins ; alors elle auroit l'air d'une place. Telle qu'elle eft, on ne peut la regarder que comme une cour, dont on a pris le milieu pour faire un jardin.*

Patte

L'intérêt pour ce qui se publie au moment où s'élaborent les projets pour la place Royale pousse à regarder le livre *Monumens érigés en France à la gloire de Louis XV* écrit par Pierre Patte en 1765. Parmi les projets présentés, un dessin nous intrigue : celui de la place de Reims pour laquelle un système graphique particulier s'empare d'éléments

Laugier

This openness was unforeseen but nevertheless in keeping with the times. Turning to the book *Essai sur l'Architecture* published by Marc-Antoine Laugier in 1753, only a few years before the projects for Place Royale, we find this: 'To be beautiful, a square must be a common centre, from which one can spread out into different areas and where different areas can come together; it is therefore necessary that several streets lead to it, like the roads of a forest at a "carrefour" (crossroads).'

In the eighteenth century, a 'carrefour' related to a hunting strategy. Paths were laid out in the forest that crossed at radial points where lookouts could observe the movements of a deer, for example, as it went from one section to another. They could then warn the hunters, who would simply move along these paths until they reached the section that held the trapped animal. The city was a mass with no apparent structure, like a forest, and the squares would be crossroads or *carrefours*: intersections and clearings.

Laugier thus turned his back on the tradition that has left us so many squares that glitter like private salons, closed off from the surrounding streets. This is what he wrote about the space that is currently called Place des Vosges in Paris: 'The most spacious Place Royale of all could be beautiful if one removed that iron railing in the middle that resembles the

de secundaire openingen, die alle door portieken werden aangegeven, waardoor de hiërarchieën van het oorspronkelijke project werden losgelaten.

Laugier

Hoewel deze openheid niet was voorzien, spoorde ze met de tijdgeest. Zo vinden we het volgende in het boek *Essai sur l'Architecture* dat Marc-Antoine Laugier in 1753 publiceerde, dus slechts enkele jaren vóór de projecten voor het Brusselse plein: *Om mooi te zijn, moet een plein een gemeenschappelijk centrum zijn van waaruit men zich naar verschillende wijken kan verspreiden en waar men elkaar vanuit verschillende wijken kan ontmoeten. Het is daarom noodzakelijk dat er verschillende straten heen leiden, zoals de wegen van een bos op een kruispunt.*

Het woord *kruispunt* was in de 18de eeuw vooral bekend in de context van de jacht, waarbij in het bos paden werden getraceerd die elkaar kruisten op centrale stervormige punten waar de verkenners de bewegingen van een hert konden waarnemen wanneer het zich van het ene gebied van het bos naar het andere verplaatste. Zij konden dan de jagers waarschuwen die slechts een van de paden hoefde te volgen tot aan het gebied waar het in de val gelokte dier zich bevond. De stad was, net als een bos, een massa zonder duidelijke structuur en pleinen zouden kruispunten vormen: punten van kruising en momenten van opening.

Laugier keerde zich dus af van de traditie die ons zoveel pleinen heeft nagelaten die schitterden als *stedelijke salons*. Dit is wat hij zei over wat we nu de Place des Vosges

enclosure of a garden; if one walled up those flattened porticoes prevailing all around and that are inferior to the worst cloister; if one razed the pavilions that obscure the two main entries; if one created major roads at the four corners. Then it would look like a square. As it stands, it can only be seen as a courtyard whose centre has been used to make a garden.'

Patte

Among the books published at the time when the plans for Place Royale were being drawn up is *Monumens érigés en France à la gloire de Louis XV* written by Pierre Patte in 1765. Among the projects discussed, one drawing stands out: that of Place de Reims, for which a particular graphic system makes use of unexpected elements. The square is like a void created in a city whose density is made legible by hatching that standardizes the built elements, without showing either the inner courtyards or the boundaries of the plots. Surprisingly, the emphasis is not on the main façade of the buildings erected on the square but on their side façades in order to read the specific elements facing each other along the streets giving onto the square.

This differs from a vision (that of Barré, say) which presents the façades of the buildings seen from the square in a sort of unfolding, a vision that is only interested in the façades

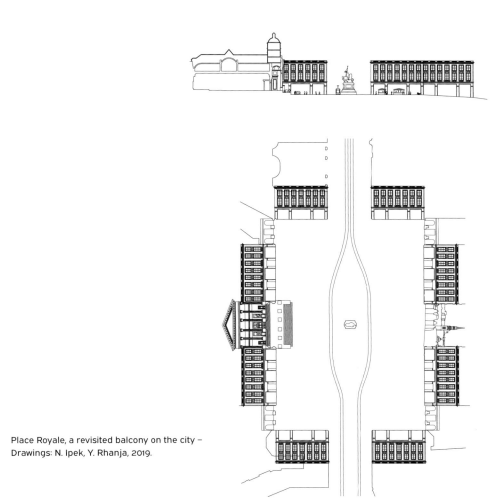

Place Royale, a revisited balcony on the city –
Drawings: N. Ipek, Y. Rhanja, 2019.

that are visible. Here, by contrast, Patte emphasizes thresholds created by distinct buildings facing each other at the entrances to the square.

Similar details feature in Fisco's plan, and this may lead to further observations in the realization carried out by Guimard. As we have seen, he was responsible for the generalization of the porticoes that were built above the four narrow streets, but this does not mean that these accesses received equal treatment: he had indeed given different thicknesses to the buildings constructed on the square while making sure to establish particular

vorm, in een ontplooiing die vooral gericht is op de uitzichten die ons omringen. Patte legt hierbij net de nadruk op het poorteffect dat ontstaat door de kenmerkende gebouwen die recht tegenover elkaar liggen bij de ingangen van het plein.

In het plan van Fisco vinden we soortgelijke aandachtspunten, en dit kan leiden tot nieuwe inzichten in de door Guimard geleide uitvoering. We hebben gezien dat hij verantwoordelijk was voor de veralgemening van de portieken die over de vier smalle straten werden gebouwd, maar dit betekende niet dat deze ingangen op een gelijkwaardige manier werden behandeld: hij had immers verschillende diktes gegeven aan de gebouwen die op het plein waren gebouwd, terwijl hij er tegelijk voor had gezorgd dat er bijzondere overeenkomsten tot stand kwamen. Bovenaan de Hofberg had de opening naar het park links dezelfde breedte als de opening rechts, maar de ruimtelijke verhoudingen waren niet identiek: links hadden de zijgevels van de gebouwen die de toegang tot het park omlijstten dezelfde afmetingen als de gebouwen aan weerszijden van de kerk, terwijl rechts de gebouwen die de centrale opening omlijstten ondiep waren, zodat hun zijgevels zeer verticale proporties hadden. Het was alsof twee bladen tegenover elkaar waren geplaatst, opgetrokken in de ruimte om een impliciete poort te vormen.

Dit alles is verdwenen tijdens verschillende transformaties. Na de aanleg van de Regentschapsstraat werden de hoekgebouwen uitgebreid: in het ene geval tot aan de Koninklijke Musea voor Schone Kunsten (dicht bij het plein maar toch op een afstand gebouwd), in het andere geval tot aan het Rekenhof.

correspondences. On reaching the top of Rue Montagne de la Cour, the opening to the park on the left was the same width as the opening on the right, but the spatial relations were not identical: on the left, the lateral façades of the buildings framing the access to the park were the same size as those of the buildings on either side of the church, whereas on the right, the buildings surrounding the central opening were shallow, so that their lateral façades had strong vertical proportions. Two blades placed opposite each other, framing the space whose implicit threshold they established.

All of this disappeared in the course of the successive transformations. Following the construction of Rue de la Régence, the corner buildings were extended: in one case to the Royal Museums of Fine Arts (close to the square but built at a distance), in the other case to the Cour des Comptes.

Those who are interested in questions of language will welcome the use of forms of windows, basements and cornices that have extended the attributes of Place Royale, but those who are interested in questions of layout will miss the difference established between the elongated façades, identical in lenght to those of the buildings built on the square, on one side, and the nervous, vertical, and clear-cut design of narrow volumes standing opposite each other, on the other side.

le bois de la Cambre et parfois en quelques dizaines de centimètres pour étudier des proportions ou qualifier la position précise de portiques par rapport aux coins des bâtiments.

Tout cela nous remet à l'esprit un panneau accroché à l'un des bâtiments de la place alors en travaux, vantant une restauration à l'identique et l'ajout d'une travée dont le dessin respectait les motifs existants dans la façade du bâtiment. *À l'identique*? Cette question conduit à préciser ce qui nous semble important : la forme des fenêtres ou les règles d'implantation. Débat en perspective quand il s'agit de fonder un regard sur les relations entre l'architecture, la ville et le territoire.

Stakes

As this account comes to an end, it appears that what we said at the outset had a certain relevance: it is not possible to grasp Place Royale by focusing on a single scale, thinking that a space measuring 75 by 110 metres can be drawn at a 1:200 scale; while it is sometimes necessary to speak in kilometres to take into account the Bois de la Cambre and sometimes in tens of centimetres to examine proportions or to define the precise position of porticoes in relation to the corners of buildings.

All this brings to mind a sign that once covered one of the buildings on the square during its renovation. The sign promised an identical restoration and the addition of a span whose design would respect the existing motifs in the building's façade. *Identical*? This question leads us to specify what seems important: the shape of the windows or the layout. The debate is ongoing when it comes to establishing a view of the relation between architecture, the city and the territory.

perspectief moeten plaatsen als het erop aankomt een visie uit te werken op de verhouding tussen architectuur, de stad en het grondgebied.

HISTOIRES ENTREMÊLÉES D'INSTITUTIONS BRUXELLOISES

THE ENTWINED HISTORIES OF BRUSSELS INSTITUTIONS

Gérald Ledent & Cécile Vandernoot

EEN WEB VAN VERHALEN OVER DE BRUSSELSE INSTELLINGEN

PERCÉES MONUMENTALES — Durant des siècles, la ville de Bruxelles se construit par accumulation autour des monuments, à l'intérieur de son enceinte. À l'époque néoclassique, les tracés urbains se rectifient et les larges rues nouvelles génèrent des axes offrant des perspectives, ce que l'espace public ne connaissait pas encore. Les ouvrages défensifs perdent au fil du temps leur utilité et lorsque la grande enceinte est démolie, elle laisse place aux boulevards de la petite ceinture.

Historiquement, il y avait deux traversées nord-sud à Bruxelles en 977: la rue de Laeken « en bas » et la rue Haute « en haut ». À celles-ci se sont rajoutées au milieu du 19ᵉ siècle de longues rues formant une sorte d'armature au Pentagone. Relativement nombreuses, elles ne marquent néanmoins pas autant la perception urbaine des bruxellois que le Tracé royal initié en 1777, les boulevards du centre (1860-1895) ou encore l'avenue Louise, la rue de la Loi, l'axe menant à la Basilique de Koekelberg, et, plus tardivement, les boulevards de la jonction Nord-Midi (1911-1952). Ces traversées majoritairement rectilignes modifient les manières d'habiter la ville, où coexistent des préoccupations pratiques (déplacement, salubrité, nouvelles fonctions urbaines) et esthétiques (décor urbain). Le désir de poser un regard sur la ville et ses édifices impacte l'urbanisme. On pense bien sûr aux percées haussmanniennes, aux perspectives grandioses et à leur apothéose. Le philosophe français Régis Debray résume les effets de cette mise à distance, menant au caractère monumental de l'architecture, par ce constat: « À la verticale, on exhausse (socle, piédestal, gradins ou pilotis à la Le Corbusier). À l'horizontal, on

MONUMENTAL OPENINGS

— For centuries, the city of Brussels grew incrementally around the monuments within its walls. During the neoclassical period, the urban network underwent changes and the wide new streets created a series of perspectives, a novelty in the public space. The defensive works became less useful over time. When the second ramparts were razed, they gave way to the boulevards of the inner ring.

Historically, two roads crossed Brussels from south to north in 977: the 'lower' Rue de Laeken and the 'upper' Rue Haute. In the mid nineteenth century, long streets were added, forming a sort of infrastructure for the Brussels Pentagon. Although relatively numerous, they did not affect the urban perception of the city's inhabitants as much as the Royal Route (initiated in 1777), the central boulevards (1860–95) or Avenue Louise, Rue de la Loi, the route leading to the Basilica of Koekelberg, and later the boulevards of the North–South junction (1911–52). These mostly rectilinear routes each changed the way people lived in the city, combining practical concerns (journeys within the city, public health, new urban functions) and aesthetic concerns (cityscape). The desire to look at the city and its buildings has an impact on urban planning. Haussmann's openings come to mind, the grandiose perspectives and their apotheosis. French philosopher Régis Debray sums up the effects of this act of distancing, an act that produces the monumental character of architecture, as follows: 'Vertically, one raises (plinth, pedestal, tiers or pilotis in the style of Le Corbusier).

MONUMENTALE DOORBRAKEN — Door de eeuwen heen groeide de stad Brussel rond de monumenten binnen haar muren. In de neoklassieke periode wordt het stadsplan rechtgetrokken en zorgen de nieuwe brede straten voor assen die perspectieven bieden, wat men in de publieke ruimte tot dan toe nog niet kende. De verdedigingswerken verliezen mettertijd hun nut en wanneer de tweede omwalling wordt afgebroken, wordt ze vervangen door de boulevards van de binnenring.

Historisch gezien waren er in Brussel in 977 twee noord-zuidkruisingen: de Lakensestraat 'beneden' en de Hoogstraat 'boven'. In het midden van de 19de eeuw werden hier lange straten aan toegevoegd, die een soort kader voor de Vijfhoek vormden. Ze zijn relatief talrijk, maar ze hebben niet zo'n grote invloed op het stadsbeeld van de Brusselaars als het Koninklijk Tracé (aangelegd vanaf 1777), de boulevards in het centrum (1860–1895), de Louizalaan, de Wetstraat, de as die naar de Basiliek van Koekelberg leidt, en later de boulevards van de Noord-Zuidverbinding (1911-1952). Deze meestal rechte doorsteken veranderen de manier van leven in de stad, waar praktische bekommernissen (vervoer, gezondheid, nieuwe stedelijke functies) en esthetische (de stedelijke inrichting) naast elkaar bestaan. Het verlangen om een blik te kunnen werpen op de stad en haar gebouwen heeft invloed op de stadsplanning. Denk maar aan de doorbraken van Haussmann, de grandioze perspectieven en hun apotheose. De Franse filosoof Régis Debray vat de gevolgen van dit 'afstand nemen', dat leidt tot het monumentale karakter van de architectuur, samen in deze vaststelling: "Verticaal verhogen we (sokkels, voet-

← Geometric plan of the city of Brussels, Guillaume-Benjamin Craan, c. 1835.

Horizontally, one clears out (esplanade, perspective, platform). The monumental is a mass highlighted by a void.'[1]

These openings made it possible to create or relocate a series of facilities, which had suddenly become indispensable in the modern society of the late eighteenth and early nineteenth centuries. Either their buildings had become obsolete or they simply did not exist and were located in the 'periphery', a relative notion today. The Palace of Justice or the Observatory and its Botanical Garden are two examples. At a tangent to the Royal Route and connected to the lower town, the Botanical Garden was laid out on an unmanageable slope. The logic behind the urban transformations was in part financial, a matter of land speculation. Since the topography here was so challenging, a park proved to be a more economical solution than a building.[2] In the 1920s, when Victor Horta was working on the Ravenstein Gallery leading to the Central Station, he also reflected on this connection between the lower and upper parts of town. This was at a time when increasingly independent real-estate operations were starting to appear, the first signs of a different type of urbanism and of architectures that looked beyond the usual dimensions of a plot in relation to a street or alley and were rather turned to the city.

Two parallel Brussels street layouts: Rue de Laeken, North–South junction – Plan: A. Flipo, 2020.

Brussels and European institutions. Institutional infrastructures between the Pentagon and the Leopold Quarter, including the Cinquantenaire – Plan: M. Akhira, A. Butera, I. Fnine, M. Kaidi, Z. Laachiri, M. Nova, 2019.

View of Brussels Park, Balthazar Friedrich Leizelt, 1790.

UNE FLÈCHE, REPÈRE DANS LA VILLE — Une flèche parachève l'hôtel de ville de Bruxelles, dernière phase d'une réalisation en trois temps. À son sommet, placée en juillet 1455, la statue de Saint Michel porte le coup final à son ennemi. L'édifice de style gothique occupe le pan sud de la Grand-Place qui, stratégiquement, se positionne à côté du port marchand de l'Île Saint-Géry, en fond de vallée de la Senne. Le bassin de Sainte-Catherine, partie intégrante de ce port (deux pièces d'eau rectangulaires rappellent la vocation du lieu), conforte ce rapport, en s'orientant exactement dans l'axe de l'aiguille de la Grand-Place.

L'hôtel de ville est occupé par des tribunaux et des bureaux pour les services de la cité. Pour marquer le pouvoir politique naissant de la bourgeoisie marchande, il fallait être vu. La flèche s'élance dans le ciel avec cet objectif. Ses 97 mètres de haut, Saint Michel terrassant le dragon compris, se hissent plus haut que la cathédrale Saints-Michel-et-Gudule et le Château du Coudenberg qui abrite la Cour de Brabant, deux édifices bâtis sur les hauteurs : au sommet du *Treurenberg*, la « Colline des pleurs » pour le pouvoir religieux et la crête du flanc ouest de la ville pour le pouvoir princier. Ainsi la ville basse joue un rôle politique à part entière face au clergé et à la noblesse. Les trois pouvoirs ont établi de premiers rapports à cette époque et la force symbolique des lieux a perduré. L'Hôtel de Ville est toujours le lieu central des cérémonies civiles. La cathédrale accueille les cérémonies religieuses officielles, les baptêmes et les mariages royaux. Le Château du Coudenberg n'existe plus aujourd'hui mais le Palais royal, inscrit sur les décombres du château, perpétue le pouvoir temporel de la noblesse.

A SPIRE, A LANDMARK IN THE CITY — A spire completes Brussels Town Hall, the last phase of a three-stage construction. In July 1455, the statue of Saint Michael delivering the final blow to his enemy was placed atop the spire. The Gothic building occupies the south side of the Grand Place, strategically located next to the merchant port of Île Saint-Géry, at the bottom of the Senne valley. The basin of Sainte-Catherine, an integral part of this port (two rectangular pools recall the original purpose of the place), underlines this relation, it being oriented exactly in line with the axis of the Grand Place.

The town hall houses municipal courts and offices. To mark the budding political power of the merchant bourgeoisie, it was necessary to be seen. The spire soars into the sky with this aim. At a height of ninety-seven metres (including Saint Michael slaying the dragon), it rises higher than both the Cathedral of St Michael and St Gudula and the now-destroyed Coudenberg Castle, which housed the Court of Brabant. Both the cathedral and castle were built in the upper part of town: at the top of the Treurenberg, the 'Hill of Lamentations', for the religious power, and on the crest of the western flank of the city for the princely power. The lower town therefore played a full-fledged political role in relation to the clergy and nobility. The three powers established initial relations at this time and the symbolic power of the sites has endured: the town hall is still the main venue for civil ceremonies; the cathedral hosts official religious ceremonies, baptisms and royal weddings; and although Coudenberg

EEN TORENSPITS ALS HERKENNINGSPUNT IN DE STAD — Een torenspits maakt het Brusselse Stadhuis compleet, het laatste deel van een project in drie fasen. In juli 1455 werd op de top ervan een beeld geplaatst van Sint-Michiel die de genadeslag uitdeelt aan zijn vijand. Het gotische gebouw staat aan de zuidkant van de Grote Markt, die strategisch gelegen is naast de koopmanshaven van het Sint-Gorikseiland, onderaan in de Zennevallei. De Sint-Katelijnedokken, die integraal deel uitmaken van deze haven (twee rechthoekige waterpartijen verwijzen er nu nog naar het verleden van de plek), versterken deze relatie en liggen precies in de lengte-as van de Grote Markt.

In het stadhuis bevinden zich rechtbanken en kantoren voor de stadsdiensten. Om de opkomende politieke macht van de koopmansburgerij te benadrukken, was het nodig gezien te worden. Met dit doel richt de spits zich trots op in de lucht. Met zijn 97 meter, inclusief Sint-Michiel die de draak doodt, is de spits hoger dan de Sint-Michiels- en Sint-Goedelekathedraal en het Paleis op de Koudenberg, waarin het Hof van Brabant is ondergebracht, twee gebouwen die op een hoogte zijn gebouwd: bovenop de *Treurenberg* voor de religieuze macht en op de top van de westelijke flank van de stad voor de vorstelijke macht. Zo speelde de benedenstad een volwaardige politieke rol ten opzichte van de geestelijkheid en de adel. Deze drie machtsgroepen knoopten in die tijd voor het eerst betrekkingen aan en de symbolische kracht van deze plaatsen is blijven bestaan. Het stadhuis is nog steeds de centrale locatie voor burgerlijke plechtigheden. In de kathedraal vinden officiële religieuze plechtigheden, doopsels en koninklijke huwelijken

Lors de sa réalisation, le Palais royal doit cependant négocier sa présence car la ville préexiste au roi. Pour profiter de la vue dégagée sur la flèche de l'hôtel de ville et ainsi préserver la connexion symbolique entre pouvoirs, cette vue fait l'objet de plans détaillés pour s'assurer qu'aucun édifice ne vienne jamais occulter ce lien avec la ville. Pourtant le palais ne s'adresse pas au cœur historique, il fait face au Parc de Bruxelles. Mais l'importance de cette vue oblique sur la fameuse flèche explique que bien plus tard, en 1922, Victor Horta ait dû concevoir le Palais des Beaux-Arts avec une certaine discrétion dans un volume très bas.

À la symbolique des flèches, des clochers ou encore des dômes se conjugue un aspect fonctionnel. Servant de repères, ils s'additionnent à la topographie pour être mis en valeur. La vision de l'espace – ou la nécessité d'avoir une vue d'ensemble – nécessite quelques aides et points de repère pour l'orientation[3]. C'est notamment pour y répondre que les institutions, notamment religieuses, intégrées à la structure urbaine que constituent la rue de la Régence poursuivie par la rue Royale, la rue des Palais et l'avenue de la Reine, se parent d'éléments proéminents.

Castle no longer exists today, the Royal Palace, built on the ruins of the castle, perpetuates the temporal power of the nobility.

However, when it was built, the Royal Palace had to negotiate its presence, as the city pre-existed the king. So the palace could enjoy an unobstructed outlook onto the spire of the town hall and thus preserve the symbolic connection between the powers, detailed plans were made to ensure that no building ever obscured this link with the city. However, the palace does not face the historic centre, but Brussels Park. Nevertheless, the importance of this oblique view of the famous spire explains why, much later, in 1922, Victor Horta had to show discretion when designing the Centre for Fine Arts, housing it in a very low volume.

The spires, bell towers and domes have a symbolic role, but also a functional one. Acting as landmarks, they embed themselves in the topography in order to be highlighted. To visualize the urban space, to have an overall view, it is necessary to have some aids and landmarks.[3] It is in part to meet this need that the institutions, especially the religious ones, which are integrated into the urban structure of Rue de la Régence, Rue Royale, Rue des Palais and Avenue de la Reine, were given prominent elements.

plaats. Het Paleis op de Koudenberg bestaat vandaag niet meer, maar het Koninklijk Paleis is geënt op de ruïnes ervan en bestendigt de wereldlijke macht van de adel.

De precieze locatie waar het Koninklijk Paleis moest worden gebouwd, was het onderwerp van onderhandelingen. De stad bestond immers al vóór de koning. Om te genieten van het vrije uitzicht op de torenspits van het stadhuis en zo de symbolische band tussen de machten te behouden, wordt dit uitzicht het voorwerp van gedetailleerde plannen om te verzekeren dat geen enkel gebouw deze band met de stad ooit aan het oog zou onttrekken. Het paleis richt zich echter niet tot het historische centrum, maar kijkt uit op het Warandepark. Het belang van dit schuine zicht op de beroemde torenspits verklaart ook waarom Victor Horta veel later, in 1922, het Paleis voor Schone Kunsten met een zekere discretie in een zeer laag volume moest ontwerpen.

De symboliek van de torenspitsen, klokkentorens en koepels wordt gecombineerd met een functioneel aspect. Ze dienen als oriëntatiepunten en zijn een meerwaarde in de topografie. Het zicht op de ruimte – of de behoefte om het grote geheel te zien – vereist een aantal hulpmiddelen en herkenningspunten voor de oriëntatie.[3] Het is precies als reactie hierop dat de instellingen, en vooral dan de religieuze instellingen die zijn geïntegreerd in de stedelijke structuur van de Regentschapsstraat, verdergezet door de Koningsstraat, de Paleizenstraat en de Koninginnelaan, een prominente plaats hebben gekregen.

Left: Brussels Town Hall in the 17th century and the Ommegang. The statue of Saint Michael divides the Latin text *Curia Urbis Bruxellensis*, the title of Callot's engraving. Right: The cathedral, the palace and the town hall with the port of Brussels. *Map of the City of Brussels*, Galeazzo Gualdo Priorato, 1673.

The roofs of Coudenberg Palace, the spire of the town hall and the towers of the Cathedral of St Michael and St Gudula.
The month of March in the tapestry known as *Maximilian Hunts*, Guillaume Dermoyen, Jan Tons, Bernard van Orley, between 1528 and 1533.

114 The spire of the town hall at the end of the perspective view of the basins. *The Barque and Merchant Basins*, Andreas Martin, between 1720 and 1760. →

POELAERT, FROM ONE END TO THE OTHER — One man would single-handedly draw both ends of the Royal Route: Joseph Poelaert,[4] in charge of erecting the emblematic buildings that terminate the route at the south and north. The architect's first intervention on the route did not involve a building, but another symbol, the Congress Column. Built to commemorate the first National Congress, it marked the country's independence, the advent of a dynasty, and the drafting of a democratic constitution. The column is topped by the statue of the first King of Belgium, Leopold I. After the death of his wife, Louise-Marie, a competition was launched for a church to house the queen's remains on a plot of land adjacent to the Royal Domain. This would become the Church of Our Lady of Laeken. To embed his building in history and establish the legitimacy of the young monarchy, Poelaert proposed a neo-Gothic building. On closer inspection, however, his is a very personal interpretation of Gothic architecture. Stereotomic elements[5] are reduced to Platonic solids, creating a striking contrast between the impression of a medieval building and a cubist work. Despite his interest in this religious building, Poelaert abandoned the project to devote himself to his great work, the Palace of Justice.

It was at the south of the Royal Route that he envisioned the pharaonic monument that would forever earn him the nickname of *'schieve architect'*, Dutch for 'crooked architect'. This project seems to have haunted Poelaert for most of his life. Indeed, when he was asked to

draw up plans for the Palace of Justice, legend has it that the architect surprised everybody by suddenly producing a project that he had been working on for ten years. This building, which King Leopold II described as an 'emblem' at its inauguration, materialized perfectly the aspirations of the bourgeoisie. Through its decorative elements, its volumes and its excessiveness, it embodied the ideal of justice as something that was both implacable and all-powerful. This metaphor became all too literal when it appeared that the building virtually crushed the working-class Marolles district below. The monumental Palace of Justice also established relations between the judicial, legislative and executive powers, being located on an axis that crosses Brussels Park to reach the Palace of the Nation, home to the Federal Parliament, which itself faces the Royal Palace. Lastly, beyond its ambition to represent the structures of the state, the avowed objective of this architecture was a form of transcendence intended to last for centuries. This heavy legacy must now be reinvented.

Having embodied in stone the values and order that prevailed in the nineteenth century, Joseph Poelaert now rests in the shadow of the Church of Our Lady, in the cemetery of Laeken.

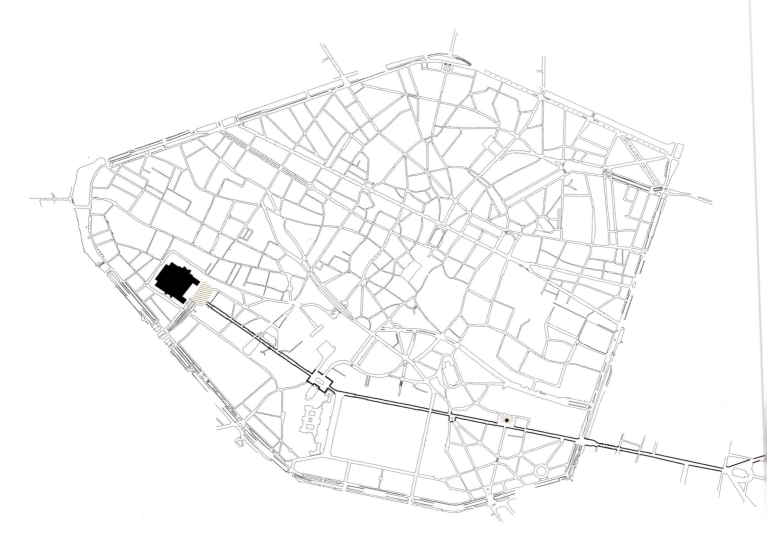

Evolution of the Royal Route. Old and new public spaces – Plan: C. Bousmanne, A. Studer, 2020.

The Palace of Justice at the end of Rue de la Régence, anon., c. 1930.

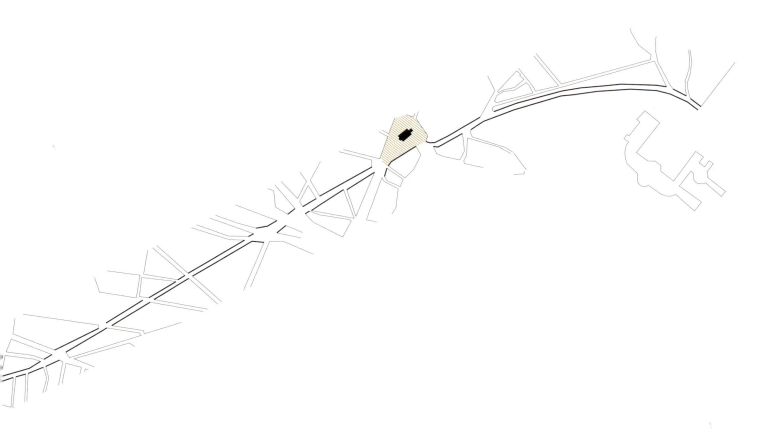

Congress Column, c. 1880.

Church of Our Lady of Laeken, c. 1900.

UNE ADMINISTRATION ROYALE — Au 19ᵉ siècle, le Tracé royal cristallise et exprime en un tracé les grandes structures de l'État belge en associant pouvoirs judiciaire, politique et religieux. Mais il agit aussi comme un aimant. S'installent ainsi le long de cette artère, le conservatoire royal de musique, des églises, la grande synagogue, différents musées nationaux, des institutions bancaires, des hôtels luxueux, etc. Ces institutions souhaitent se démarquer et exister dans l'imaginaire de la société belge.

Au sortir de la Seconde Guerre mondiale, une inversion de taille s'opère. Avec l'avènement de l'État providence, l'administration, dont le rôle de soutien logistique aux institutions est jusqu'alors dissimulé, vient s'installer elle aussi sur l'axe royal. C'est le gigantesque complexe de la Cité administrative de l'État. L'ambition est claire, il s'agit de regrouper en un seul site tous les fonctionnaires des administrations fédérales, soit près de 14.000 personnes. Véritable acropole pour fonctionnaires, la Cité administrative est la marque d'un état central fort et unitaire.

Dans les années 1950, le site du couvent des Oratoriens est retenu pour construire ce nouveau complexe monumental. La première pierre sera posée en 1958 par le roi Baudouin. Pour s'installer sur l'axe royal, le projet réinterprète les ingrédients spatiaux des institutions qui s'y sont implantées avant lui. Premièrement, il propose une terrasse panoramique sur la ville, un lieu hiératique et balayé par les vents dont on imagine qu'il pourra accueillir des manifestations d'ampleur nationale. Il remplace la place des panoramas d'où on venait admirer au 19ᵉ siècle la vieille ville et la campagne environnante. Ensuite, le complexe négocie

A ROYAL ADMINISTRATION — In the nineteenth century, the Royal Route crystallized and expressed in a single line the major structures of the Belgian state. It did so by associating the judicial, political and religious powers. But it also acted as a magnet. The Royal Conservatory of Brussels, churches, the main Brussels synagogue, various national museums, banking institutions, luxury hotels, and more were all built along this main road. These institutions wanted to stand out and exist in the imagination of Belgian society.

At the end of World War II, a major reversal took place. With the advent of the welfare state, the administration, which had until then carried out its role as a logistical support for institutions in the background, also moved onto the Royal Route. This was the gigantic complex of the Cité Administrative de l'État. The aim was clear: to gather on a single site all the civil servants of the federal administrations, i.e. nearly 14,000 people. An acropolis for public servants, the Cité Administrative was the mark of a strong, centralized state.

In the 1950s, the site of the convent of the Oratorians was chosen for the construction of this monumental new complex. The foundation stone was laid in 1958 by King Baudouin. To take its place on the Royal Route, the project reinterpreted the spatial elements of the institutions established there previously. Firstly, it proposed a panoramic terrace overlooking the city, a solemn, windswept area intended to host events of national importance. It replaced the panoramic plaza where, in the nineteenth century, people came to admire

EEN KONINKLIJK BESTUUR — In de 19de eeuw kristalliseert het Koninklijk Tracé de grote structuren van de Belgische staat en verenigt het de rechterlijke, politieke en religieuze machten. Het tracé werkt bovendien als een magneet: het Koninklijk Muziekconservatorium, kerken, de Grote Synagoge, diverse nationale musea, bankinstellingen, luxehotels, ... ze liggen allemaal langs deze verkeersader. Deze instellingen willen zich onderscheiden en een plek veroveren in de verbeelding van de Belgische samenleving.

Aan het einde van de Tweede Wereldoorlog vond een grote ommekeer plaats. Met de komst van de welvaartsstaat verhuisde ook de administratie, waarvan de rol als logistieke steun aan de instellingen tot dan toe onzichtbaar was, naar de koninklijke as. De administratie wordt ondergebracht in het gigantische complex van het Rijksadministratief Centrum. De ambitie is duidelijk: alle ambtenaren van de federale overheidsdiensten, ongeveer 14.000 mensen, op één site samenbrengen. Het Rijksadministratief Centrum, een ware akropolis voor ambtenaren, is een symbool van een sterke, unitaire centrale staat.

Voor de bouw van dit monumentale complex wordt in de jaren 1950 de locatie van het Oratorianenklooster uitgekozen. Koning Boudewijn legt in 1958 de eerste steen. Om op te gaan in de koninklijke as herinterpreteert het project de ruimtelijke kenmerken van de reeds aanwezige instellingen. Het krijgt een panoramisch terras met uitzicht over de stad, een winderige, verheven plek waar men zich evenementen van nationaal belang kan inbeelden. Het vervangt het Panoramaplein, van waaraf men in de 19de eeuw de oude stad en het omliggende landschap kon bewonderen.

the old town and the surrounding countryside. Secondly, the complex negotiated a natural difference in altitude of almost seventeen metres by means of ramps and terraced gardens, the most famous of which, designed by René Pechère, may have recalled that of the original convent. Underneath these different levels, an imposing car park was built, cars having pride of place in the city at the time. Lastly, while the project embraced Joseph Poelaert's Congress Column, it introduced a new landmark in the city. At the corner of Rue Royale and Boulevard du Jardin Botanique, the Finance Tower marked the presence of an administration that had now become an institution. Its showpiece, the gigantic hall, is reminiscent of the waiting hall in the Palace of Justice. The architect, Hugo Van Kuyck, was no novice, having built the neighbouring Social Security Tower in 1954. In the 1970s he also built the headquarters of the Générale de Banque between Rue Royale and Rue Ravenstein. In these architectures, which were implanted in the Royal Route during the thirty years of post-war economic growth known as the *Trente Glorieuses*, triumphant modernity is displayed, reminiscent of the world of Jacques Tati's *Playtime*.

As one reform has succeeded another, the federal state and its administration have lost their attractiveness. In the twenty-first century, as the ultimate symbol of Belgian unity, the Cité Administrative must be reinvented as a political, social and spatial project.

Top: The covered market in Romanesque Revival style and the monumental staircase that leads down to the city from the Congress Column.
Below: Final work on the Cité Administrative and the Finance Tower, a landmark in the city.

A Suspended Void or the shadow of the Cité Administrative – Collage: W. Ben Amar, M. Boukari, L.-A. Prudhomme, 2020.

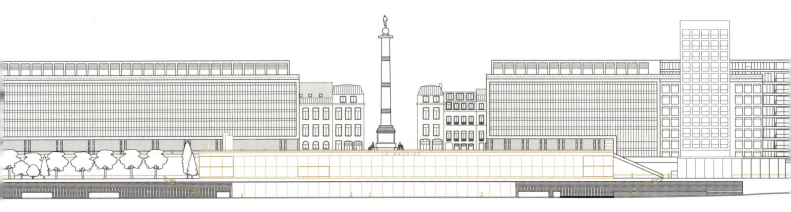

Conversion project of the Cité Administrative – Plan and section: S. Sentissi, V. Vandewalle, 2019.

LE PALAIS, HISTOIRE D'UN PALIMPSESTE ROYAL — Le Palais royal de Bruxelles naît sur les décombres du Château du Coudenberg, qui abritait la Cour de Brabant, parti en flammes en 1731, dans la nuit du 3 au 4 février. Il n'a pas été reconstruit immédiatement faute de fonds. En 1774, le Gouvernement autrichien prend la décision d'araser la Cour brûlée en vue d'établir un grand parc et la place Royale. Les démolitions de l'Abbaye de Coudenberg démarrent et suivent celles des maisons du Borgendael et de la Cour d'Hoogstraeten. Dans une économie circulaire qui n'en porte pas encore le nom mais n'est pas rare à cette époque, les matériaux de l'ancienne Cour sont récupérés et réutilisés. La Ville projette d'adoucir la pente du terrain du côté de la rue Isabelle ainsi que de niveler et paver la future place – pour parvenir à l'aplanir, il faudra une année de terre de remblais de chantiers bruxellois. Les travaux de la place s'achèvent en 1781 et l'église Saint-Jacques est consacrée six ans plus tard. Ce remodelage architectural et urbanistique modifie morphologiquement la ville et la représentation symbolique du pouvoir selon un tracé régulier et symétrique.

En 1815, le roi Guillaume Ier des Pays-Bas désire construire une résidence digne de son rang à Bruxelles. Par mesure d'économie, il décide de transformer les hôtels Bender et Belgiojoso en palais, une mission confiée à trois architectes de la Cour – Ghislain-Joseph Henry, Charles Vander Straeten et Tilman-François Suys. Il est achevé en 1829, soit une année avant la révolution belge. Si Léopold Ier s'accommode de ce palais dont il n'est pas le commanditaire, ce n'est pas le cas de son fils et successeur, Léopold II. Il est

THE PALACE, HISTORY OF A ROYAL PALIMPSEST — The Royal Palace of Brussels was built on the ruins of Coudenberg Castle, home to the Court of Brabant. The castle went up in flames in 1731, on the night of 3 to 4 February. It was not immediately rebuilt, due to a lack of funds. In 1774 the Austrian government decided to raze the destroyed court in order to create a large park and Place Royale. Demolition of Coudenberg Abbey began, followed by the Borgendael houses and Hoogstraeten courtroom. Materials from the old court were recovered and reused (an example of a 'circular economy' long before the term was invented, a practice that was not uncommon at the time). The city planned to soften the slope on the side of Rue Isabelle and to level and pave the future square. In total, a year's worth of earth from construction sites would be needed to achieve this. Work on the square was completed in 1781 and the Church of Saint-Jacques-sur-Coudenberg was consecrated six years later. This architectural and urbanistic restructuration altered the city's morphology and the symbolic display of power according to a regular, symmetrical layout.

In 1815 King William I of the Netherlands wanted to build a residence worthy of his rank in Brussels. To save money, he decided to convert the Bender and Belgiojoso mansions into a palace, an assignment entrusted to three court architects: Ghislain-Joseph Henry, Charles Vander Straeten and Tilman-François Suys. The project was completed in 1829, a year before the Belgian Revolution. Although Leopold I was happy with this palace, which

HET PALEIS: DE GESCHIEDENIS VAN EEN KONINKLIJK PALIMPSEST — Het Koninklijk Paleis staat op de ruïnes van het Koudenbergpaleis, dat het Hof van Brabant huisvestte en in de nacht van 3 op 4 februari 1731 in vlammen opging. Door geldgebrek werd het niet herbouwd en in 1774 besloot de Oostenrijkse regering het verbrande Hof af te breken om een groot park en het Koningsplein aan te leggen. De afbraak van de Abdij van Koudenberg begint, gevolgd door de afbraak van de huizen in Borgendaal en het Hof van Hoogstraten. In een circulaire economie, die deze naam nog niet draagt maar destijds niet ongebruikelijk was, worden de materialen van het oud Hof hergebruikt. De stad wil de helling van het terrein aan de Isabellastraat afzwakken en het toekomstig plein egaliseren en bestraten. Een jaar lang wordt hiervoor aarde aangevoerd van Brusselse bouwwerven. De werkzaamheden worden voltooid in 1781 en de Sint-Jacobskerk wordt zes jaar later ingewijd. Deze architectonische en stedenbouwkundige herinrichting wijzigt de morfologie van de stad en de symbolische voorstelling van de macht volgens een regelmatig, symmetrisch tracé.

In 1815 wil koning Willem I der Nederlanden in Brussel een residentie laten bouwen die zijn rang waardig is. Om geld te besparen, laat hij Hotel Bender en Hotel Belgiojoso ombouwen tot een paleis, een opdracht die hij toevertrouwt aan drie hofarchitecten – Ghislain-Joseph Henry, Charles Vander Straeten en Tilman-François Suys. Het wordt voltooid in 1829, één jaar voor de Belgische Revolutie. Terwijl Leopold I tevreden is met dit paleis, is Leopold II, zijn zoon en opvolger, dat niet. Hij is er stellig van overtuigd dat niets

he did not commission, this was not the case for his son and successor, Leopold II. For him, nothing could be more banal than this long, regular and monotonous building, an expression of academic formalism that did not reflect the true image of the emerging nation. Official receptions were sometimes held in the neighbouring Royal Museums of Fine Arts (1803) or in the Palace of Nations (1783) opposite, as the ceremonial rooms and galleries of the palace were not sumptuous enough for his liking. As soon as he was sworn in, Leopold II commissioned his architect, Alphonse Balat, to carry out major transformations: these marked the start of the great urban-planning projects he had in mind for Belgium. The houses next to the palace were razed and the two private Walckiers and Belle-Vue mansions were connected to the palace by a pavilion. The king also appropriated part of Brussels Park, where he had the Place des Palais laid out at the taxpayers' expense. The park was trimmed back to create a private and fenced garden area. The Royal Palace was thus set back from the street and was given a new façade designed by architect Henri Maquet. In 1904, in order to put on this new front, demolition work began: like a monumental doll's house whose front had been opened, the state rooms and bedrooms were visible to one and all. The king had no clothes! Construction work dragged on and was unfinished by the time the king died in 1909. Since then, the Royal Palace has not undergone any such structural changes.

Front elevation of the Royal Palace – Hand drawing: A. Grillet, 2020.

From left to right: View of the old palace façade, c. 1845; view of the palace and park, c. 1900; transformation work on the façade of the palace, under the direction of architect Henri Maquet, c. 1905; reconstruction of the palace façade, 1906; view of the palace and front gardens, 1910–20

View of the palace from Brussels Park – Hand drawing: B. Polomé, 2004.

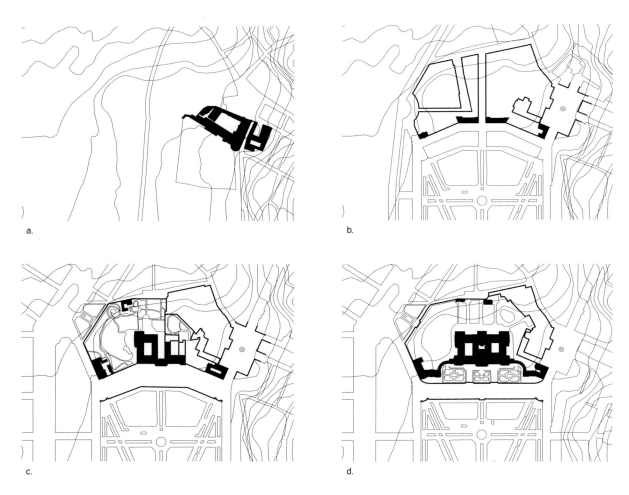

Gradual conversion of Coudenberg Castle into the Royal Palace – Plans: M. Legrand, M. Hertoghe, N. Snoy, 2021.

a. 1731, before the fire **b.** 1779, after the re-levelling of the district and the construction of four town houses
c. 1830, at the independence of Belgium **d.** 1865, from the reign of Leopold II to the present day.

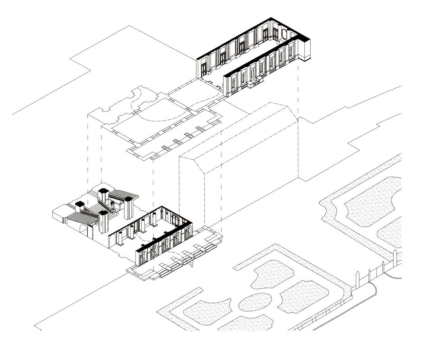

Main staircase and Hall of Mirrors of the Royal Palace – Axonometry: M. Legrand, M. Hertoghe, N. Snoy, 2021.

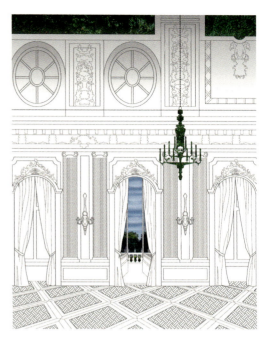

From the Royal Palace to the city for a speech on the balcony – Perspective: M. Legrand, M. Hertoghe, N. Snoy, 2021.

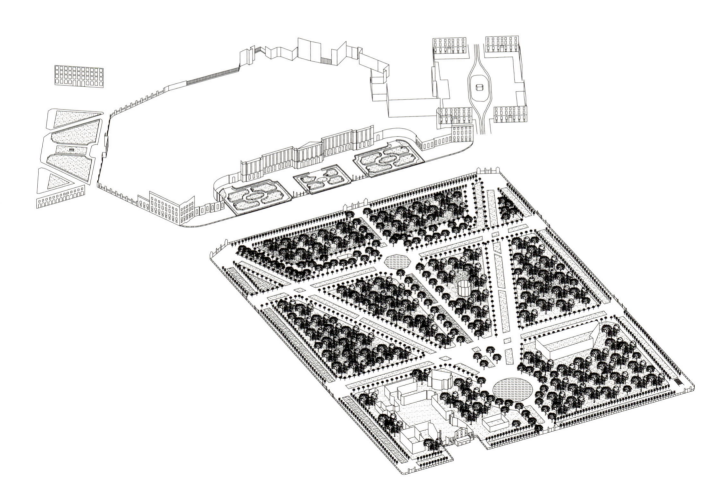

Public spaces around the Royal Palace block – Axonometry: M. Legrand, M. Hertoghe, N. Snoy, 2021.

L'OBSESSION POUR LES PANORAMAS — Majeures à Bruxelles et ancrées comme repères dans la ville, les places Poelaert, Royale et de la Colonne du Congrès forment des espaces vides emblématiques, offrant des panoramas. L'obsession pour ces lieux d'articulation dans l'aménagement urbain mène à étudier des liaisons physiques entre le haut et le bas de la ville. La corniche bruxelloise est un lieu prisé et caractéristique que même Fernando Pessoa, grand poète portugais, décrit dans un des ses livres sur Lisbonne, avec qui la capitale partage une topographie forte. Plat pays, vraiment ?

Beaucoup de projets vont s'obstiner à relier l'axe royal, situé sur la crête, au bas de la ville, avec toutes sortes de rues en courbe et contrecourbe ou des escaliers et des rampes. Le Palais de justice, par exemple, déploie un système de rampes qui donne accès aux Marolles. À travers les âges, nombreux sont les projets qui ont cherché à manipuler cette topographie pour la gérer[6]. Ces réflexions vont trouver une caisse de résonance exceptionnelle lors des grands travaux qu'exige la jonction ferroviaire souterraine liant les Gares du Nord et Midi. Lorsque les ingénieurs se rendent compte qu'il est impossible de forer dans les sables boulants bruxellois, l'emprise du chantier à ciel ouvert va devenir colossale et une série de nouveaux équipements (Hôpital Saint Jean, Banque Nationale, …) vont donner corps aux boulevards créés en surface.

Au cœur de la Seconde Guerre mondiale, un dialogue compétitif est organisé par la Ville et le Ministère des Communications, qui piocheront allègrement dans les propositions de certains protagonistes. Jules Ghobert, en

OBSESSED BY PANORAMAS — Place Poelaert, Place Royale and the Congress Column are major squares in Brussels and landmarks in the city. These emblematic urban voids offer panoramic views. The obsession with these areas of articulation in urban planning underlines the need to study the physical connections between the city's upper and lower parts. The Brussels ledge is a popular and characteristic place that even Fernando Pessoa, the great Portuguese poet, described in one of his books about Lisbon, whose topography resembles that of Brussels. A flat country, really?

Many projects would insist on linking the Royal Route, located on the ridge, to the lower part of the city, with all sorts of curved streets, as well as stairs and ramps. The Palace of Justice, for example, features a system of ramps providing access to the Marolles. Throughout the ages, many projects have sought to manipulate this topography in their attempt to manage it.[6] These reflections would be taken into account during the major works required for the underground railway junction linking the North and South stations. When the engineers realized that it was impossible to drill into the loose sand of the city, the open-air construction site became colossal and a series of new facilities (Hôpital Saint-Jean, National Bank, …) gave shape to the boulevards created on the surface.

During World War II, a competitive dialogue was organized by the city authorities and the ministry of communications, which happily drew on the proposals of certain protagonists.

EEN OBSESSIE VOOR PANORAMA'S — Het Poelaertplein, Koningsplein en Congresplein zijn belangrijke plekken in Brussel en zijn verankerd als herkenningspunten in de stad. Ze vormen iconische lege ruimten die een panoramisch uitzicht bieden. De obsessie met deze scharnierplaatsen in het stadsontwerp leidt tot de studie van de fysieke verbindingen tussen de boven- en benedenstad. De Brusselse 'corniche' is een trendy en karakteristieke plek die zelfs Fernando Pessoa, groot Portugees poëet, beschrijft in een van zijn boeken over Lissabon, een stad die eveneens een sterke topografie heeft. Toch niet zo vlak, dat vlakke land…

Veel projecten willen de koninklijke as, die zich op de heuvelrug bevindt, verbinden met de benedenstad met allerlei straten die buigen en tegenbuigen, of met trappen en hellingen. Zo beschikt het Justitiepaleis over een systeem van hellingen die toegang verschaffen tot de Marollen. In de loop der eeuwen werd bij tal van projecten de topografie aangepast in een poging ze te beheersen.[6] Deze overwegingen speelden ook een belangrijke rol bij de grote werken voor de ondergrondse spoorverbinding tussen het Noord- en Zuidstation. Toen de ingenieurs merkten dat het onmogelijk was om in het mulle zand van Brussel te boren, ontstond er een kolossale openluchtwerf en gaf een reeks nieuwe voorzieningen (Kliniek Sint-Jan, Nationale Bank, …) vorm aan de boulevards die bovengronds werden aangelegd.

In volle Tweede Wereldoorlog werd een concurrentiegerichte dialoog georganiseerd door de Stad en het Ministerie van Communicatie, waarbij in het wilde weg werd voortgebouwd op de voorstellen van bepaalde protagonisten. Jules

Jules Ghobert, following on from the colossal earthworks in Brussels Park, linked the upper and lower parts of the city by means of large terraces (a few years later he designed the new Mont des Arts and Place de l'Albertine); Mario Knauer also reinforced this ledge by creating terraces; Henry Lacoste linked the neoclassical architecture of Rue Royale and the medieval lower town by a series of thematic spatial sequences; Georges Ricquier designed squares that were so monumental that they de facto linked the lower and upper towns. For example, he drew a direct connection from the Congress Column to Place des Martyrs.

The theme kept on recurring. When the Alpha Group drew up, between 1962 and 1967, the sector plans for the city and its nineteen municipalities, the idea was to highlight both the topography (the valleys of the Senne and Maelbeek, and between them the spur supporting the Royal Route) and key sites intended for new metropolitan construction, including the future Cité Administrative. Rue Royale naturally extended towards Schaerbeek while the ledge, on the scale of the landscape, stretched as far as Duden Park in the municipality of Forest. A large perspective was thus created, revealing yet another panorama of Brussels, always in direct connection with the Royal Route.

Panorama from Place Poelaert – Hand drawing: C. Cornu, 2006.

Panorama from Place Poelaert – Hand drawing: E. Bechet, 2006.

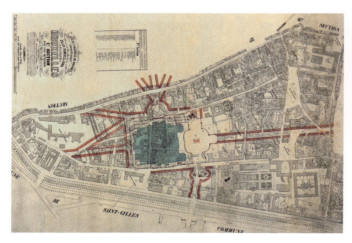

Project for the establishment of the Palace of Justice (creation of the esplanade, layout of Rue de la Régence, junction with Avenue Louise, development of a semicircular inclined plane from which three roads lead towards the Marolles), anon., n.d. (reproduced on the Popp plan, 1866).

Panorama from Place Poelaert – Collage: M. Vanderveken, 2019.

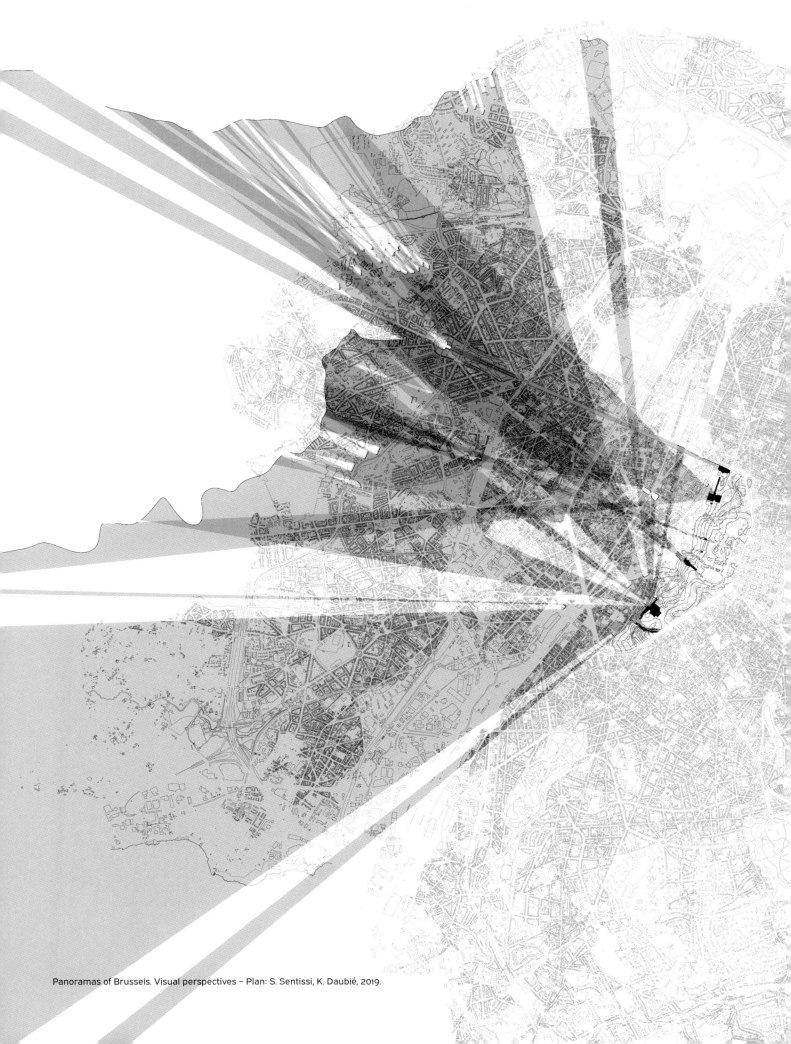

Panoramas of Brussels. Visual perspectives – Plan: S. Sentissi, K. Daubié, 2019.

Panorama from Place Royale – Hand drawing: L. C. Roland, 2004.

Church of Saint-Jacques-sur-Coudenberg and Place Royale – Hand drawing: V. Fontesse, 2006.

View of the Palace of Justice from Duden Park and the pavilion designed by Piovenefabi for Parckdesign 2016 – Photo: Julie Guinches, 2016.

Panorama from the Cité Administrative – Collage: S. Cleven, N. Halleux, 2019.

135

DANS ÉCHAFAUDAGE, IL Y A ÉCHAFAUD — En 1543, André Vésale, anatomiste marollien qui fait progresser la science grâce à des dissections publie *De humani corporis fabriqua*. La légende voudrait qu'il soit allé fureter parmi les ossements du *Galgenberg* pour les étudier. Le *Galgenberg* ou Mont des Potences est un ancien quartier du centre-ville de Bruxelles juché au sommet d'une colline. Au 16e siècle, la butte est le théâtre des exécutions capitales. «Comme les suppliciés n'ont pas droit à la sépulture, les pendus se balancent au gré des vents, déchiquetés par les oiseaux et les rats, jusqu'au jour où les débris de squelettes s'effondrent sur le sol et où les chiens viennent ronger les restes.»[7] Ce lieu macabre a laissé place au colossal Palais de justice. Il surplombe le quartier populaire des Marolles, à l'endroit même où, moins de trois siècles auparavant, les pendus étaient exposés.

La nécessité d'un nouveau Palais de justice naît peu après l'indépendance de la Belgique[8]. Les sites initiaux envisagés pour son implantation ne font pas l'unanimité, parce qu'ils nuisent à la perception de la monumentalité désirée ou s'éloignent de l'actuel Pentagone. La Ville s'y oppose pour des raisons de prestige et de recettes fiscales : elle n'entend pas renoncer à la présence de l'institution judiciaire sur son sol. Ce sont les mêmes raisons avancées pour le refus d'implanter en 1815 le Palais royal *extra muros*. La nécessité de relier le bois de la Cambre par la future avenue Louise au centre-ville finit par imposer le site d'implantation que l'on connaît.

La colline promontoire participe à l'effet de domination du droit et de la justice qui se veut désormais démocratique. Ce palais doit synthétiser l'idéologie et la pensée de la

SCAFFOLD, SCAFFOLDING — In 1543 Andreas Vesalius, a Marolles-born anatomist who advanced science thanks to his dissections, published *De humani corporis fabriqua* (On the fabric of the human body). Legend has it that he collected bones on the Galgenberg to study them. The Galgenberg (Gallows Hill) is an old district in the centre of Brussels perched on the top of a hill. In the sixteenth century, the hill was the site of public executions. 'Since the executed had no right to a burial, the hanged men swayed in the wind, were torn apart by birds and rats, until the day when their skeletal remains fell to the ground and the dogs came to gnaw on them.'[7] This macabre place gave way to the colossal Palace of Justice, which towered over the working-class Marolles district on the very spot where, less than three centuries earlier, the hanged men were displayed.

The need for a new courthouse arose shortly after Belgium's independence.[8] The initial sites selected for its construction did not have unanimous support, either because they were insufficiently monumental or because they were too far from the current Pentagon. The city was opposed for reasons of prestige and tax revenue: it was intent on retaining the judicial institution on its territory. (These same reasons were given for the refusal to build the Royal Palace outside the ramparts in 1815.) The need to link the Bois de la Cambre to the city centre via the future Avenue Louise eventually led to the current site being chosen.

OVER DE STELLING IN TERECHTSTELLING — In 1543 publiceerde Andreas Vesalius, een anatoom uit de Marollen die de wetenschap vooruithielp door lijken te ontleden, zijn boek *De humani corporis fabrica*. Volgens de legende ging hij tussen de botten van de Galgenberg snuffelen om ze te bestuderen. De Galgenberg is een oude wijk in het centrum van Brussel, gelegen op de top van een heuvel. In de 16de eeuw werden op deze heuvel de doodvonnissen voltrokken. "Omdat de gemartelden niet begraven mogen worden, worden de gehangenen door de wind heen en weer geslingerd, verscheurd door vogels en ratten, tot op de dag dat de skeletresten op de grond vallen en de honden ze komen oppeuzelen."[7] Deze macabere plek maakte plaats voor het kolossale Justitiepaleis. Het gebouw kijkt uit over de volkswijk de Marollen, precies op de plaats waar nog geen drie eeuwen eerder de veroordeelden hun laatste ademtocht uitbliezen.

De behoefte aan een nieuw justitiepaleis ontstaat kort na de onafhankelijkheid van België.[8] De aanvankelijk voorgestelde plaatsen voor de inplanting ervan worden niet unaniem goedgekeurd, omdat ze afbreuk doen aan de gewenste monumentaliteit of te ver verwijderd zijn van de huidige Vijfhoek. De stad verzet zich hiertegen om redenen van prestige en belastinginkomsten: ze is niet van plan de aanwezigheid van de gerechtelijke instelling op haar grondgebied te laten schieten. Om diezelfde redenen wordt in 1815 ook geweigerd om het Koninklijk Paleis extra muros te bouwen. De noodzaak om het Ter Kamerenbos via de toekomstige Louizalaan met het stadscentrum te verbinden, leidt uiteindelijk tot de keuze van de huidige locatie.

société bourgeoise de l'époque et de la première génération des fondateurs de la Belgique. Un grand concours d'architecture est organisé pour cette occasion rare mais aucune des 28 propositions déposées ne répond au programme. La Ville confie alors le projet à l'un de ses fonctionnaires, Joseph Poelaert, qui opte pour des proportions gigantesques, exagérées. On y observe de multiples emprunts à l'architecture gréco-romaine – colonnades, frontons, attiques, bas-reliefs. Lorsqu'il est inauguré en 1883, le Palais de justice est le plus grand bâtiment d'Europe. Il forme un rectangle de 150 sur 160 mètres, soit 20 000 m² de surface bâtie au sol et 6 000 m² de cours intérieures (huit au total) pour l'éclairage naturel. Son dôme culmine à 149 mètres de hauteur. D'imposantes fondations en maçonnerie sont nécessaires pour concilier un dénivelé de pratiquement 20 mètres.

Sa silhouette apparaît et disparaît à mesure que l'on se déplace dans les ruelles en contrebas, comme une surveillance, un œil omniprésent. Cet aspect théâtralisé de la justice sonne aujourd'hui comme une fatalité : lieu d'échafaud à l'origine, le palais est enchâssé dans une immense cage d'échafaudages d'acier depuis 1986. Puisse-t-elle être le symbole d'une reconstruction plutôt que d'une décrépitude.

The choice of the promontory was intended to convey the dominance of law and justice, which now claimed to be democratic. The palace had to synthesize the ideology and thinking of the bourgeois society of the time and the first generation of Belgium's founders. A major architectural competition was organized for this rare occasion, but none of the twenty-eight proposals met the programme. The city then entrusted the project to one of its officials, Joseph Poelaert, who opted for gigantic, outsized proportions. The project borrowed heavily from Graeco-Roman architecture: colonnades, pediments, attics and bas-reliefs. Upon its inauguration in 1883, the Palace of Justice was the largest building in Europe. It makes up a rectangle of 150 by 160 metres, with 20,000 square metres of floor space and 6,000 square metres of interior courtyards (eight in total) for natural lighting. Its dome reaches a height of 149 metres. Imposing masonry foundations were required to accommodate a difference of almost twenty metres between the Marolles district and the main entrance to the palace.

The outline of the building keeps coming into view as one moves through the alleys below, hovering above like an all-seeing eye. This theatricalized staging of justice sounds today like an inevitability: originally a gallows hill, the palace has been encased in a vast cage of steel scaffolding since 1986. Hopefully this cage can be a symbol of reconstruction rather than decay.

De heuvelrug versterkt de dominantie van rechtsregels en rechtspraak, die nu democratisch wil zijn. Dit paleis moet een synthese vormen van de ideologie en het denken van de heersende burgerlijke maatschappij en de eerste generatie stichters van België. Voor deze zeldzame gelegenheid wordt een grote architectuurwedstrijd uitgeschreven, maar geen van de 28 ingediende voorstellen voldoet aan het programma. De stad vertrouwt het project vervolgens toe aan een van haar ambtenaren, Joseph Poelaert, die kiest voor gigantische, overdreven proporties. We zien veel ontleningen aan de Grieks-Romeinse architectuur - zuilengalerijen, frontons, attieken, bas-reliëfs. Bij zijn inhuldiging in 1883 is het Justitiepaleis het grootste gebouw van Europa. Het vormt een rechthoek van 150 bij 160 meter, met 20.000 m² vloeroppervlak en 6.000 m² binnenplaatsen (acht in totaal) voor natuurlijke verlichting. De koepel is 149 meter hoog. Imposante funderingen van metselwerk zijn nodig om een hoogteverschil van bijna twintig meter op te vangen.

Zijn silhouet verschijnt en verdwijnt in de straten, als een alomtegenwoordige bewaker. Dit theatrale aspect van het gerecht klinkt vandaag noodlottig: het paleis, gebouwd op wat vroeger een plaats van terechtstelling was, staat sinds 1986 volledig in de stellingen. Hopelijk worden zij een symbool van wederopbouw, niet van verval.

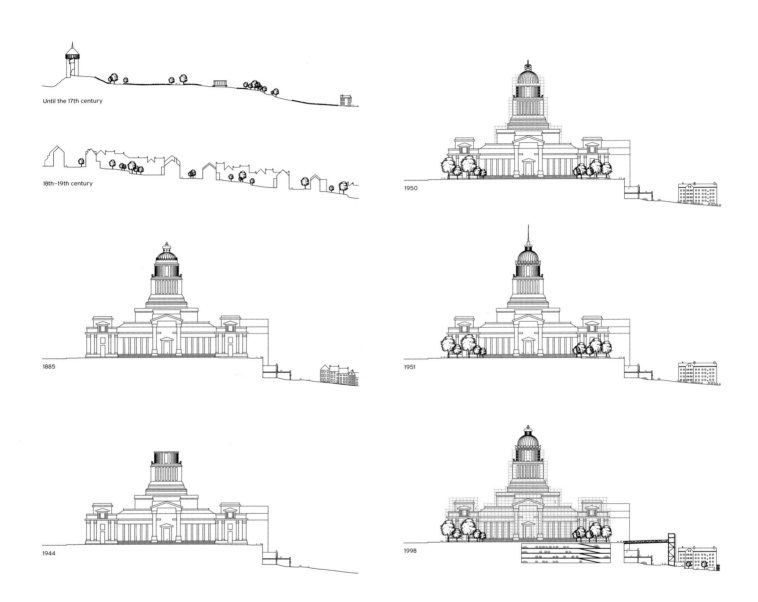

Conversion of the Galgenberg site into a courthouse (Palace of Justice) – Sections: G. Courtois, 2020.

138

View of the Palace of Justice, 1930.

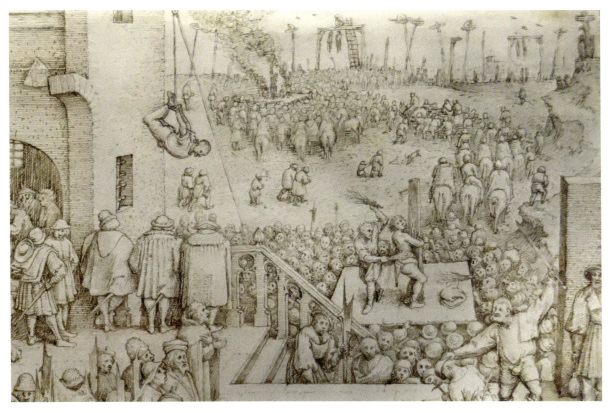
Justicia, Pieter Bruegel the Elder, 1559 (detail).

DÉFILER POUR EXISTER — Durant les premiers siècles de son existence, Bruxelles est dirigée par un régime politique contrôlé par sept familles[9] qui ont la mainmise sur les droits politiques, économiques et juridiques. Avec le temps, les artisans et les commerçants, sur qui repose concrètement l'économie, revendiquent le droit d'association et d'entraide. Des révoltes ont lieu et la négociation agitée avec les lignages aboutit à l'organisation des corporations. Elles forment des entités morales et constituent un puissant moyen d'émancipation sociale et politique. De nature économique, elles présentent aux clients la garantie d'un savoir-faire et à leurs membres la protection contre la concurrence. Ainsi se constituent ces institutions «immatérielles». Les corporations sont représentées au sein du gouvernement de la Ville dans un fragile partage du pouvoir politique qui doit sans cesse être renégocié par les corporations.

Pour la première fois, au milieu du 14ᵉ siècle, une procession en l'honneur de Notre-Dame du Sablon est organisée par le Grand Serment des Arbalétriers[10] – défenseurs de la ville de Bruxelles. Les corporations défilent à cette occasion. Cette procession est évidemment un moment communautaire pour la paroisse, mais, elle devient surtout une manifestation de cohésion pour les corporations, destinée à renforcer le lien entre elles, la Ville et son prince. Cette marche rituelle, passant par les lieux marquants de la ville, institue et conforte l'ordre de la société. Constitué en file, le cortège est identifiable par des signes, et descend du Sablon[11] à la Grand-Place.[12] Par cette action sur la vie et l'espace publics, les corporations saisissent l'opportunité

MARCHING TO EXIST — During the first centuries of its existence, Brussels was governed by a political regime ruled by seven families[9] that controlled political, economic and judicial rights. Over time, craftsmen and merchants, on whom the economy was de facto based, demanded rights of association and mutual aid. After several revolts and turbulent negotiations with the lineages, guilds were organized. These legal entities were a powerful means of social and political emancipation. Economic in nature, they guaranteed customers a certain know-how and their members protection from competition. This is how these 'immaterial' institutions were formed. The guilds were represented in the city government but they constantly had to renegotiate this fragile political balance of power.

For the first time, in the mid fourteenth century, a procession in honour of Our Lady of the Sablon was organized by the Great Oath of the Crossbowmen,[10] defenders of the city of Brussels. The guilds marched through the city on this occasion. This procession was obviously a community event for the city, but it was above all a demonstration of cohesion for the guilds, intended to strengthen the bond between them, the city and its prince. This ritual march took place in the city's key sites, established and reinforced the social order. The procession walked in line, with the guilds identifiable by signs. It descended from the Sablon[11] to the Grand Place.[12] By showing themselves in the midst of the public space, the guilds seized the political opportunity to show their alliances, their presence and their

DEFILEREN OM TE BESTAAN — Tijdens de eerste eeuwen van haar bestaan wordt Brussel bestuurd door een politiek regime waarin zeven families[9] de politieke, economische en juridische rechten in handen hebben. In de loop der tijd eisen de ambachtslieden en handelaren, waarop de economie in de praktijk is gebaseerd, het recht van vereniging en wederzijdse hulp op. Er vinden opstanden plaats en de woelige onderhandelingen met de families leiden tot de organisatie in gilden. De gilden vormen juridische entiteiten en zijn een krachtig middel tot sociale en politieke emancipatie. Ze zijn economisch van aard en bieden hun klanten de garantie van vakkennis en hun leden bescherming tegen concurrentie. Het zijn als het ware immateriële instellingen. De gilden zijn in het stadsbestuur vertegenwoordigd binnen een broze verdeling van de politieke macht, waarover door de gilden voortdurend opnieuw moet worden onderhandeld.

In het midden van de 14de eeuw wordt voor het eerst een processie ter ere van Onze-Lieve-Vrouw van de Zavel georganiseerd door de Grote Eed van de Kruisboogschutters,[10] de verdedigers van de stad Brussel. Bij deze gelegenheid defileren de gilden door de stad. Deze processie is uiteraard een moment waarop de parochie samenkomt, maar ze wordt vooral een uiting van cohesie voor de gilden, bedoeld om de band tussen hen, de stad en haar vorst te versterken. Deze rituele wandeling langs de belangrijkste plaatsen van de stad vestigt en versterkt de sociale orde. De stoet loopt in een rij, is herkenbaar aan tekens, en daalt af van de Zavel[11] naar de Grote Markt.[12] Door deze actie in het publieke leven en de publieke ruimte grijpen de gilden

politique de manifester leurs alliances, leur présence et leur force. Les corps constitués montrent les liens qui les unissent. S'ils prêtent allégeance au prince en défilant devant lui, ils font passer en même temps leur message : régner, c'est assurer l'épanouissement de la ville et de ses habitants. Cette procession originelle évolue et progressivement s'apparente à un cortège mondain dont les revendications varient chaque année. La sortie de 1549, à l'occasion de la présentation par l'empereur Charles Quint de son fils et successeur, le futur roi Philippe II, est la plus mémorable. En ce dimanche de Pentecôte, les corporations, les serments armés, le patriciat de Bruxelles ainsi que la noblesse et le haut clergé défilent unis, prospères et fiers. C'est l'*Ommegang*[13], qui est rejoué aujourd'hui annuellement sous forme de spectacle.

Les processions bruxelloises connaissent aujourd'hui d'autres formes. La Zinneke Parade ou encore le carnaval sauvage issu des Marolles peuvent s'apparenter à de réelles institutions qui célèbrent la diversité des quartiers bruxellois : ode à la fête et au joyeux désordre.

strength. The constituted bodies incarnated the bonds that united them. While they pledged their allegiance to the prince by marching in front of him, they also conveyed their message: to rule is to ensure the development of the city and its inhabitants. This original procession evolved and gradually became a social procession whose demands varied year after year. The most memorable was the 1549 procession, on the occasion of the presentation by Emperor Charles V of his son and successor, the future King Philip II. On Pentecost Sunday, the guilds, the armed oaths and the city's patriciate as well as the nobility and high clergy marched united, prosperous and proud. This was the *Ommegang*, which today is performed annually.[13]

Today, processions in the city have taken on other forms. The Zinneke Parade and the 'wild carnival' that begins in the Marolles resemble real institutions. They celebrate the diversity of Brussels neighbourhoods, an ode to festivity and cheerful chaos.

de politieke gelegenheid aan om hun alliantie, aanwezigheid en kracht te manifesteren. De samengestelde groepen tonen wat hen onderling verbindt. Terwijl ze hun trouw aan de vorst zweren door voor hem te defileren, zenden ze tegelijkertijd een boodschap uit: regeren is zorgen voor de ontwikkeling van de stad en haar inwoners. Deze oorspronkelijke processie evolueert en wordt geleidelijk aan een sociale optocht, met elk jaar andere eisen. De optocht van 1549, ter gelegenheid van de voorstelling door keizer Karel V van zijn zoon en opvolger, de toekomstige koning Filips II, is de meest gedenkwaardige. Op Pinksterzondag marcheren de gilden, de gewapende eden, de patriciërs van Brussel evenals de adel en de hoge geestelijkheid verenigd, welvarend en trots door de straten. Het is de *Ommegang*[13] die tegenwoordig jaarlijks wordt nagespeeld.

Vandaag nemen de Brusselse processies andere vormen aan. De Zinneke Parade of het uitbundige carnaval in de Marollen lijken ook echte instituties, die de diversiteit van de Brusselse wijken vieren: een ode aan feestelijkheid en vrolijke wanorde.

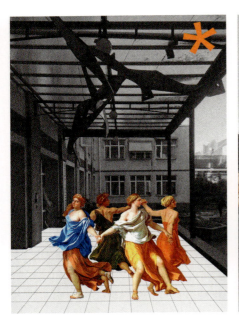   

'The city is yours' parade made by students on 29 November 2021. Stickers placed at the following locations: LOCI Faculty; Avenue de la Jonction; Albert station; Les Trois Nymphes fountain; Parc de Forest; Avenue du Roi; Maxima – Collages: M. Boissières, 2021.

The Ommegang in Brussels: Procession of Guilds, Denis van Alsloot, 1615.

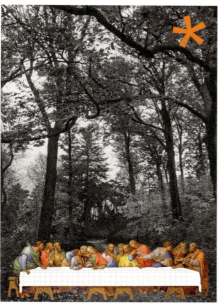

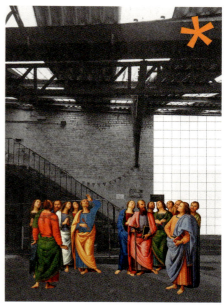

DE LA PARCELLE À L'ÎLOT POUR SE HISSER RUE ROYALE — Créée en 1822, la Société Générale de Belgique[14] acquiert dès 1823 l'Hôtel de Wellington au n°3 rue Montagne du Parc, ruelle perpendiculaire au Parc de Bruxelles. La banque va s'étendre par rachats successifs de parcelles de l'îlot. En 1908, elle peut réaliser en son sein la connexion entre la rue Ravenstein et la rue Royale. La différence de niveau au sein du bâtiment est résolue par des escaliers majestueux. La finalisation des rachats de l'îlot[15] complet et le premier projet néoclassique datent de 1922. La façade principale située rue Ravenstein suit l'alignement courbe déterminé dans le plan urbanistique de Maquet, impliquant la disparition de petits édifices. Le tronçon de l'ancienne enceinte de la ville, rue Isabelle, reste néanmoins visible dans les plans de Ghysels et Van Mansfeld, au niveau de la salle des guichets. Enfin hissée rue Royale, l'institution financière s'intègre à la vision néoclassique imposée autour du parc. A contrario, la réponse architecturale côté ville basse peut s'en détacher. Au fil du temps cette dualité va s'accentuer.

Pour de multiples raisons (vétusté, rationalisation administrative, remembrement de services), la banque pense à se moderniser dès les années 1960. Le bâtiment « Montagne du Parc », le tout premier à définir l'ensemble des bords de l'îlot dédié à l'institution (la phase 1 est finalisée en 1973 / la phase 2 en 1979),[16] est conçu par une équipe d'architectes dirigée par Hugo Van Kuyck (avec Housiaux, Guillissen et Polak).[17] Van Kuyck est alors un grand nom de l'architecture belge[18]. Parallèlement aux raisons évoquées légitimant une modernisation, la vision bancaire change fortement. En

FROM THE PLOT TO THE BLOCK BEFORE REACHING THE HEIGHTS OF RUE ROYALE — Founded in 1822, the Société Générale de Belgique[14] acquired the Wellington mansion at no. 3 Rue Montagne du Parc, an alley perpendicular to Brussels Park, in 1823. The bank would go on to expand through the successive purchase of plots of land on the block. By 1908 it was able to make an interior connection between Rue Ravenstein and Rue Royale. The difference in level within the building was resolved by majestic staircases. The last phase in the purchase of the block[15] and the first neoclassical design both occurred in 1922. Located on Rue Ravenstein, the main façade follows the curve set out in Maquet's plan, which implied the destruction of small buildings. A section of the old city wall in Rue Isabelle is still visible in the plans by Ghysels and Van Mansfeld, at the level of the counter hall. Having at last reached the heights of Rue Royale, the financial institution fit into the neoclassical vision set out around the park. By contrast, the architectural response on the lower side could be detached from it. Over time, this duality would grow more pronounced.

Obsolescence, administrative rationalization and the reorganization of departments were among the reasons that led the bank to think about modernizing in the 1960s. The 'Montagne du Parc' building, the very first to occupy all the sides of the block dedicated to the institution (phase 1 was completed in 1973, phase 2 in 1979),[16] was designed by a team of architects headed by Hugo Van Kuyck (with Housiaux, Guillissen and Polak).[17] Van Kuyck was

VAN PERCEEL TOT BLOK: OPKLIMMEN NAAR DE KONINGSSTRAAT — De Generale Maatschappij van België[14] werd in 1822 opgericht en kocht in 1823 Hotel Wellington aan de Warandebergstraat nr. 3, een straat die loodrecht staat op het Warandepark. De bank zal uitbreiden door na elkaar verschillende percelen van het blok op te kopen. Als gevolg daarvan verbinden haar gebouwen in 1908 de Ravensteinstraat met de Koningsstraat. Het niveauverschil binnen het gebouw wordt opgelost door majestueuze trappen. De afronding van de aankoop van het gehele blok[15] en het eerste neoklassieke project dateren uit 1922. De hoofdgevel in de Ravensteinstraat volgt de gebogen lijn die in de stadsplanning van Maquet is vastgelegd, wat betekent dat kleine gebouwen zijn verwijderd. Het deel van de oude stadsmuur in de Isabellastraat is nog zichtbaar op de plannen van Ghysels en Van Mansfeld, ter hoogte van de lokettenzaal. De financiële instelling, die zich verheft tot op het niveau van de Koningsstraat, past in de neoklassieke visie die rond het park wordt opgelegd. Aan de zijde van de benedenstad kan hier echter van worden afgeweken. Mettertijd zal deze dualiteit meer uitgesproken worden.

Om verschillende redenen (veroudering, administratieve rationalisering, reorganisatie van de diensten) begon de bank in de jaren 1960 na te denken over modernisering. Het gebouw 'Warandeberg', het allereerste dat alle kanten van het aan de instelling gewijde blok afbakende (fase 1 werd voltooid in 1973/fase 2 in 1979),[16] werd ontworpen door een team van architecten onder leiding van Hugo Van Kuyck (met Housiaux, Guillissen en Polak).[17] Van Kuyck was toen een grote naam in de Belgische architectuur.[18] Naast

a big name in Belgian architecture at the time.[18] Besides the reasons given for modernizing, banking was undergoing profound changes. By 1965 more and more of the bank's clients (about 1,700 per day) came to the headquarters by car. The bank's administration wanted to increase the number of parking spaces and even integrate a drive-in. Traffic congestion was so bad that the city decided to build a metro. This development in the transport sector would have an impact on the project for the head office.[19]

The base of the building—a ubiquitous architectural element in the modernist era (examples in Brussels include the Shell building, the former Lotto Tower and the Martini Tower which has been demolished)—negotiated the relation with the ground. The thickness of the stone columns (despite the fact that they are hollow) gave the massive base an image of stability and security, the very image that the bank wanted to convey to its clients, while the upper floors were marked by greater formal freedom. The two towers were nonetheless governed by urbanistic constraints. Aligned with Rue Royale, the esplanade atop the base, if it had been made public, could have completed the string of panoramas on the Royal Route.

The project by Baumschlager Eberle Architekten for the current BNP Paribas Fortis bank is bringing a fundamental change to an institution that has remained at the same address for two centuries.

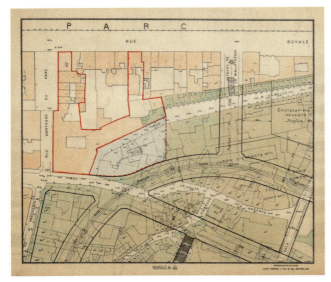
Plan of the Montagne du Parc district, J. Florin, 1906.

View of the Société Générale de Belgique, 1926.

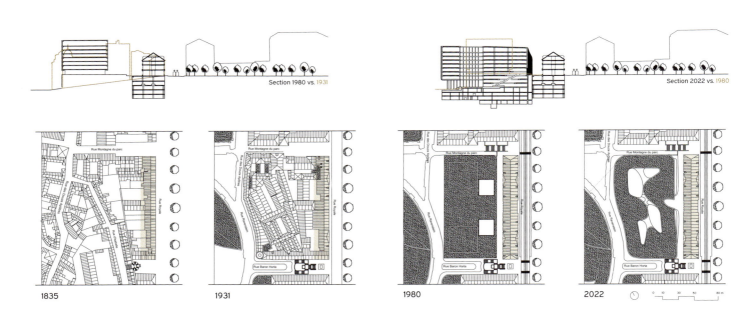

1835   1931   1980   2022

From the private mansion at no. 3 Rue Montagne du Parc to the institution encompassing an entire city block –
Plans and sections: M. Bismuth, O. Hayon, H. Wu, 2020–21.

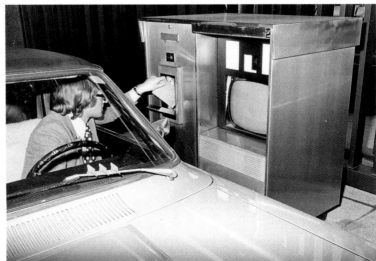

Top: Staircase leading into the modernist building by Hugo Van Kuyck, c. 1970.
Below: The bank's drive-in, 1975.

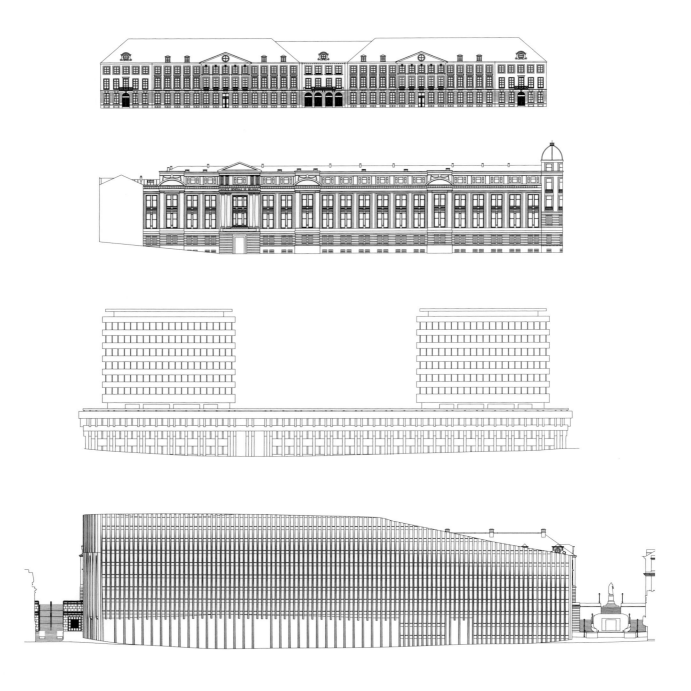

Société Générale (now BNP Paribas Fortis).
Rue Royale: early 1900s / Rue Ravenstein: early 1900s, 1970s and 2022 –
Drawings of the façades: S. Vardar, M. Levy, A. Errembault, 2020.

148 View from the top floor of the bank's new headquarters (under construction), 2020 – Photo: C. Vandernoot, 2020. →

BRUXELLES EN CAPITALES — Bruxelles est une ville capitale. Une ville de capitales. Si la ville a vu se succéder les pouvoirs étrangers, bourguignon, espagnol, français, autrichiens et néerlandais, l'État belge indépendant s'affirme comme tel en 1831. Symbole de cette autonomie, un Parlement de représentants est accueilli dans le Palais de la Nation, autrefois Conseil du Brabant. Il affirme la souveraineté du peuple, ou, plus précisément de la bourgeoisie masculine qui dirige le pays. Depuis, Bruxelles a évolué au gré des changements politiques. Ville capitale, elle accueille les Parlements européen, flamand, bruxellois et de la communauté française de Belgique. Autant de niveaux de représentation qui s'ajoutent à ceux, historiques, des divisions communales de la ville.

Malgré et sans doute à cause de cet écheveau complexe, une crise de la démocratie représentative frappe actuellement nos sociétés. L'origine de cette crise est sans doute aussi à chercher dans des institutions qui tant sur un plan social que spatial ont peu évolué depuis plusieurs siècles. À l'instar d'autres institutions sur le Tracé royal, le Parlement fonctionne comme un monument en rupture avec son environnement et le tissu traditionnel de la ville. Par cette rupture, il exprime clairement le message de l'institution qu'il abrite, mais il provoque aussi aujourd'hui une lassitude des citoyens qui ne trouvent plus en ces structures ni légitimité ni efficacité.

Pourtant, si le fossé entre citoyens et monde politique est profond, il n'est certainement pas infranchissable, pourvu qu'il soit redonné à chacun le goût de la citoyenneté. La

BRUSSELS IN CAPITALS — Brussels is a capital city. A city of capitals. Although the city has been home to a succession of foreign powers (Burgundian, Spanish, French, Austrian and Dutch), Belgium asserted itself as an independent state in 1831. As a symbol of this autonomy, a parliament of representatives was accommodated in the Palais de la Nation, formerly the Brabant Council. It proclaimed the sovereignty of the people—or, more accurately, of the male bourgeoisie that ran the country. Since then, Brussels has evolved over time with political changes. As a capital city, it is home to the European, Flemish and Brussels parliaments as well as to the parliament of the French-speaking Community of Belgium. All these representative levels are layered on top of the city's historical municipal divisions.

Despite and probably because of this complex tangle, representative democracy is currently going through a crisis in our societies. The origin of this crisis undoubtedly also lies in institutions that have evolved little over the last few centuries, either socially or spatially. Like other institutions on the Royal Route, the parliament functions as a monument cut off from its surroundings and the city's traditional fabric. This distance clearly conveys the message of the institution it houses, but it is also a source of weariness among citizens who no longer find these structures legitimate or effective.

However, while the gap between citizens and politicians runs deep, it is certainly not unbridgeable, provided we refamiliarize everyone with the notion of citizenship. Participatory

BRUSSEL IN HOOFDLETTERS — Brussel is een hoofdstad. Een stad in hoofdletters. Nadat de stad een opeenvolging van vreemde machthebbers kende – Bourgondische, Spaanse, Franse, Oostenrijkse en Nederlandse – werd in 1831 de onafhankelijke Belgische staat opgericht. Als symbool van deze autonomie vestigde zich in het Paleis der Natie, waar voorheen de Brabantse Raad zetelde, een parlement van volksvertegenwoordigers. Het bevestigt de soevereiniteit van het volk, of preciezer van de mannelijke bourgeoisie die het land bestuurt. Sindsdien is Brussel mee geëvolueerd met de politieke veranderingen. Als hoofdstad herbergt ze het Europees Parlement, Vlaams Parlement, Brussels Parlement en het Parlement van de Franse Gemeenschap. Allemaal vertegenwoordigingsniveaus die bovenop de historische indeling van de stad in gemeenten komen.

Ondanks en wellicht mede door dit complexe web bevindt de representatieve democratie zich in onze samenleving in een crisis. De oorsprong hiervan moet ongetwijfeld ook worden gezocht in instellingen die de afgelopen eeuwen weinig zijn geëvolueerd, zowel op sociaal als op ruimtelijk vlak. Zo functioneert het Parlement, zoals nog andere instellingen op het Koninklijk Tracé, als een monument dat haaks staat op zijn omgeving en het traditionele stadsweefsel. Door deze breuk geeft het gebouw duidelijk uitdrukking aan de boodschap van de instelling, maar wekt het vandaag ook de gelatenheid op van burgers die in deze structuren legitimiteit noch efficiëntie terugvinden.

De kloof tussen burgers en politici mag dan diep zijn, ze is niet onoverbrugbaar. Tenminste, op voorwaarde dat iedereen de smaak van het burgerschap terug te pakken

democracy, as practised in ancient Athens or in fifteenth-century Florence or Venice, could be a solution. If its outline exists at the organizational level, what spatial forms would it take? In Brussels, the shift from representative to participatory democracy could consist in bringing the parliament down from the ridgeline it currently occupies. It could be moved to the banks of the river Senne at the origin of the city, a place where democracy is more alive. The loci of parliament—where representatives mingle and deliberate, where services are housed—could then be reinvented and reinterpreted in the city. The central boulevards—Place de la Bourse, Place de Brouckère and Place Fontainas, all of which have now been pedestrianized—would replace the halls, galleries, corridors and other waiting halls. Deliberations, committees and conferences could be held in such key meeting places as the Commodity Exchange, the Théâtre National, La Monnaie, the KVS and the Pathé Palace. Lastly, located at the heart of Belgian and Brussels diversity, Place de Brouckère could become a major civic locus. Selected by lot, inhabitants would meet at regular intervals in this new symbol of democracy: an open public space, accessible to all. This utopia of participatory democracy may not yet be realized, but spatially, the shift is fundamental.

A new seat for participatory democracy, Place de Brouckère – Collage: G. Berna, 2018.

Observation: Isolated institutions

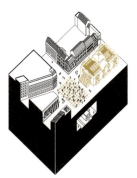

Proposal: Symbolical and politically invested public spaces

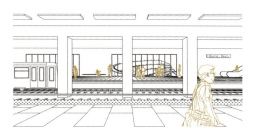
Proposal: Proximity and visibility of institutions

Proposal: Social and functional mix

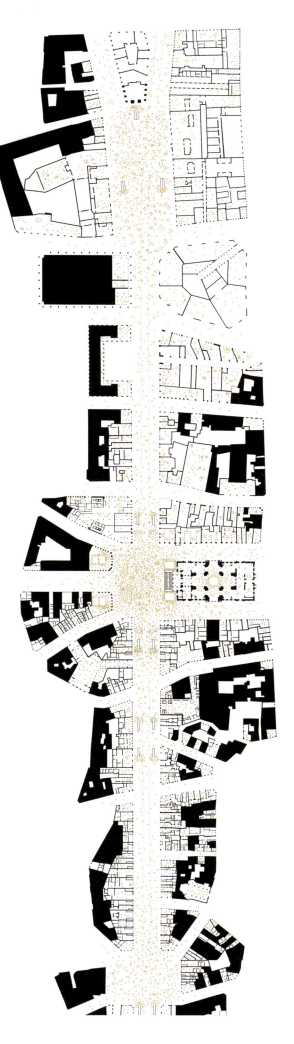

The Brussels pedestrian boulevards as a new space for political expression and debate – Axonometries, perspectives, plan: J. Fajwlewicz, 2018.

PARVIS ET HALL, DES ÉLÉMENTS D'ACCUEIL — Un parvis est un dégagement qui met en condition l'usager. Il forme un préambule[20] au message que l'institution qu'il précède véhicule dans l'espace de la ville. La prise de recul possible qu'il permet sur l'édifice en assure également la mise en valeur.

L'avenue de la Reine, dernier ou premier tronçon du parcours royal, reliant la rue des Palais à l'avenue du Parc royal, aboutit au (ou s'élance du) parvis de l'église Notre-Dame de Laeken. Cet espace constitue une véritable pièce urbaine articulant l'intérieur de l'église à l'espace public. Antichambre, transition ou interface : le parvis devient un espace d'accueil manifeste. Plus haut dans la ville, l'emplacement de l'actuelle église royale Sainte-Marie a alimenté les débats entre le pouvoir royal et la fabrique d'église car il se trouvait à un point stratégique, à l'un des sommets de la capitale, dans une perspective liant visuellement la rue Royale à la porte de Schaerbeek. Devait-on y construire un symbole de la puissance du jeune État belge ou un lieu de culte pour les catholiques ? C'est finalement une église de style romano-byzantin qui y est construite entre 1845 et 1888, successivement par les architectes Louis Van Overstraeten, Louis Roelandt et Gustave Hansotte[21]. L'imposant dôme dépasse le seul fait religieux et symbolise la grandeur et la majesté de Bruxelles. Si son porche de plan carré, percé de trois portails de mêmes dimensions, devient une généreuse entrée en se calquant sur la largeur de la rue, le parvis a bien changé depuis sa construction. Les transports automobiles et publics aujourd'hui sertissent littéralement l'édifice.

FORECOURT AND HALL, RECEPTION ELEMENTS — A forecourt is a space that prepares the user. It forms a preamble[20] to the message that the institution it stands before conveys in the urban space. By letting the user stand back from the building, it ensures the building is seen at its best.

Avenue de la Reine, the first (last) section of the Royal Route, linking Rue des Palais to Avenue du Parc Royal, starts from (ends at) the forecourt of the Church of Our Lady of Laeken. This space is an urban room that joins the interior of the church to the public space. Antechamber, transition or interface: the forecourt becomes an obvious reception area. Higher up in the city, the location of the present Saint Mary's Royal Church fuelled the debates between the royal authorities and the church administration, as it was located at a strategic point, at one of the capital's high points, along a perspective that visually linked Rue Royale to the Schaerbeek Gate. Should a symbol of the power of the young Belgian state be built on this site, or a place of worship for Catholics? In the end, a church in the Romanesque-Byzantine style was erected between 1845 and 1888, successively by architects Louis Van Overstraeten, Louis Roelandt and Gustave Hansotte.[21] The imposing dome transcends matters of faith and symbolizes the city's grandeur and majesty. While the square porch, with three equally sized portals, forms a generous entrance that corresponds to the width of the street, the forecourt has changed much since its construction. Today, cars and public transport literally encircle the building.

VOORPLEIN EN HAL: PLAATSEN VAN ONTVANGST — Een voorplein is een vrijgemaakte ruimte die de gebruiker conditioneert, het vormt een inleiding[20] op de boodschap die de instelling waarvoor het zich bevindt, uitdraagt in de stadsruimte. Het gebouw krijgt ook meerwaarde omdat het vanop een afstand kan worden bekeken.

De Koninginnelaan, het laatste of eerste deel van het Koninklijk Tracé, verbindt de Paleizenstraat met de Koninklijk Parklaan en eindigt of begint op het plein voor de Onze-Lieve-Vrouw-van-Lakenkerk. Dit plein vormt een stedelijk element dat het interieur van de kerk met de publieke ruimte verbindt. Voorportaal, overgang of interface: het voorplein wordt overduidelijk een ontvangstruimte. Hoger in de stad vormde de locatie van de Koninklijke Sint-Mariakerk een twistpunt tussen de koninklijke autoriteiten en de kerkfabriek, aangezien ze op een strategisch punt lag, op een van de heuveltoppen van de hoofdstad, in een perspectief dat de Koningsstraat visueel verbond met de Schaarbeeksepoort. Moest daar een machtssymbool opgetrokken worden van de jonge Belgische staat of een gebedshuis voor katholieken? Uiteindelijk werd er tussen 1845 en 1888 een kerk in Romaans-Byzantijnse stijl gebouwd, achtereenvolgens door de architecten Louis Van Overstraeten, Louis Roelandt en Gustave Hansotte.[21] De imposante koepel is meer dan religieus en groeit uit tot een majestueus symbool van de grootsheid van Brussel. De vierkante portiek met zijn drie even grote poorten vormt een royale ingang die in breedte overeenstemt met de straat. Het voorplein is sinds de aanleg sterk gewijzigd. Het gebouw wordt vandaag letterlijk omsloten door het autoverkeer en openbaar vervoer.

D'autres édifices interprètent à leur manière les lieux d'accueil, décomposent ou multiplient les étapes pour enrichir l'expérience liée au fait d'y entrer. Ces effets de seuils successifs sont présents dans le Palais des Beaux-Arts (BOZAR). Le Hall Horta en est l'un des espaces les plus significatifs. Pas de parvis à l'institution culturelle, c'est ce grand hall qui agit comme tel. Il est fascinant d'identifier comment cet espace contient une quantité impressionnante d'éléments architecturaux ornementés qui représentent et reflètent la monumentalité géniale derrière le volume humble et tapi du bâtiment. Il a été dit que Victor Horta a été prié de concevoir et de construire un bâtiment monumental dans un volume très bas pour ne pas obstruer la vue du palais vers la Grand-Place. Les efforts de l'architecte pour transcender ce défi sont cachés dans la progression de l'espace du Hall Horta. Comme beaucoup d'églises, le hall est divisé en trois nefs. L'architecte a joué avec la profondeur et chaque tranche révèle de nouvelles relations entre espaces. Qu'il s'agisse des colonnes ou des caissons au plafond, les éléments sont décomposés pour créer une multiplicité de surfaces. Elles démantèlent l'échelle et la matérialité modestes, créant ainsi une illusion de grandeur pour parvenir à un espace monumental, généreusement ouvert aux usages divers. Un signe, sans doute, que le parvis peut aussi être intérieur ?

Other buildings have developed their own interpretation of such reception areas, breaking them up or increasing their stages to enrich the experience of entering. These successive 'vestibules' are present in the Centre for Fine Arts (BOZAR). The Horta Hall is one of the most significant spaces. Because the arts centre has no forecourt, it is this large hall that acts as such. It is fascinating to note how this space contains an impressive number of ornamented architectural elements that represent and reflect the astounding monumentality behind the humble, crouching volume of the building. It has been said that Victor Horta was asked to design and construct an imposing building in a very low volume so as not to obstruct the view from the Royal Palace to the Grand Place. The architect's efforts to transcend this challenge are hidden in the spatial progression of the Horta Hall. Like many churches, the hall is divided into three naves. The architect played with the sense of depth, each slice revealing new relations between the spaces. Whether columns or ceiling boxes, the elements are broken down to create multiple surfaces. They dismantle the modest scale and materiality, creating an illusion of grandeur to achieve a monumental space that is generously open to various functions. A sign, perhaps, that the forecourt can also be an interior space?

Andere gebouwen interpreteren de ontvangstruimte op hun manier, waarbij de ervaring van het binnentreden meer of minder stappen vraagt. Deze opeenvolgende poorteffecten treffen we aan in het Paleis voor Schone Kunsten. De Hortahal is een van de belangrijkste ruimten. Dit Paleis heeft geen voorplein: het is deze grote zaal die als dusdanig fungeert. Het is fascinerend hoe deze ruimte een indrukwekkende hoeveelheid georrnamenteerde architectonische elementen bevat die de geniale monumentaliteit achter het nederige, sluimerende volume van het gebouw tot uiting brengen. Naar verluidt werd Victor Horta gevraagd een monumentaal gebouw te ontwerpen, maar met een zeer laag volume om het zicht vanuit het paleis op de Grote Markt niet te belemmeren. De inspanningen van de architect om deze uitdaging te overstijgen, zitten in het verloop van de ruimte van de Hortahal. Zoals veel kerken is de hal verdeeld in drie schepen. De architect heeft gespeeld met de diepte en elk deel onthult nieuwe relaties tussen ruimten. Of het nu gaat om de kolommen of de plafondcassettes, de elementen worden uit elkaar gehaald om een veelheid van vlakken te creëren. Ze ontmantelen de bescheiden schaal en materialiteit en wekken de illusie van grootsheid, om tot een monumentale ruimte te komen die zich royaal leent tot verschillende gebruiksmogelijkheden. Is dit het bewijs dat het ook mogelijk is een voorplein binnenin een gebouw te situeren?

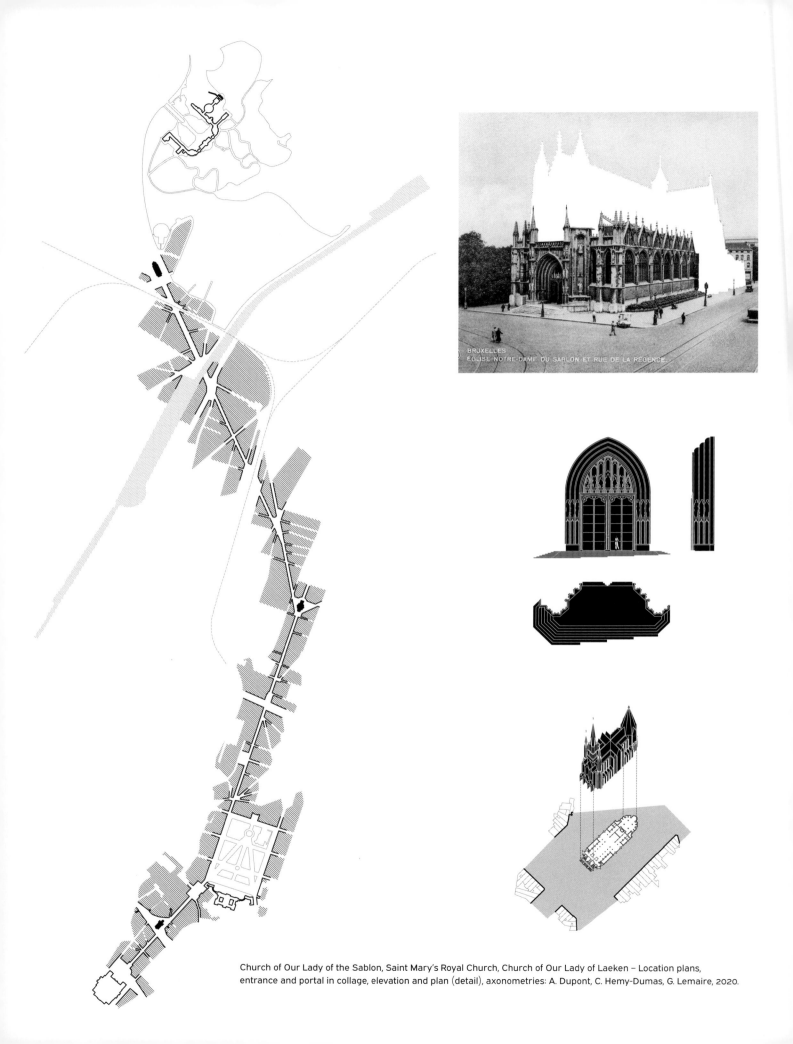

Church of Our Lady of the Sablon, Saint Mary's Royal Church, Church of Our Lady of Laeken – Location plans, entrance and portal in collage, elevation and plan (detail), axonometries: A. Dupont, C. Hemy-Dumas, G. Lemaire, 2020.

Bruxelles. — Eglise Notre-Dame de Laeken
Brussel. — O.-L.-Vrouwkerk van Laken

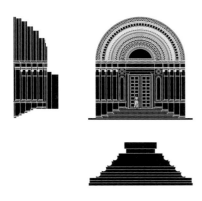

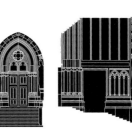
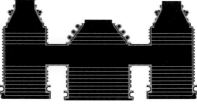
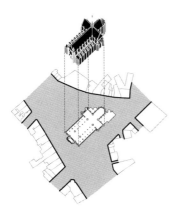
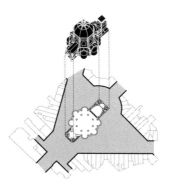

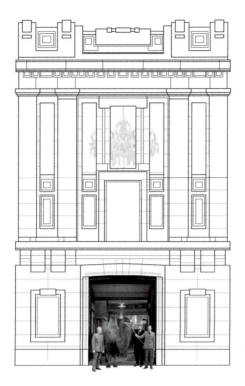

Centre for Fine Arts (BOZAR), entrance on Rue Ravenstein.
In memory of Marcel Broodthaers's exhibition in 1974 –
Elevation: X. Chen, C. Monfort, Y. Sidi Yakoub, 2020.

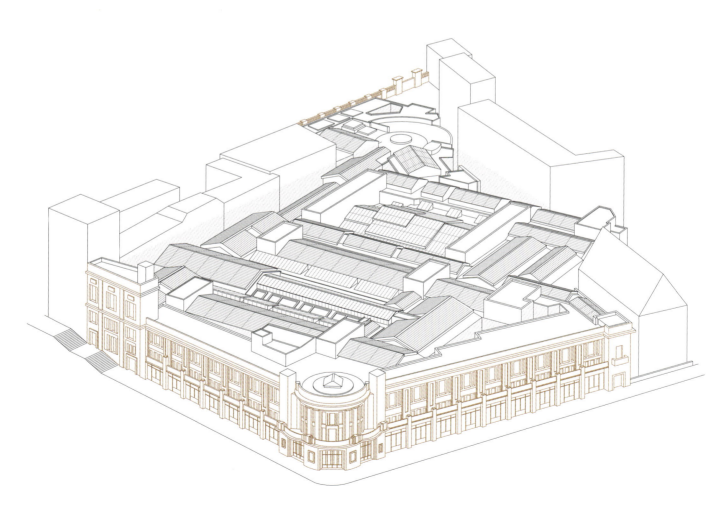

158   Centre for Fine Arts (BOZAR): a low and silent monument – Axonometry: X. Chen, C. Monfort, Y. Sidi Yakoub, 2020.

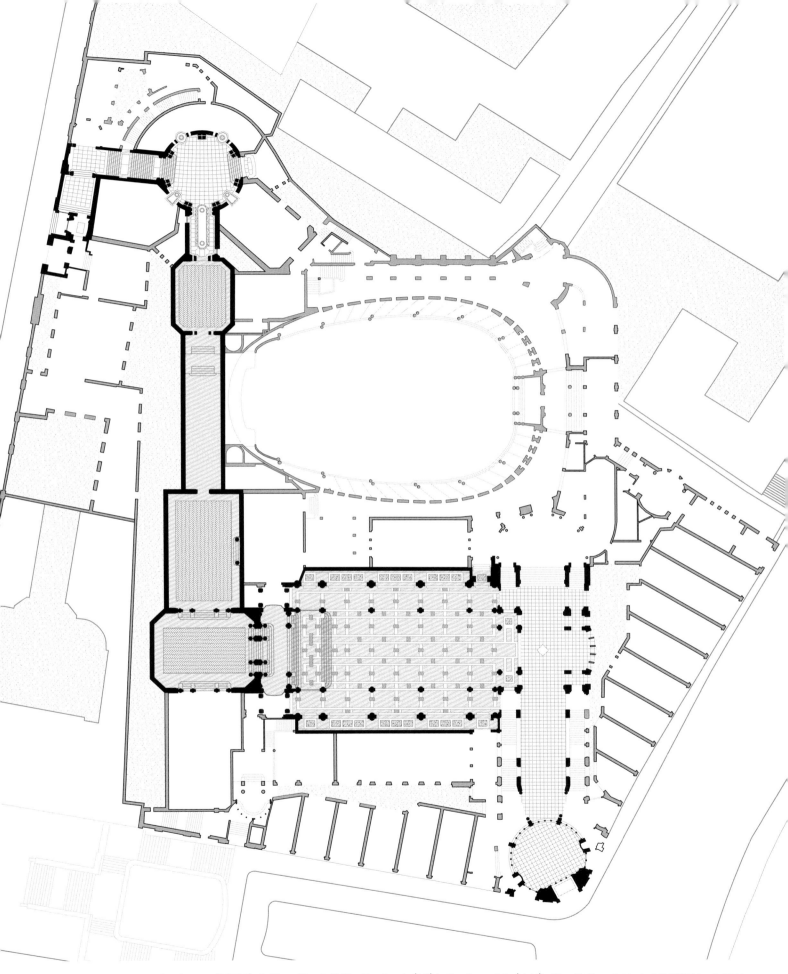

Passage through the Centre for Fine Arts (BOZAR) at different levels, linking Rue Royale (left) to Rue Ravenstein (right) – Plan: X. Chen, C. Monfort, Y. Sidi Yakoub, 2020.

MONUMENTS ET STATUES SUR LE TRACÉ ROYAL — Au-delà des messages véhiculés par les différents bâtiments institutionnels, l'ordre social, économique et politique est également scandé dans la ville par des symboles de plus petites dimensions : monuments, ornements, statuaire. Ils marquent l'espace public d'un message fort. Souvent, la portée de ce message est oubliée, parfois, au contraire, le message devient controverse et clivage, comme les récents débats autour de la statuaire de Léopold II ont pu le montrer. Si l'art issu d'une commande publique a répondu à une fonction principale relative à la commémoration d'une identité collective, il a été bien souvent rattaché à la glorification du pouvoir en place, qu'il soit d'ordre religieux, monarchique ou étatique, et majoritairement utilisé à des fins de propagande. Dès l'indépendance de la Belgique en 1830, les monuments érigés tiennent un rôle de repères patriotiques, célébrant l'identité nationale, tels que le monument aux martyrs de la Révolution de 1830 (Louis Roelandt et Guillaume Geefs), inauguré en 1838 place des Martyrs à Bruxelles, ou la statue de Godefroid de Bouillon (Eugène Simonis) érigée place Royale en 1848. Durant la seconde moitié du 19e siècle, l'art public rend compte de luttes, de victoires et d'espoirs de la jeune Nation. Dans le cadre de travaux d'assainissement, d'embellissement puis d'urbanisation de Bruxelles sous Léopold II, l'État passe de nombreuses commandes à des sculpteurs pour illustrer par une ornementation univoque la fonction des nouveaux édifices publics représentatifs du pouvoir. Des statues fleurissent également dans les parcs et au centre des places pour témoigner du progrès et honorer les «héros

MONUMENTS AND STATUES ON THE ROYAL ROUTE — Beyond the messages disseminated by the various institutional buildings, the social, economic and political order is also expressed in the city through smaller-scale symbols: monuments, ornaments and statuary. They convey a strong message in the public space. While the significance of this message often fades with time, sometimes the message becomes controversial and divisive, as recent debates surrounding the statues of Leopold II have shown. While publicly commissioned art served to commemorate a collective identity, it has generally been linked to the glorification of the power in place, whether religious, monarchical or state authorities, and has been used mainly for propaganda purposes. From Belgian independence in 1830 onwards, the monuments erected played a role as patriotic landmarks, celebrating national identity, such as the Monument to the Martyrs of the 1830 Revolution (Louis Roelandt and Guillaume Geefs), inaugurated in 1838 on Place des Martyrs, or the statue of Godfrey of Bouillon (Eugène Simonis) raised on Place Royale in 1848. In the second half of the nineteenth century, public art reflected the struggles, victories and hopes of the young nation. When the city was being cleaned up, embellished and urbanized under Leopold II, the state commissioned many sculptures to illustrate the function of the new public buildings representing power through unambiguous ornamentation. Statues also flourished in parks and in the centre of squares as signs of progress and to honour 'modern heroes': figurative, monumental and utilitarian works.

MONUMENTEN EN STANDBEELDEN OP HET KONINKLIJK TRACÉ — Behalve via institutionele gebouwen wordt de sociale, economische en politieke orde in de stad ook uitgedrukt aan de hand van symbolen zoals monumenten, ornamenten en beeldhouwwerken. Ze brengen een sterke boodschap over in de publieke ruimte. Vaak wordt de betekenis van deze boodschap vergeten, soms veroorzaakt ze controverses en twisten, zoals de recente debatten rond het standbeeld van Leopold II hebben aangetoond. Hoewel door de overheid bestelde kunst in de eerste plaats een collectieve identiteit moest herdenken, was ze vaak verbonden met de verheerlijking van de heersende macht – ongeacht of ze religieus, monarchaal of staatsgezind was – en werd ze voornamelijk voor propagandadoeleinden benut. Zodra België in 1830 onafhankelijk werd, werden monumenten opgericht als patriottische oriëntatiepunten om de nationale identiteit te vieren, zoals het Monument voor de Martelaren van de Revolutie van 1830 (Louis Roelandt en Guillaume Geefs) dat in 1838 op het Brusselse Martelarenplein werd ingehuldigd, of het standbeeld van Godfried van Bouillon (Eugène Simonis) dat in 1848 op het Koningsplein werd opgericht. In de tweede helft van de 19de eeuw weerspiegelt de openbare kunst de strijd, de overwinningen en de hoop van de jonge natie. In het kader van de sanering, verfraaiing en verstedelijking van Brussel onder Leopold II gaf de staat opdracht tot talrijke beeldhouwwerken die de functie van de nieuwe publieke gebouwen die de macht vertegenwoordigden, moesten verduidelijken door middel van eenduidige ornamenten. Er komen ook steeds meer standbeelden in parken en op pleinen

Although artistic production was stimulated by these public commissions, the location, subject matter and even materials were often determined in advance by the commissioning authority, as was the style to be adopted. At the time, only private architecture offered women artists a place in which to express themselves freely, as conventions were far too restrictive in the public space. There were some exceptions. The Palace of Human Passions by Victor Horta and Jef Lambeaux (1892–96), for example, portrays the theme of happiness and the sins of humankind. The Monument to Labour (1890–1902) heralded an age of new demands exalting the life and work of men.[22]

Today, the functions of commemoration and identity are no longer so widely shared and this type of incontrovertible assertion is no longer accepted. It has become difficult to find a common vector of celebration in a world where globalization is synonymous with multiple identities. Although this opens up the field of possibilities for artists, it makes the reception of works more complicated. Today artistic autonomy prevails, and commissioning authorities must be kept at arm's length.

Statues from Place du Petit Sablon – Hand drawing: anon., 2006.

Reshuffling the cards: the buried statue of Godfrey of Bouillon – Section: R. Radwan, M. Rebout, 2020.

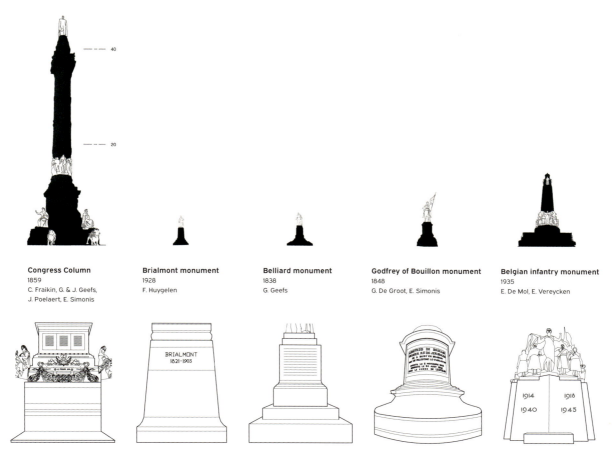

Inventory of monuments on the Royal Route – Elevations and perspectives: R. Radwan, M. Rebout, 2020.

UN RECTO ET UN VERSO — Les institutions sur le Tracé royal présentent plusieurs façades: l'une, officielle, véhicule le message de l'institution qu'elle abrite. L'autre, officieuse, a pour mission de gérer le quotidien des entrées de service, des espaces moins nobles, et de se raccorder au tissu de la ville préexistante. Elles arborent deux visages, à la manière de Janus, dieu romain des commencements et des fins, en phase avec des couples d'idées et des clés de compositions classiques: avant-arrière / endroit-envers / officiel-officieux. Les architectes conscients des effets ambivalents de leurs interventions sur la ville cherchent à mesurer, apaiser, renforcer ou qualifier ces relations.

Prenons pour exemple la place du Musée à l'arrière des Musées royaux des Beaux-Arts. Son extension, le Musée d'Art moderne, imaginée par Roger Bastin, est creusée au cœur de la place[23]. Bordant cette place, les anciens appartements de Charles de Lorraine tentent de préserver la mémoire du palais initial, mais c'est une structure totalement nouvelle qui se cache derrière les façades néoclassiques. Formant un arrière au Tracé royal, la place n'est guère animée ni par les Musées royaux, ni par la bibliothèque. Pourtant, il n'est plus question aujourd'hui d'enfermer l'art dans des musées coffres-forts et ce lieu délaissé pourrait être une opportunité pour laisser l'art percoler dans la ville. La reconnaissance de sa qualité d'arrière pourrait précisément permettre à cet espace des usages qui semblent impossibles ou incongrus sur le tracé officiel de la ville. Cette part d'ombre assumée serait alors une opportunité de garantir un dynamisme urbain.

FRONT AND BACK — The institutions on the Royal Route have several façades. The official one conveys the message of the institution it houses. The unofficial one manages the day-to-day life of the service entrances, the less noble spaces, and connects the building to the fabric of the pre-existing city. The institutions have two faces, like Janus, the Roman god of beginnings and endings, in line with pairs of ideas and classic compositional elements: front and rear, official and unofficial. Aware of the ambivalent effects of their interventions in the city, architects sought to measure, calm, reinforce or qualify these relations.

Take Place du Musée behind the Royal Museums of Fine Arts. Its extension, the Museum of Modern Art designed by Roger Bastin, was dug into the heart of the square.[23] Bordering this square, the former quarters of Charles of Lorraine attempt to preserve the memory of the original palace, but behind the neoclassical façades is a completely new structure. Lying behind a building on the Royal Route and as such forming a rear to the route, the square is enlivened neither by the Royal Museums nor by the Royal Library of Belgium. Yet it is no longer deemed necessary to lock art up in high-security museums, so this neglected place could be an opportunity to let art trickle into the city. Recognizing it as a rear could allow this space to be used in ways that seem impossible or incongruous along the city's official route. Embracing this dark side would be an opportunity to guarantee urban dynamism.

RECTO VERSO — De instellingen op het Koninklijk Tracé hebben verschillende gevels: de ene, de officiële, draagt de boodschap uit van de instelling die er is gehuisvest. De andere, officieuze, bevat de dienstingangen, de minder edele vertrekken, en moet aansluiten op het weefsel van de al bestaande stad. Zoals Janus, de Romeinse god van begin en einde, hebben instellingen twee gezichten, die sporen met gekoppelde ideeën en klassieke compositiesleutels: voor-achter/recto-verso/officieel-officieus. Architecten, die zich bewust zijn van de 'tweeslachtige' effecten van hun ingrepen op de stad, willen deze verhoudingen meten, verzachten, versterken of kwalificeren.

Neem het Museumplein achter de Koninklijke Musea voor Schone Kunsten. De uitbreiding ervan, het Museum voor Moderne Kunst, ontworpen door Roger Bastin, ligt in het hart van het plein.[23] De voormalige appartementen van Karel van Lotharingen die aan dit plein grenzen, trachten de herinnering aan het oorspronkelijke paleis te bewaren, maar achter de neoklassieke gevels gaat een nieuw bouwwerk schuil. Op het plein, dat eigenlijk aan de achterkant ligt van het Koninklijk Tracé, is er weinig wisselwerking met de Koninklijke Musea of bibliotheek. Vandaag wordt kunst echter niet meer opgesloten in veilige musea en deze onderbenutte plek biedt een kans om kunst in de stad te laten doorsijpelen. Het erkennen van zijn status als 'achterkant' zou het net mogelijk maken om deze ruimte te gebruiken op manieren die op het officiële tracé onmogelijk of ongerijmd lijken. Inspelen op deze schaduwkant zou de stedelijke dynamiek kunnen bevorderen.

Des rues également entretiennent un rapport recto-verso, comme c'est le cas des rues aux Laines et de la Régence. Ces rues ne s'adressent pas aux mêmes personnes qui pourraient ne jamais se croiser. Conséquence utilitaire ou effet désiré dans un paradoxal «non vivre ensemble» d'une ville.

Ce rapport s'exerce encore complètement différemment au Jardin botanique. Bien que l'édifice des anciennes serres lui-même, entièrement tourné vers le jardin, présente une façade avant extrêmement travaillée en comparaison du traitement de sa façade arrière, il s'implante de manière perpendiculaire au Tracé royal, ce qui a pour conséquence d'ouvrir le paysage. C'est l'un des rares endroits qui rend tangible la relation entre le haut et le bas de la ville. Ce grand espace vert révèle la topographie naturelle du site.

À sa création en 1826, le jardin construit en terrasses rassemblait une collection d'espèces de plantes indigènes et exotiques. La jeune Nation s'en empare. Plus tard, elle y rendra visible le pouvoir colonial de l'État[24]. Aujourd'hui, pris en étau dans le tissu routier du quartier nord de Bruxelles, le lieu gagnerait à se reconnecter à la ville. Alors que l'édifice a déjà connu un important changement en devenant institution culturelle, le jardin pourrait s'étendre jusqu'aux jardins Pechère de la Cité administrative et définitivement couper la circulation boulevard Saint-Lazare, donnant au paysage le rôle de mieux connecter la ville, et sa vie urbaine.

Some streets also have a front and a back, such as Rue aux Laines and Rue de la Régence. These roads are not addressed to the same people. Indeed, their users might never cross paths. This may simply be because they serve different purposes or it may be the result of a desire to 'live separately together' in the city.

This relation differs radically in the Botanical Garden. Although the actual greenhouses, which face the garden, feature an elaborate front façade by comparison with the rear façade, they were built at right angles to the Royal Route. This opened up the landscape. It is one of the few places that makes tangible the relation between the lower and upper parts of the city. This vast green space does not conceal the natural topography of the site. When it was created in 1826, the terraced garden contained a collection of native and exotic plant species, which the young nation took over. Later, the state would show off its colonial power there.[24] Today, enclosed by the road network of the city's Northern Quarter, the Botanical Garden would benefit from being reconnected to the city. While the building has already undergone an important change by becoming a cultural institution, the garden could be extended to the Pechère gardens of the Cité Administrative, cutting off the traffic on Boulevard Saint-Lazare and allowing the landscape to better connect the city and its urban life.

Ook straten hebben een recto-versorelatie, zoals de Wolstraat en Regentschapsstraat. Deze straten richten zich niet op dezelfde mensen, die misschien zelfs nooit elkaars pad kruisen. Dit is een utilitaristisch gevolg of gewenst effect van het paradoxaal 'niet samenleven' in een stad.

In de Kruidtuin komt deze relatie op een heel andere manier tot uiting. Hoewel het voormalige, volledig naar de tuin gekeerde serregebouw zelf een zeer uitgewerkte voorgevel heeft in vergelijking met de achtergevel, staat het loodrecht op het Koninklijk Tracé, zodat het landschap wordt opengetrokken. Het is een van de weinige plaatsen waar de relatie tussen boven- en benedenstad tastbaar is. Deze grote groene ruimte toont de natuurlijke topografie van het terrein. Toen de terrassentuin in 1826 werd aangelegd, bevatte hij een verzameling inheemse en exotische plantensoorten. De jonge natie neemt de tuin over en zal er later ook de koloniale macht van de staat tonen.[24] Vandaag zou de Kruidtuin, die gevangen ligt in het wegennet van de Brusselse Noordwijk, baat hebben bij een nieuwe verbinding met de stad. Terwijl het gebouw al een belangrijke verandering heeft ondergaan door een culturele instelling te worden, zou de tuin zich kunnen uitstrekken tot de Tuin van Pechère op de site van het voormalig Rijksadministratief Centrum en het verkeer op de Sint-Lazaruslaan definitief kunnen doorbreken, waardoor het landschap een betere link tussen de stad en het stedelijk leven zou mogelijk maken.

Palais de Justice
Place Poelaert

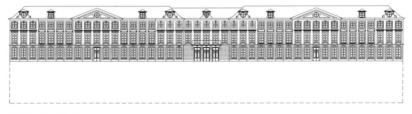

BNP Paribas Fortis
Rue Royale

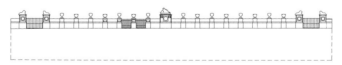

Centre of Fine Arts (BOZAR)
Rue Royale

Magritte Museum
Place Royale

Janus, or the two faces of the institution – Elevations: Y. Sidi Yakoub, I. Stefanova, 2020.

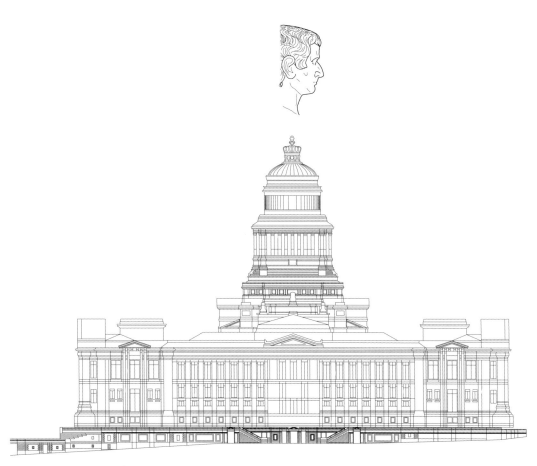

Rue de Wynants

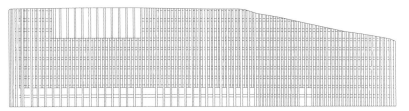

Rue Ravenstein

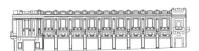

Rue Ravenstein

LES ENTRAILLES DE LA RUE ROYALE — Les transformations de la topographie naturelle de Bruxelles ont eu comme conséquence l'ensevelissement d'espaces du passé, parfois progressivement mais souvent aussi de manière radicale. C'est le cas du quartier Notre-Dame-aux-Neiges, phagocyté par le pouvoir financier et bourgeois; du quartier des Arts, accaparé par le pouvoir législatif; ou du quartier populaire des Marolles, écrasé sous le pouvoir judiciaire. Chacun de ces pouvoirs a modifié le contexte existant. Une partie du quartier Notre-Dame-aux-Neiges (qui avait déjà été complètement restructuré au 19ᵉ siècle) et des Marolles a été balayé pour construire la Cité administrative et le Palais de Justice. Leurs infrastructures souterraines, qui reprennent la pression des terres et leurs propres poids, forment un enchevêtrement de pierre, de brique et de béton. Sans arrivée de lumière naturelle, ces étages sombres servent de caves, de parkings et même de cellules pour prisonniers.

Tous ces changements ont laissé des traces et des vestiges témoins d'une vie bruxelloise passée. Parfois protégés religieusement ou accessibles seulement à quelques privilégiés, certains espaces enterrés sont aujourd'hui de belles endormies. Utilisés par les entreprises et les institutions installées dans les hôtels de Grimbergen et de Belle-Vue, les espaces de l'ancien Palais du Coudenberg qui avaient survécu servaient de cave à vin pour l'hôtel Belle-Vue au 19ᵉ siècle ou comme espaces d'archivage pour la banque Lloyd's au 20ᵉ. Parfois, ces lieux réapparaissent lors de travaux de fondation, comme la rue Isabelle[25] au moment de réaliser les terrassements pour la construction du Palais

THE BOWELS OF RUE ROYALE — The transformations of the natural topography of Brussels resulted in spaces from the past being buried, sometimes gradually but often also radically. This is the case of the Notre-Dame-aux-Neiges district, which was swallowed up by financial and bourgeois power; the Arts district, taken over by legislative power; and the working-class Marolles district, crushed by the judicial power. Each of these powers modified the existing context. Parts of the Notre-Dame-aux-Neiges district (which had already been completely restructured in the nineteenth century) and of the Marolles district were razed to build the Cité Administrative and the Palace of Justice. Their underground infrastructures, which absorb the pressure of the land and their own weight, form a tangle of stone, brick and concrete. With no natural light coming in, these dark floors were used as cellars, car parks and even prison cells.

All these changes left traces, vestiges that bear witness to a bygone Brussels life. Sometimes protected on religious grounds or accessible only to a privileged few, some of these 'entombed' spaces are today sleeping beauties. Appropriated by the companies and institutions established in the Grimbergen and Belle-Vue mansions, the surviving halls of the former Coudenberg Palace were used as a wine cellar for the Belle-Vue mansion in the nineteenth century and as archival storage spaces for Lloyd's Bank in the twentieth. Sometimes these places resurface during foundation works, such as Rue Isabelle[25] during

ONDER DE KONINGSSTRAAT — De transformaties van de natuurlijke topografie van Brussel hebben geleid tot het begraven van ruimten uit het verleden, soms geleidelijk maar vaak radicaal. Dit is het geval met de wijk Onze-Lieve-Vrouw-Ter-Sneeuw, die is opgeslokt door de financiële en burgerlijke macht; met de Kunstwijk, die is overgenomen door de wetgevende macht; en met de volkse Marollenwijk, die is verpletterd onder de rechterlijke macht. Elk van deze machten heeft de bestaande context gewijzigd. Een deel van de wijk Onze-Lieve-Vrouw-Ter-Sneeuw (die al in de 19de eeuw volledig was geherstructureerd) en de Marollenwijk werden weggevaagd voor de bouw van het Rijksadministratief Centrum en het Justitiepaleis. Hun ondergrondse infrastructuren, die gebukt gaan onder de druk van de bodem en hun eigen gewicht, vormen een kluwen van steen, baksteen en beton. Omdat er geen natuurlijk licht binnenvalt, worden deze donkere verdiepingen gebruikt als kelders, parkings en zelfs gevangeniscellen.

Al deze veranderingen hebben sporen en overblijfselen achtergelaten uit het vroegere Brussel. Sommige begraven ruimten zijn vandaag ware 'schone slaapsters', plekken die religieus beschermd of alleen toegankelijk zijn voor een bevoorrechte enkeling. De overgebleven ruimten van het voormalige Koudenbergpaleis werden gebruikt door de bedrijven en instellingen die in het Hotel Grimbergen en Hotel Bellevue waren gevestigd. In de 19de eeuw werden ze gebruikt als wijnkelder voor Hotel Bellevue en in de 20ste eeuw als archiefruimte voor de Lloyd's bank. Soms doken deze plaatsen weer op tijdens funderingswerken, zoals in

the earthworks for the construction of the Centre for Fine Arts in 1928. In the late 1990s, Place Royale was excavated on one of its four sides, revealing the remains of Coudenberg Palace and the Hoogstraeten mansion, and soundings were taken to find the remains of the *Aula Magna* banqueting hall.

The bowels of Rue Royale are full of buried treasure. Under the floor of the Vauxhall, behind Théâtre du Parc, lies a relic of World War II, the bunker of the Parliament and Senate. The crypt of the cathedral also lies concealed several metres underground. These secret spaces often house the very soul of the institution towering above them. This is the case with the vault of the current BNP Paribas Fortis bank, for example. As part of its policy of preserving its architectural heritage, the bank decided to retain this space in the new project for its headquarters. The strongroom was designed in the 1970s by Jules Wabbes, a leading Belgian post-war designer.[26] He emphasized the image of rigour and solidity by choosing noble materials such as granite from Italy for the paving and wall cladding and bronze or gilded aluminium that was applied to the ceiling in the form of fish scales. The reverent silence that reigns here gives visitors the impression that this space is no longer a vault but a shrine to a past institution.

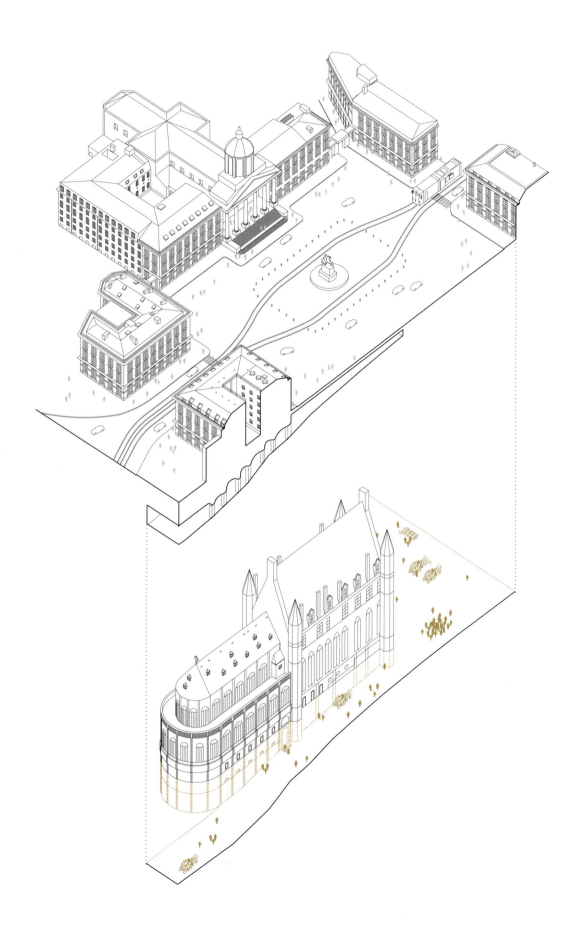

Under Place Royale, chapel of the former Coudenberg Palace and the *Aula Magna*, its large ceremonial hall on Rue Isabelle – Axonometry: M. Gorissen, S. Vardar, 2019.

The underground treasures of the Royal Route – Plan: V. Dubois, 2022.

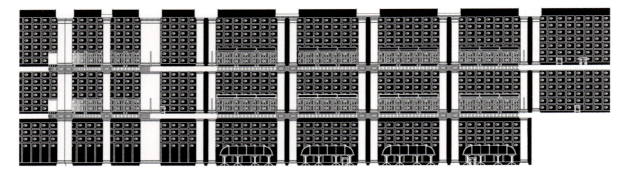

The safe deposit hall of the Société Générale de Belgique, 1922 – Section: S. Vardar, M. Levy, A. Errembault, 2020.

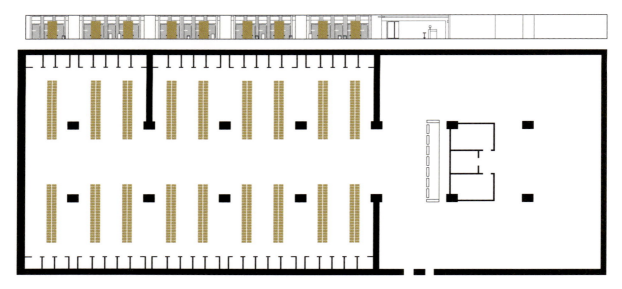

The safe deposit hall designed by Jules Wabbes, 1970 – Section and plan: S. Vardar, M. Levy, A. Errembault, 2020.

Retaining wall in Rue Isabelle during construction of the Centre for Fine Arts (BOZAR), 1911.

Construction of the metro between Parc and Gare Centrale stations during the work on the BNP Paribas Fortis headquarters at Montagne du Parc, 1969.

The safe deposit hall of the Société Générale de Belgique, 1922.

The safe deposit hall designed by Jules Wabbes, 1970 – Collage: S. Vardar, M. Levy, A. Errembault, 2020.

LES COLONNES DES INSTITUTIONS — Parmi les éléments qui fabriquent les bâtiments institutionnels, la colonne a un rôle central. Symbolique, elle nous dit qu'il s'agit d'une architecture d'exception. Fonctionnelle, elle propose des passages, des galeries ou des déambulatoires. Autant de lieux qui permettent d'accompagner, d'orienter ou de rassembler les citoyens qui abordent ces bâtiments. Structurelle, elle s'élance, tantôt filiforme, tantôt pesante, pour soutenir la couverture de grands espaces de collectivité. La colonne synthétise alors l'effort constant des constructeurs pour résister à la force de la gravité. Dans son apparente simplicité, elle revêt les trois composantes primordiales[27] de l'architecture dont parlait déjà Vitruve : symbole, fonction, structure.

Le Tracé royal est jalonné d'une forêt de colonnes, parfois organisées en groupe, parfois solitaires. Celles du Palais de justice sont les plus titanesques. Avec ses colonnades colossales, ses pilastres, et ses entablements, le palais et l'atmosphère qui y règne est digne d'une gravure de Piranèse. Cet architecte joue un rôle déterminant dans le mouvement de retour à l'antique, époque par excellence sur laquelle on s'appuie pour se légitimer. Cette recherche formelle a mené à l'élaboration du style néoclassique, extrêmement présent sur le Tracé royal.

Les colonnes orientent aussi l'espace de la ville. Le portail monumental de l'église Saint-Jacques-sur-Coudenberg et ses six colonnes corinthiennes donnent une orientation principale à la place Royale, celle de l'axe de la rue Montagne de la Cour qui la lie à l'hôtel de ville et à la

THE COLUMNS OF THE INSTITUTIONS — Among the elements that make up institutional buildings, the column has a central role. Symbolically, it asserts the exceptional nature of the architecture. Functionally, it provides passages, galleries or walkways. These are all places that accompany, orient or bring together the citizens who approach these buildings. Structurally, the column, whether slim or heavy, rises to support the covering of large community spaces. The column thus synthesizes the constant effort of builders to resist the forces of gravity. In its apparent simplicity, it embodies Vitruvius's three primordial components of architecture: symbol, function, structure.[27]

The Royal Route is lined with a large number of columns, sometimes grouped, sometimes solitary. Those of the Palace of Justice are the most titanic. With its colossal colonnades, pilasters and entablatures, the palace is permeated by an atmosphere worthy of an engraving by Piranesi. This architect played a decisive role in the movement back to antiquity, the go-to era if one is seeking to legitimize oneself. This formal research led to the development of the neoclassical style, which is ubiquitous along the Royal Route.

The columns also orient the urban space. The monumental portal of the Church of Saint-Jacques-sur-Coudenberg and its six Corinthian columns define Place Royale's main orientation, running down Rue Montagne de la Cour straight to the Grand Place and town hall below. The church's projection onto the square and its elevation by a pediment and bell

DE ZUILEN VAN DE INSTELLINGEN — Onder de elementen waaruit institutionele gebouwen zijn opgebouwd, speelt de zuil een centrale rol. Ze is symbolisch en vertelt ons dat het om uitzonderlijke architectuur gaat. Ze is functioneel en vormt doorgangen, galerijen of omgangen, stuk voor stuk plaatsen die de burgers die deze gebouwen binnenkomen kunnen begeleiden, sturen of samenbrengen. Ze is structureel en rijst rank of stevig op om grote gemeenschapsruimten te ondersteunen. De zuil vat de constante inspanningen van bouwers om de zwaartekracht te weerstaan samen. In haar schijnbare eenvoud omvat ze de drie fundamentele componenten[27] van de architectuur waar Vitruvius over sprak: symbool, functie en structuur.

Het Koninklijk Tracé is omzoomd door tal van zuilen, soms georganiseerd in groepen, soms losstaand. Die van het Justitiepaleis zijn gigantisch. Met zijn kolossale zuilengangen, pilasters en kroonwerken doet de sfeer van het gebouw denken aan een gravure van Piranesi. Deze architect speelt een beslissende rol in het teruggrijpen naar de klassieke oudheid, het tijdperk bij uitstek waarop we ons beroepen om ons te legitimeren. Zijn vormonderzoek leidde tot de ontwikkeling van de neoklassieke stijl, die zeer sterk aanwezig is op het Koninklijk Tracé.

Zuilen oriënteren ook de stedelijke ruimte. Het monumentale portaal van de Sint-Jacob-op-de-Koudenbergkerk en zijn zes Korinthische zuilen geven het Koningsplein zijn voornaamste oriëntatie, in lijn met de as van de Hofbergstraat die het verbindt met het Stadhuis en de Grote Markt eronder. Het naar voren plaatsen van de kerk op het plein en de verhoging met een fronton en een klokkentoren

tower help to mark this dominant relation. During the transformation of the Royal Palace, the same principle emphasized the central balcony bordered by a colonnade, which became the focal point of royal salutes. The neoclassical façade of the Palais de la Nation shares these same codes.

Beyond this symbolic support, the columns organize the space. The columns of the Horta Hall at the Centre for Fine Arts or of the Botanical Garden, before it was compartmentalized, make it possible to juxtapose places in which to gather and places in which to stroll. Without a clear separation, the layout naturally directs the uses.

Through systematic repetition, the columns can also express a form of neutrality shared by many buildings in the vicinity of the route: the National Bank, the Central Station, the Royal Library. It is no coincidence that the new BNP Paribas Fortis office building has retained the same vertical movement in an attempt to integrate itself.

Some solitary columns become landmarks, like the Congress Column.[28] Recently, Bas Smets erected a stone obelisk in the Tour & Taxis park. Still relying on forms of the past and their powerful influence on the collective imagination, the message becomes more universal, as the stone is no longer stamped with Belgian law but with the Universal Declaration of Human Rights.

1. **Le Botanique Cultural Centre**
   Former greenhouses of the Royal Horticultural Society of the Netherlands
   Rue Royale 236–236a
   1826–99 (six phases); P.-F. Gineste,
   J.-B. Meeûs, C.-H. Petersem, T.-F. Suys

2. **Vauxhall**
   Rue de la Loi 3–5 / Parc de Bruxelles
   1782; L. Montoyer

3. **Galerie Ravenstein**
   Rue Ravenstein 6–24
   1954–58; A. Dumont, Ph. Dumont

4. **Centre for Fine Arts (BOZAR)**
   Rue Ravenstein 5–23 / Rue Royale 6 / Rue Baron Horta 1–9
   1922–29; V. Horta

5. **Royal Museums of Fine Arts of Belgium**
   Established in 1803 in a building of the Old Court
   Rue de la Régence 3–5 / Place du Musée /
   Rue du Musée / Place Royale
   1874–80; A. Balat

6. **Church of Saint-Jacques-sur-Coudenberg**
   Place Royale / Impasse du Borgendael 1
   1776–87; J.-B.-V. Barré, B. Guimard, L. Montoyer, T.-F. Suys.

7. **BNP Paribas Fortis HQ**
   Former Société Générale de Belgique
   Rue Royale 20–40 / Rue Baron Horta / Rue Ravenstein /
   Rue des Douze Apôtres / Rue Montagne du Parc 3
   2017–22; Baumschlager Eberle Architekten,
   Styfhals & Partners, Jaspers-Eyers Architects

8. **Cité Administrative de l'État**
   Rue Royale / Boulevard Pacheco 11
   1958–83; S. Jasinski, M. Lambrichs, H. Van Kuyck,
   R. Pechère, G. Riquier, Groupe Alpha

9. **Palace of Justice**
   Place Poelaert 1
   1866–83; J. Poelaert

10. **Church of Our Lady of the Sablon**
    Rue de la Régence / Place du Grand Sablon
    15th century; L. Faydherbe

11. **Congress Column**
    Congress Square / Former Place des Panoramas
    1850–59; J. Poelaert

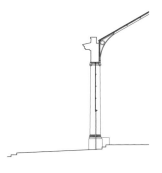

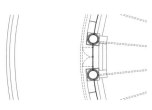

1.

2.

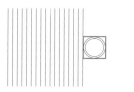

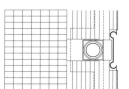

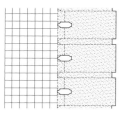

5.

6.

7.

Plans and sections: É. Bechet, C. Vandernoot, 2022.

0 5m

L'ÉVOLUTION DES INSTITUTIONS
VERS UNE HYBRIDATION

EVOLVING INSTITUTIONS
TOWARDS HYBRIDIZATION

Dietmar Eberle

DE EVOLUTIE VAN DE INSTELLINGEN
NAAR HYBRIDISERING

The city is undoubtedly Europe's most significant contribution to the past and future of the planet. As the climate crisis intensifies, it is essential to think differently about the future of our cities, to take into account their complexity, their inclusiveness and the real needs of citizens. With this in mind, architects must not only develop new spaces but also explore the future uses that the existing built heritage can accommodate and raise awareness of these issues among institutions.

This approach, which we could call hybridization, has a dual origin, both economic and social, in the search for reduced energy consumption and increased levels of comfort and satisfaction of the people at whom architectural and urban studies are aimed. For architects, hybridization is at once a method and an attitude. Concentrated urban planning, high density and compact buildings are the *sine qua non* of resource-efficient management. Nevertheless, in order to be fully effective, these measures must be adapted not only to the regional context but also to local practices and cultures. At the heart of these concepts is the city of short supply chains founded on active communities with clear social objectives, the basis for a developed democratic society. What distinguishes the individuals who make up these communities from those of past centuries? Individuals today can in principle choose where they live. They are mobile and, in some ways, more independent. By contrast, in the past men and women were assigned their place and rank in the local hierarchy by secular and clerical institutions.

passé s'est vu attribuer, par les institutions profanes et cléricales, sa place et son rang dans la hiérarchie locale.

La propension d'un bâtiment à transmettre une hiérarchie et à produire une lisibilité socioculturelle peut être très efficace, encore aujourd'hui. Un des exemples les plus intéressants de détermination d'espaces ayant des implications sur les relations sociales est le pavillon de chasse Palazzina de Stupinigi, de Filippo Juvarra, situé près de Turin et datant du Baroque tardif. Ce que l'on désigne modestement comme « palazzina » est en réalité un vaste ensemble comprenant ledit château et plusieurs bâtiments agencés en forme de cercle destinés aux domestiques des ducs de Savoie d'un rang social plus modeste. Le palazzina fonctionne en lui-même comme une petite ville baroque, dont l'ordre spatial et architectural reflète les hiérarchies sociales. Ainsi, par exemple, un crépi clair marque les ailes d'habitation des classes supérieures, alors que les bâtiments des rangs inférieurs sont dépourvus de crépi et laissent apparaître une brique rouge qui contraste avec le reste du château et le paysage verdoyant environnant.

S'occuper de « l'avenir du passé » ou préserver ce qui préexiste, ainsi que tisser des liens entre influences locales et globales sont aujourd'hui des défis importants pour l'architecture, et en particulier lorsqu'il s'agit d'envisager le présent et l'avenir de nos sociétés humaines, caractérisées par une versatilité croissante. À cet égard, l'usage de plans et d'espaces neutres du point de vue fonctionnel est une attitude qui mérite d'être réinvestie dans la production architecturale actuelle. De nombreux cloîtres, casernes mais aussi les immeubles de logement en Europe sont très

The propensity of a building to convey a hierarchy and produce sociocultural legibility can be highly effective, even today. One of the most interesting examples of spatial determination with implications for social relations is Filippo Juvarra's Palazzina di Stupinigi, a late baroque hunting lodge near Turin. What is unassumingly referred to as a 'palazzina' is actually a vast complex comprising the castle itself and several buildings arranged in a circle and intended for the servants (of a more modest social rank) of the Dukes of Savoy. The palazzina itself functions as a small baroque town whose spatial and architectural order reflects social hierarchies. For example, light-coloured plaster covers the residential wings of the upper classes, while the buildings of the lower classes are unplastered, revealing a red brick that contrasts with the rest of the castle and the surrounding green landscape.

Dealing with 'the future of the past', preserving what already exists and weaving together local and global influences are all important challenges for architecture today, especially when we consider the present and future of our increasingly versatile human societies. In this respect, the use of functionally neutral plans and spaces is an attitude that deserves to be rediscovered in the architecture produced today. Many convents and barracks are highly effective in this respect, as are the old residential buildings of European cities. The convents, which are the witnesses and marks of ancient institutions, have seen their function change over time. These buildings are often based on simple, recurrent construction principles:

De neiging van een gebouw om een hiërarchie op te leggen en te zorgen voor een sociaal-culturele leesbaarheid kan ook vandaag nog zeer doeltreffend zijn. Een van de interessantste voorbeelden van de toewijzing van ruimten volgens de sociale verhoudingen is het jachtslot Palazzina de Stupinigi van Filippo Juvarra, in de buurt van Turijn, dat dateert uit de late barok. Wat in alle bescheidenheid een 'palazzina' wordt genoemd, is in feite een uitgestrekt complex dat het kasteel zelf omvat en verschillende gebouwen die in een cirkel zijn opgesteld voor de bedienden van de hertogen van Savoye, die van een bescheidener sociale rang waren. De palazzina zelf functioneert als een kleine barokke stad, waarvan de ruimtelijke en architectonische orde de sociale hiërarchieën weerspiegelt. Zo zijn de woonvleugels van de hogere klassen bekleed met lichte bepleistering, terwijl de gebouwen van de lagere klassen niet bepleisterd zijn en rode baksteen laten zien die contrasteert met de rest van het kasteel en het omringende groene landschap.

Zorgen voor de 'toekomst van het verleden' of het behoud van het bestaande, en het verweven van lokale met mondiale invloeden, zijn belangrijke uitdagingen voor de architectuur van vandaag, vooral wanneer we het heden en de toekomst van onze steeds veelzijdiger wordende samenlevingen in het verhaal betrekken. In dit opzicht is het gebruik van functioneel neutrale plannen en ruimten een houding die in de huidige architectuurproductie opnieuw een plek verdient. Veel kloosters, kazernes, maar ook oude woongebouwen in Europese steden zijn op dit gebied zeer performant. De kloosters, die duidelijk de

performants de ce point de vue. Les premiers, qui sont clairement les témoins et la marque d'institutions anciennes, ont pu voir leur affectation évoluer. Souvent, ces édifices reposent sur des principes constructifs simples et récurrents : des murs porteurs extérieurs et des noyaux de circulation intérieurs. Ces principes permettent des espaces intérieurs extrêmement flexibles qui ont pu s'adapter aux changements fonctionnels nécessaires dans le temps. Le siècle des Lumières a vu les cloîtres se transformer en casernes ou encore en auberges ; la révolution industrielle les a reconvertis en fabriques et ateliers. Au Portugal ou en Espagne, de nombreux châteaux et monastères ont également été transformés. Regroupés sous les termes de *pousada* ou de *paradores*, ils sont utilisés depuis plus de cent ans comme hôtels de prestige. On citera en exemples les reconversions du couvent de Santa Maria do Bouro, à Amares au Portugal, celles, en Espagne, du couvent San Marcos, à León, du monastère de Santo Estevo de Rivas de Sil, à Orence en Galice, et, dans la province de Guadalajara, du Parador de Sigüenza, imposant château médiéval bâti sur une casbah arabe et un établissement romain, dans lesquels il est possible de passer une nuit aujourd'hui.

L'exemple de la mutation de l'ancien *Ospedale Maggiore* de Milan illustre également parfaitement à quel point certains édifices sont capables d'accompagner les transformations majeures de la société. Achevé en 1499, réalisé d'après un projet d'Antonio di Pietro Averlino appelé Filarète, le complexe hospitalier présente la structure claire d'un îlot urbain organisé autour de neuf cours. Grâce à cette disposition simple et flexible, la fonction du projet a pu évoluer et

external load-bearing walls and internal circulation cores. These principles make possible highly flexible interior spaces that have been able to adapt to necessary functional changes over time. During the Enlightenment, convents were transformed into barracks and inns; during the industrial revolution, they were converted back into factories and workshops. In Spain and Portugal, many castles and monasteries were also transformed. Grouped under the term *pousada* or *paradores*, they have been used for more than a century as prestigious

Palazzina di Caccia Stupinigi (Hunting residence of Stupinigi), Filippo Juvarra, 1729.

getuigen en merkstenen zijn van oude instellingen, hebben hun gebruik door de jaren heen zien veranderen. Vaak zijn deze gebouwen gebaseerd op eenvoudige en steeds terugkerende constructieprincipes: dragende buitenmuren en interne circulatiekernen. Deze principes maken uiterst flexibele binnenruimten mogelijk die zich in de loop der tijd hebben kunnen aanpassen aan noodzakelijke functionele veranderingen. Tijdens de Verlichting werden kloosters omgevormd tot kazernes of herbergen. De industriële revolutie veranderde ze in fabrieken en werkplaatsen. Ook in Portugal en Spanje zijn tal van kastelen en kloosters omgebouwd. Gegroepeerd onder de term *pousada* of *paradores*, worden ze al meer dan honderd jaar gebruikt als prestigieuze hotels. Voorbeelden hiervan zijn de reconversie van het klooster Santa Maria do Bouro in het Portugese Amares of de kloosters van León en Santo Estevo de Ribas de Sol in Spanje, of de Parador de Sigüenza, een imposant middeleeuws kasteel gebouwd op een Arabische kashba en een Romeinse nederzetting, waar men nu de nacht kan doorbrengen.

Ook de transformatie van het oude Ospedale Maggiore in Milaan illustreert perfect hoe bepaalde gebouwen zich kunnen aanpassen aan grote veranderingen in de samenleving. Het ziekenhuiscomplex, dat in 1499 werd voltooid naar een ontwerp van Antonio di Pietro Averlino, beter bekend als Filarete, heeft de duidelijke structuur van een stedelijk blok, georganiseerd rond negen binnenplaatsen. Dankzij deze eenvoudige en flexibele schikking kon de functie van het project evolueren en huisvest het nu de universiteit van Milaan. Hoewel de structuur van het

hotels. In Portugal, for instance, there is the conversion of the Convento de Santa Maria do Bouro in Braga, while in Spain examples include the Convento de San Marcos in León, the Monasterio de Santo Estevo de Ribas del Sil in Ourense and, in the province of Guadalajara, the Parador de Sigüenza, an imposing medieval castle built on an Arab kasbah and a Roman settlement.

The transformation of the former Ospedale Maggiore in Milan is also a perfect example of the extent to which certain buildings are suited to accompany major social transformations. Based on a design by Antonio di Pietro Averlino, who was known as Filarete, and completed in 1499, the hospital complex has the clear structure of an urban block organized around nine courtyards. Thanks to this simple and flexible layout, the complex was able to change function. It now houses the University of Milan. Although the structure of the former hospital does not have an assigned function per se, it nevertheless conveys a sublime symbolism through its spatial form and the courtyards organized in the shape of a cross by the connecting wings. The former hospital has therefore been in use for more than 500 years. It is a spectacular illustration of how institutions can survive in the long term thanks to such a basic structural principle as 'Fassade – Kern' (façade – core).

This structural principle is the basis for functional neutrality and should be implemented more widely in contemporary constructions. In order to ensure the greatest possible number

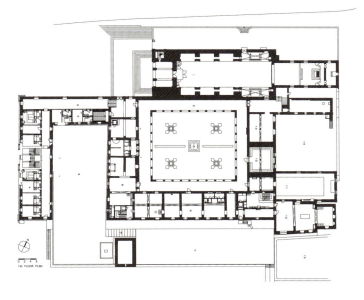

Conversion of the Convent of Santa Maria into a *pousada* in Braga,
Eduardo Souto de Moura with Humberto Vieira, 1989–97 – Plan: Arch. Souto Moura's Studio.

Left: Convent of Santa Maria in Braga, n.d. Right: Conversion of the Convent of Santa Maria into a *pousada* in Braga, Eduardo Souto de Moura with Humberto Vieira, 1997 – Photo: D. Malagamba.

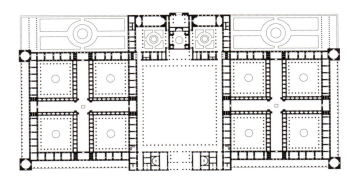

La Ca' Granda, all'epoca sede dell'Ospedale Maggiore di Milano, known as the
Policlinico of Milan (University Hospital Centre) – Drawing: G. Sepulchre, 2022.

approche d'un projet est d'importance pour l'ensemble de la société, non seulement sur le plan économique, mais aussi du point de vue énergétique, les travaux de transformations et de réutilisations étant nettement moins gourmands en énergie que la construction neuve.

Le projet Solids IJburg à Amsterdam nous a permis d'expérimenter jusqu'à quel point il est possible de pousser la neutralité fonctionnelle. C'est la première construction en Europe qui se soustrait à toute catégorie d'utilisation, ce qui était délicat du point de vue du droit immobilier, mais révolutionnaire du point de vue typologique. L'immeuble rassemble des habitations, des bureaux, des cabinets médicaux et même un hôtel. En substance, il s'agit donc de savoir ce que l'on fait de l'espace disponible. Le maître d'ouvrage, Stadgenoot, l'une des plus grandes sociétés de construction de logements d'Amsterdam, se donne comme mission de « viser avec passion la qualité pour tous dans une ville qui vous séduira ». Cette ambition a trouvé son expression dans le programme global de Solids IJburg. Le nom du projet en dit long : Solids est le cœur d'une nouvelle zone de développement urbain, orientée tant techniquement qu'esthétiquement sur la durabilité. Le morceau de ville nouvellement créé offre aux habitants une identité, une homogénéité et une lisibilité nouvelles. À ce titre, l'architecture s'inscrit dans la continuité historique d'Amsterdam. Solids IJburg reflète le langage des bâtiments commerçants traditionnels par ses arcades classiques tout en proposant des espaces intérieurs innovants et contemporains.

Le projet Solids illustre un changement d'attitude des institutions à l'égard de la construction et de l'architecture

of uses for a building, a systematic separation must be made between the building's primary structure (supporting framework), secondary structure (technical equipment) and tertiary structure (partitions). The height of the rooms should also be conceived in such a way that a change of use can occur smoothly. It is also essential to reduce structural prowess and to concentrate the building's services as much as possible in the circulation areas. The same goes for the choice of grid that organizes the layout of windows in the façade. The aim of all these design strategies is to ensure the optimal use of the various spaces, whether in large or small structures.

Functional neutrality makes it possible to adapt to changes in the functioning not only of public institutions but also of institutions in the private sector. After all, nothing is more ephemeral than a building's purpose. This approach is important for society as a whole, not only economically but also from an energy point of view, conversions and reuses being much more energy-efficient than new constructions.

The Solids IJburg project in Amsterdam enabled us to experiment with functional neutrality and to see how far it can be pushed. It is the first construction in Europe that does not have a use category, which was tricky from the perspective of property law, but revolutionary from a typological viewpoint. The building combines housing, offices, medical facilities and even a hotel. In essence, it is a question of deciding what to do with the available space.

als geheel, niet alleen in economisch opzicht, maar ook uit energie-oogpunt, aangezien verbouwen en hergebruiken veel minder energie-intensief is dan nieuwbouw.

Het project Solids IJburg in Amsterdam liet ons toe te experimenteren en te zien hoe ver functionele neutraliteit kan worden doorgedreven. Het is het eerste gebouw in Europa zonder vastgestelde bestemming, wat moeilijk was op het vlak van vastgoedrecht, maar revolutionair vanuit typologisch oogpunt. Het gebouw omvat woningen, kantoren, dokterspraktijken en zelfs een hotel. In wezen gaat het erom te weten wat er wordt gedaan met de beschikbare ruimte. De opdrachtgever, Stadgenoot, een van de grootste woningcorporaties van Amsterdam, stelt zich tot taak "met passie [te] werken aan kwaliteit voor iedereen, in een stad om van te houden". Deze ambitie kreeg gestalte in het algemene programma van Solids IJburg. De naam van het project zegt het al: Solids is het hart van een nieuw stedelijk ontwikkelingsgebied, technisch en esthetisch gericht op duurzaamheid. Het nieuw gecreëerde stukje stad biedt de inwoners een nieuwe identiteit, homogeniteit en leesbaarheid. De architectuur sluit daarmee aan bij de historische continuïteit van Amsterdam. Solids IJburg weerspiegelt de taal van traditionele handelsgebouwen met zijn klassieke arcades, terwijl het tegelijkertijd innovatieve en eigentijdse binnenruimten biedt.

Het Solids-project illustreert een veranderde houding van de instellingen met betrekking tot de bouwsector en de architectuur als actoren binnen de stedelijke ontwikkeling. Deze wijziging is belangrijk op lokaal niveau, maar weerspiegelt ook een opkomende consensus over hoe de wereldwijde

en tant qu'acteurs du développement urbain. Si ce changement est important au niveau local, il témoigne également de l'émergence d'un consensus sur la manière d'aborder la crise climatique mondiale. Stadgenoot a en effet reconnu la contribution essentielle de l'architecture à la durabilité et à la gestion de ressources qui s'amenuisent. La durabilité peut être atteinte de différentes manières. Cependant, elle repose principalement sur plusieurs éléments: la composition urbaine, la neutralité fonctionnelle ainsi que la valeur et l'origine des matériaux utilisés.

Aujourd'hui, il n'est guère possible d'évoquer l'hybridation de l'architecture sans évoquer les matériaux de construction. Chaque matériau a des qualités intrinsèques, menant à des usages particuliers mais parfois limitatifs. Ainsi, une dalle de béton dans sa forme la plus pure est efficace en terme structurel mais pas acoustique. C'est généralement le mélange de matériaux qui permet de combiner leurs différentes qualités et donc d'optimiser leur utilisation. La durabilité et la disponibilité des matériaux sont tout aussi importantes lors de leur choix. Enduire des murs et des façades avec ce qui pourrait être des déchets dangereux pour les générations futures est tout aussi insensé que de transporter des matériaux sur des milliers de kilomètres. Ces deux démarches se font au détriment des dépenses en énergie grise qui sont souvent sous-estimées.

En parlant de matériaux, la ville, les institutions et l'architecture sont les maillons d'une même chaîne qui est soumise à un processus de mutation constante. L'hybridation des bâtiments et des matériaux, la mixité des usages en architecture comme en urbanisme vont dans la bonne direction.

The client, Stadgenoot, one of Amsterdam's largest housing corporations, has set itself the ambitious task of 'aiming for quality for all in a city that will win you over'. This aspiration has found expression in the overall Solids IJburg programme. The name of the project says it all: Solids is the heart of a new urban development area that is focused both technically and aesthetically on sustainability. The newly created district offers inhabitants a fresh identity, homogeneity and legibility. As such, the architecture is in line with Amsterdam's historical continuity. With its classical arcades, Solids IJburg reflects the language of traditional commercial buildings while also offering innovative and contemporary interior spaces.

The Solids project illustrates a shift in institutional attitudes towards construction and architecture as actors of urban development. While this change is important at the local level, it also reflects an emerging consensus on how to address the global climate crisis. Indeed, Stadgenoot has recognized architecture's essential contribution to sustainability

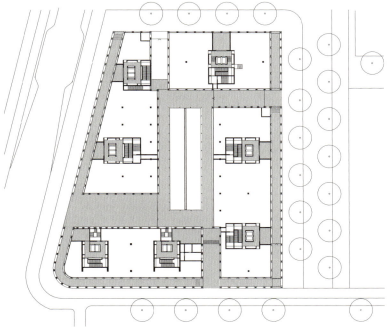

Solids IJburg in Amsterdam, 2005–11 – Plan: Baumschlager Eberle Architekten.

Aujourd'hui, la réaffectation d'anciens bâtiments prend également une place importante dans les transformations urbaines et les débats publics. Un exemple réalisé par notre agence est la transformation de l'ancien siège de Peugeot-Citroën, avenue de la Grande Armée dans le centre de Paris, avec son impressionnante salle d'exposition de 110 mètres de long, réalisée par les architectes Louis, Luc et Thierry Sainsaulieu entre 1964 et 1966. Il s'agissait ici de prolonger le geste architectural fort existant, tout en intégrant de nouveaux postes de travail et en assurant le traitement des matériaux de démolition. La structure en béton existante constitue la base d'un système innovant de fenêtres côté rue, conférant au projet un rythme, une plasticité et un ordre structurel qui lui sont propres. Le résultat est une physionomie marquante qui s'intègre et perpétue la verticalité de la ville haussmannienne. Toutes ces interventions s'appuient sur les qualités préexistantes du bâtiment qui portait donc déjà en lui sa capacité d'évolution. La réutilisation des matériaux de construction existants a été mise en œuvre à grande échelle. Au total, 81 tonnes d'anciens matériaux de construction ont pu être réutilisés dans le nouveau bâtiment. Ce travail a mis en évidence une problématique dont il faudra tenir compte à l'avenir : la séparabilité des matériaux pour permettre une réutilisation de chacun moyennant une faible consommation d'énergie. Ainsi dans une mise en œuvre qui s'appuie sur un modernisme tardif, l'ancien siège de Peugeot-Citroën véhicule des valeurs de prestige propres à l'institution tout en permettant une capacité d'évolution pour ses usagers futurs.

and the management of dwindling resources. Sustainability can be achieved in many ways. However, it is mainly based on a number of elements: urban composition, functional neutrality, and the value and origin of the materials used.

Today, it is hardly possible to talk about the hybridization of architecture without mentioning building materials. Each material has intrinsic qualities, leading to specific but sometimes restrictive uses. For example, a concrete slab in its purest form is efficient in structural but not acoustic terms. It is usually the mix of materials that makes it possible to combine their distinct qualities and therefore to optimize their use. Durability and availability are equally important when choosing materials. Coating walls and façades with what could be hazardous waste for future generations is just as senseless as transporting materials over thousands of kilometres. Both of these approaches are to the detriment of grey energy costs, which are often underestimated.

Speaking of materials, the city, institutions and architecture are all links in one and the same chain, a chain that is subject to a process of constant change. The hybridization of buildings and materials and the mix of uses in architecture and in urban planning are steps in the right direction.

Today, the repurposing of old buildings is also becoming an important part of urban transformation and public debate. One example carried out by our office is the conversion

klimaatcrisis moet worden aangepakt. Stadgenoot erkent immers de essentiële bijdrage van architectuur aan duurzaamheid en het beheer van de slinkende hulpbronnen. Duurzaamheid kan op verschillende manieren worden bereikt. Ze is echter vooral gebaseerd op verschillende elementen: de stedelijke vormgeving, de functionele neutraliteit en de waarde en herkomst van de gebruikte materialen.

Vandaag is het nauwelijks mogelijk om het over de hybridisering van architectuur te hebben zonder bouwmaterialen aan te halen. Elk materiaal heeft intrinsieke kwaliteiten die leiden tot bijzondere, maar soms beperkende toepassingen. Zo is een betonplaat in zijn zuiverste vorm structureel efficiënt maar akoestisch niet. Het is meestal de mix van materialen die het mogelijk maakt de verschillende kwaliteiten te combineren en zo hun gebruik te optimaliseren. Duurzaamheid en beschikbaarheid van materialen zijn even belangrijk bij de keuze van materialen. Het bekleden van muren en gevels met wat voor toekomstige generaties gevaarlijk afval zou kunnen zijn, is net zo zinloos als het gebruik van materialen die duizenden kilometers hebben moeten afleggen. Beide benaderingen gaan ten koste van grijze energie, die vaak wordt onderschat.

Wat materialen betreft, maken de stad, instellingen en architectuur allemaal deel uit van dezelfde keten die onderhevig is aan een proces van voortdurende verandering. Hybridisering van gebouwen en materialen en gemengd gebruik in architectuur en stedenbouw gaan in de goede richting.

Vandaag krijgt het herbestemmen van oude gebouwen ook een belangrijke plaats in de stedelijke transformatie

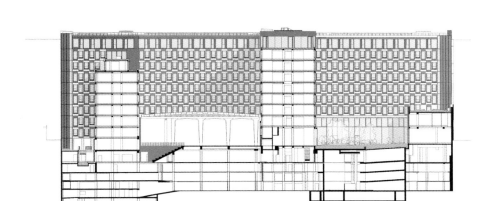

Grande Armée, complex renovation of the former Peugeot-Citroën headquarters in Paris, 2017–22 – Section: Baumschlager Eberle Architekten.

of the former Peugeot-Citroën headquarters on Avenue de la Grande Armée in the centre of Paris. The building, which features an impressive 110-metre-long showroom, was designed by the architects Louis, Luc and Thierry Sainsaulieu between 1964 and 1966. The aim here was to build on the strong existing architectural gesture while integrating new workstations and ensuring the correct treatment (reuse) of demolition materials. The existing concrete structure formed the basis for an innovative system of windows on the street side, giving the project its own rhythm, design and structural order. The result is a striking appearance that integrates into the verticality of the Haussmannian city while perpetuating it at the same time. All these interventions are based on the pre-existing qualities of the building, which therefore already possessed its own evolutionary capacity. The reuse of existing building materials was implemented on a large scale. In total, eighty-one tons of old building materials were reused in the new construction. This process highlighted an issue that must be taken into account in the future: materials must be made separable so that the levels of energy consumption involved in the reuse of each one can be kept low. Thus, following a transformation inspired by late modernism, the former Peugeot-Citroën headquarters conveys the prestige values of the institution while having the capacity to evolve for its future users.

Prestige always goes hand in hand with power. State institutions have been asserting and claiming this power through their buildings for centuries, mainly in urban centres or

at strategic military locations. We need only think of where the two new barracks were established in Vienna after the 1848 revolution. Whether military or civilian, these buildings represent this power through their architecture and their location in the city.

In advanced democracies, a paradigm shift is under way in this regard. At best, states and their institutions see themselves as service providers funded by emancipated and responsible citizens. Their messages and urban presence are evolving accordingly. The role of public institutions, however, is not only being updated in terms of representation and identity. It also extends to public space and its use by the private sector and overlapping state institutions. This is a new challenge for private companies and the state, which are once more going to have to fall in step with one another.

Digitization has meant that many public institutions are consolidating their locations for economic and logistical reasons. This is what happened in Bülach, in the canton of Zurich in Switzerland, where our office designed a council office building, a *Stadthaus*. The case of Bülach is not isolated. In Belgium, Germany and elsewhere in Europe, community centres are being established or reinvented. Dedicated to citizens, they constitute a place for the community where all sorts of activities fill the week.

Bülach wanted a building that would not only house institutional services but also act as an identifier for its inhabitants. For the designers, identification means offering a spectrum

← Grande Armée, complex renovation of the former Peugeot-Citroën headquarters in Paris, 2017–22

pas seulement des services institutionnels, mais qui pourrait aussi contribuer à créer un signe d'identification pour ses habitants. Pour les concepteurs, identification signifie offrir un spectre de valeurs adapté à la culture régionale. Le bâtiment fonctionne comme un centre de services de la commune, doté d'une architecture adaptée à la vie quotidienne et d'une haute qualité fonctionnelle pour les citoyens. Les différents niveaux sont agencés autour d'un patio central qui donne une impression généreuse de l'espace. La structure compacte offre une neutralité fonctionnelle grâce à la combinaison de façades et de noyaux porteurs. Avec son architecture calme et discrète, la maison fonctionne comme un point de repère dans l'espace urbain, orienté sur le présent et l'avenir. Sa forme donne une impression de stabilité et sa structure neutre permet des adaptations aux évolutions futures de la société. Le volume compact est peu coûteux et, par son apparence, le bâtiment exprime la dignité qui revient à toute entité publique.

Cette combinaison de méthodologie, d'attitude, de valeurs et de leur mise en œuvre doit pouvoir produire des projets d'une grande disponibilité en termes de fonctionnalité et d'un aspect formel simple mais identifiable. On assiste donc, même dans le cadre de petites communes comme Bülach, à une évolution des valeurs et des exigences d'utilisation. C'est une chance, car tous ces critères pourraient aider à réduire la crise climatique actuelle. L'adaptabilité assurée par une neutralité fonctionnelle ou l'hybridation des fonctions permises par des institutions ou des entreprises éclairées sont des moyens de répondre aux défis sociétaux que l'architecture peut assurément prendre en main.

of values adapted to the regional culture. The building functions as a service centre for the municipality, the architecture being adapted to daily life and with a high functional quality for the citizens. The different levels are organized around a central patio that gives off a generous impression of space. The compact structure offers functional neutrality through the combination of both load-bearing cores and load-bearing façades. With its quiet, unobtrusive architecture, the centre functions as a landmark in the urban space, one that looks to the present and the future. Its design gives an impression of stability and its neutral structure allows for adaptations to future developments in society. The compact volume is inexpensive and the building's appearance conveys the dignity that is due to every public entity.

This combination of methodology, attitude and values as well as their implementation must be able to bring about projects with a high degree of functional availability and a simple but identifiable formal appearance. This means that even in small communities like Bülach we are witnessing a shift in values and requirements for use. This is a good thing, as all these criteria could help to mitigate the current climate crisis. The adaptability ensured through functional neutrality or the hybridization of functions authorized by enlightened institutions and companies are ways of responding to societal challenges that architecture can certainly take on.

tot de creatie van een identiteit voor de bewoners. Voor ontwerpers betekent identificatie het aanbieden van een spectrum van waarden die aan de regionale cultuur zijn aangepast. Het gebouw fungeert als dienstencentrum van de gemeente, met een architectuur die is aangepast aan het dagelijkse leven en met een hoge functionele kwaliteit voor de burgers. De verschillende verdiepingen liggen rond een centrale patio die voor een ruim gevoel zorgt. De compacte structuur biedt functionele neutraliteit door de combinatie van dragende kernen en dragende gevels. Met zijn rustige en onopvallende architectuur fungeert het gebouw als een herkenningspunt in het stadsweefsel. Het is een ijkpunt gericht naar het heden en de toekomst. Zijn vorm geeft een indruk van stabiliteit en zijn neutrale structuur laat aanpassingen aan toekomstige ontwikkelingen in de samenleving toe. Het compacte volume is niet overdreven duur en het uiterlijk van het gebouw geeft uitdrukking aan de waardigheid die aan elke publieke instelling toekomt.

Deze combinatie van methodologie, attitude, waarden en de uitvoering daarvan moet projecten kunnen opleveren met een hoge mate van functionele beschikbaarheid en een eenvoudige maar herkenbare formele uitstraling. Dit betekent dat, zelfs in kleine gemeenschappen zoals Bülach, de waarden en gebruiksvereisten veranderen. En maar goed ook, want al deze criteria kunnen helpen de huidige klimaatcrisis te milderen. Het aanpassingsvermogen van gebouwen door functionele neutraliteit of de hybridisering van functies wanneer ze door verlichte instellingen of bedrijven wordt toegestaan, zijn manieren waarop architectuur een antwoord kan bieden op de maatschappelijke uitdagingen.

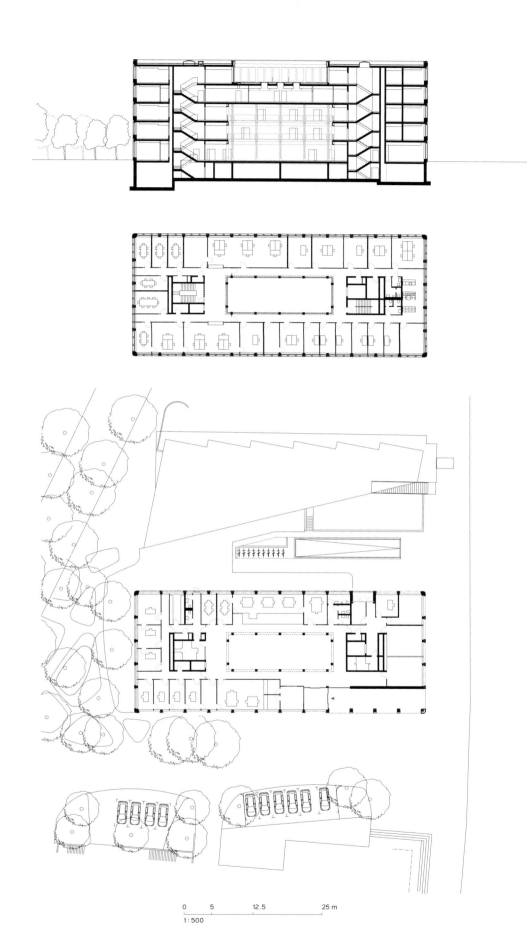

Council office building in Bülach, 2017–21 – Section, first floor plan and ground floor plan: Baumschlager Eberle Architekten.

GLISSEMENT INSTITUTIONNEL
FIN DU MONUMENT & DE LA MONOFONCTIONNALITÉ ?

AN INSTITUTIONAL SHIFT

THE END OF MONUMENTS & OF MONOFUNCTIONALITY?

Gérald Ledent & Cécile Vandernoot

INSTITUTIONELE VERSCHUIVING
HET EINDE VAN MONUMENTEN & MONOFUNCTIONALITEIT?

In the past, the monumental character of institutions left its mark on the city, the institutions serving as landmarks and symbols in the urban space. The neoclassical period reorganized the city along major lines such as the Royal Route in Brussels, an urban course punctuated by various institutional buildings. These buildings departed from conventional forms by their colossal size and a style that sought to legitimize itself by drawing on antiquity. The architecture of institutions has regularly made use of these attributes to stand out and to transcend the more superficial needs of daily life. Driven by a desire for recognition, this act of transcendence has led designs to be exaggerated to the point of monumentality.

Paradoxically, while Western society is preserving more and more monuments, it is creating fewer and fewer of them. Régis Debray understood this well when he wrote that society could almost use 'yes to the monumental; no to the monument' as its slogan.[1] The monument whose purpose is to collect traces (*relegere*) and connect individuals (*religare*) makes it possible to maintain links between generations and therefore a collective identity. However, in a society where the individual and the economy take precedence over all else, this sense of obligation towards such 'capital beings' as the Nation, Humanity, the Republic and the Sacred, among others, has disappeared. This has led to the disappearance of the votive monument.

plus lâche, moins strict et surtout moins homogène que ce qu'elle a connu par le passé. Cet ordre nouveau ne peut plus être transmis de la même manière qu'auparavant, et l'architecture doit accompagner ces changements.

À Bruxelles, le Tracé royal incarne une identité nationale un peu surannée. Perchées sur un coteau, ses institutions côtoient moins le quotidien des citoyens que des touristes. Elles paraissent figées et peu en phase avec les aspirations contemporaines d'une plus grande inclusion de toutes et tous dans les débats qui structurent notre société. Ces institutions partagent une identité commune, construite avec le temps, faite de renvois à l'échelle urbaine, à l'échelle du bâtiment ou du détail d'architecture. Érigées pour transmettre un message unique, toutes ces institutions sont restées monofonctionnelles, mis à part peut-être le Jardin Botanique qui a changé de destination pour devenir un centre culturel. À la même échelle urbaine, perçu par beaucoup comme un quartier fermé, «enclos», le quartier européen peuplé des institutions internationales – occupant majoritairement des immeubles de bureaux – connaît un sort similaire.

Pourtant derrière ces façades et ces compositions hiératiques, des frémissements de changements se font sentir. À l'intérieur même des institutions existantes, des initiatives apparaissent. La culture déborde de ses murs et s'invite sur l'espace public, la démocratie parlementaire est remise en question pour une plus grande participation des citoyens, la manière même de rendre la justice est discutée. Des monuments qui étaient soigneusement fermés autrefois s'ouvrent progressivement à la population. Parallèlement,

The monumental, or monumentality, inhabited by such single functions as justice, parliament, religion and royalty, seems outdated in relation to the needs and uses of what today makes up an institution. Our society has progressively developed an order that is looser, less strict and, above all, less homogeneous than what existed in the past. This new order cannot be transmitted in the same way as before, and architecture must accompany these changes.

In Brussels, the Royal Route embodies a rather outdated national identity. Perched on a hillside, the institutions along it are closer to the daily lives of tourists than to those of citizens. They seem to be frozen and out of step with the contemporary desire for greater inclusion of the community as a whole in the debates that structure our society. These institutions share a common identity, built up over time, made up of references to the scale of the city, the scale of the building or the architectural detail. Erected to convey a single message, all these institutions still serve a single purpose, except perhaps for the Botanical Garden, which has been repurposed as a cultural centre. On the same urban scale, the European Quarter—perceived by many as a closed, 'walled-in' district that is home to international institutions, most of which occupy office buildings—is experiencing a similar fate.

However, behind these solemn façades and compositions, tremors of change are making themselves felt. Initiatives are surfacing within the institutions themselves. Culture is breaking down walls and moving into the public space, parliamentary democracy is being

een lossere, minder strenge en vooral minder homogene orde ontwikkeld dan in het verleden. Deze nieuwe orde kan niet langer op dezelfde manier worden doorgegeven als voorheen. En de architectuur moet meegaan in deze veranderingen.

In Brussel belichaamt het Koninklijk Tracé een enigszins verouderde nationale identiteit. Door hun ligging op een heuvel staan de instellingen minder in contact met het dagelijks leven van de burgers dan met dat van de toeristen. Ze lijken verstard en niet meer te passen bij het hedendaagse streven naar een grotere betrokkenheid van iedereen bij de debatten die onze samenleving bepalen. Deze instellingen delen een gemeenschappelijke identiteit die in de loop van de tijd is opgebouwd en die bestaat uit verwijzingen naar de stedelijke schaal, de schaal van het gebouw of de architectonische details. Al deze instellingen, opgetrokken om één enkele boodschap over te brengen, zijn monofunctioneel gebleven, behalve misschien de Kruidtuin, die een cultureel centrum werd. Op dezelfde stedelijke schaal zien we hoe de Europese wijk, door velen beschouwd als een gesloten, 'ommuurde' wijk vol internationale instellingen die veelal in kantoorgebouwen huizen, eenzelfde lot is beschoren.

Maar achter deze façades en hiëratische composities zijn er kleine tekenen van verandering voelbaar. Binnen de bestaande instellingen zelf ontstaan immers initiatieven. De cultuur wordt buiten de muren van de instelling tot in de openbaarheid gebracht, de parlementaire democratie wordt in vraag gesteld om tot een grotere participatie van burgers te komen, en zelfs de wijze waarop recht wordt

challenged in the hope of achieving greater citizen participation, and the very manner of dispensing justice is under discussion. Monuments that were once carefully closed are gradually being opened to the public. At the same time, other forms of community building are emerging that are also being expressed and legitimized in space. Would it have been possible to imagine a century ago that a skate park or an outdoor bar could become instituted places in their own right?

The transformation of these buildings inherited from the past and the advent of new structures that shape our societies were carefully observed by the students who contributed to this book. Some of their findings are closely related to the remote work that the students themselves experienced during the three Covid years. They recorded an exponential increase in the number of online operations regarding almost all institutions. All this is having an impact on architecture. The students are also in a unique position to understand that the growth in virtual social exchanges has changed our relation to public space and buildings, especially to collective or leisure spaces. However, while certain functions have been shifted into the virtual sphere online, many are now advocating a return to local, human and inclusive places of exchange at the level of citizens—a less ostentatious, more domestic architecture.

faute de fidèles ou de la Bourse de commerce et de la Banque Nationale qui ont été vidées suite à l'évolution des techniques ou l'internationalisation de certaines compétences. Il en résulte des lieux vacants, parfois gigantesques, dans des endroits stratégiques de nos villes, en attente d'un second souffle. Depuis le début de sa restauration dans les années 1980, le Palais de justice, par exemple, a vu plusieurs juridictions le quitter et il est aujourd'hui vide à 70%. Régulièrement, des appels à idées ouvrent des perspectives sur son devenir, du plus concret, à mettre en place sans grand effort, au plus utopique. Les deux voies méritent d'exister, d'alimenter un débat pour une vision politique plus émancipatrice.

L'évolution des usages a mené ou contraint certaines institutions à s'adapter. C'est le cas notamment du Jardin Botanique qui, tout en conservant quelques plantes exotiques, accueille aujourd'hui des concerts et des expositions. C'est le cas aussi des institutions bancaires dont les besoins ont considérablement évolué. BNP Paribas Fortis, par exemple, s'est séparée d'une partie de son patrimoine pour le transformer en logements, alors que son siège, métamorphosé pour la troisième fois en cent ans, tente de s'adapter aux changements profonds de notre société. Les bâtiments de la Banque Nationale eux-mêmes devraient suivre une logique similaire. Parfois la mutation de l'institution fait débat, comme dans le récent projet de transformation de la Bourse de commerce en temple de la bière, ou la proposition d'accueillir une école du cirque ou une halle de marché dans l'église Sainte-Catherine en plein centre de Bruxelles.

Many institutional buildings have also seen a change in their audience, with visitors evolving from a privileged clientele to a much wider public. Others are now deserted, their spaces or functions having become obsolete; they leave behind imposing but precarious buildings. This is the case of places of worship that have been deconsecrated due to a lack of believers, as well as of the Commodity Exchange and the National Bank, both of which have been vacated following technological developments and the internationalization of certain skills. As a result, several (gigantic) vacant buildings in strategic locations in our city are waiting for a second wind. Since restoration began in the 1980s, the Palace of Justice, for example, has seen several courts leave: the vacancy rate has now reached 70 per cent. Calls for ideas regularly open up perspectives for its future, from the most concrete (implementable without much effort) to the most utopian. Both visions deserve to exist so as to feed a debate for a more emancipatory political vision.

The evolution of customs has led or forced certain institutions to adapt. This has been the case for the Botanical Garden, which, while it is still home to some exotic plants, now hosts concerts and exhibitions. This is also the case for banking institutions, whose needs have changed considerably. BNP Paribas Fortis, for example, has divested itself of part of its holdings and converted them into housing, while its headquarters, which has just been reconstructed for the third time in the space of a century, is seeking to adapt to the

omdat de ruimten of functies verouderd waren, en hebben imposante maar kwetsbare gebouwen achtergelaten. Dit is het geval met gebedshuizen die ontwijd zijn door een gebrek aan gelovigen, of met de Beurs en de Nationale Bank, die zijn leeggelopen door de evolutie van de technologie of de internationalisering van bepaalde vaardigheden. Daardoor staan soms gigantische gebouwen op strategische plaatsen in onze steden leeg, wachtend op een tweede adem. Sinds het begin van de restauratie in de jaren tachtig zijn in het Justitiepaleis bijvoorbeeld verschillende rechtbanken vertrokken en staat het gebouw nu voor 70% leeg. Oproepen tot het indienen van ideeën leiden geregeld tot perspectieven voor de toekomst van dit gebouw. Soms gaat het om heel concrete ideeën die zonder veel moeite kunnen worden uitgevoerd, soms zijn de ideeën ronduit utopisch. We hebben echter beide benaderingen nodig om een debat op gang te brengen voor een meer emanciperende politieke visie.

De evolutie van het gebruik heeft sommige instellingen ertoe gebracht of gedwongen zich aan te passen. Dit is het geval met de Kruidtuin, waar in de tuin zeker nog enkele exotische planten staan, maar waar nu vooral concerten en tentoonstellingen worden georganiseerd. Dit is ook het geval voor bankinstellingen waarvan de behoeften aanzienlijk zijn veranderd. Zo heeft BNP Paribas Fortis een deel van haar activa afgestoten en omgebouwd tot woningen, terwijl de hoofdzetel, die voor de derde keer in honderd jaar werd verbouwd, zich probeert aan te passen aan de ingrijpende veranderingen in onze samenleving. De gebouwen van de Nationale Bank zouden een soortgelijke logica

Comment les édifices institutionnels, présents ou à venir, pourraient-ils muter ? Parmi les réponses esquissées dans ce livre, l'hybridation occupe une place centrale. Ce terme emprunté à la science et au latin classique *ibrida* «bâtard, de sang-mêlé», Joseph Fenton l'utilise dans le champ de l'architecture dans un essai intitulé «Hybrid Buildings», paru en 1985 dans la revue américaine *Pamphlet Architecture*. Il désigne par cette notion les édifices de grande échelle, les édifices monumentaux qui contiennent une mixité fonctionnelle. Avant lui, Robert Venturi, dans un ouvrage majeur paru en 1966 et traduit en français en 1971, *De l'ambiguïté en Architecture*, déclare que ce qu'il aime des choses, «c'est qu'elles soient hybrides plutôt que *pures*, issues de compromis plutôt que de mains propres, biscornues plutôt que *sans détours*, ambiguës plutôt que clairement articulées. [...] À *l'un ou l'autre* je préfère *l'un et l'autre*, au blanc ou noir, le blanc et noir et parfois le gris. Une architecture est valable si elle suscite plusieurs niveaux de signification et plusieurs interprétations combinées, si on peut lire et utiliser son espace et ses éléments de plusieurs manières à la fois.»[2] Cette réponse par l'hybridation pourrait ainsi être le signe d'une époque qui n'est pas et ne se présente pas comme homogène.

Le concept d'hybridation n'est pas nouveau et il puise ses racines dans le passé de nos villes. Au Moyen Âge, par exemple, les hôtels de ville allemands abritaient des commerces et des lieux de restauration sous les salles officielles de réception. De même, pendant des siècles, logement et travail étaient intimement liés dans les mêmes édifices. Autant d'éléments qui brouillaient un message unitaire ou

---

profound changes in our society. The buildings of the National Bank should follow a similar logic. Sometimes the transformation of the institution is a source of debate, as in the recent project to convert the Commodity Exchange into a 'beer temple' or the proposal to host a circus school or market hall in St Catherine's Church in the centre of Brussels.

How might (present or future) institutional buildings change? Among the answers outlined in this book, hybridization occupies a central place. The term is borrowed from science and from classical Latin, *hibrida* meaning mongrel, of mixed origin. In the field of architecture, Joseph Fenton used it in an essay entitled 'Hybrid Buildings' (published in 1985 in the American magazine *Pamphlet Architecture*) to refer to vast constructions, monumental buildings that house a variety of functions. Before him, Robert Venturi, in a major work published in 1966, *Complexity and Contradiction in Architecture*, declared the following: 'I like elements which are hybrid rather than "pure", compromising rather than "clean", distorted rather than "straightforward", ambiguous rather than "articulated" … I prefer "both-and" to "either-or", black and white, and sometimes gray, to black or white. A valid architecture evokes many levels of meaning and combinations of focus: its space and its elements become readable and workable in several ways at once.'[2] This response through hybridization could therefore be the sign of an era that is not, and does not present itself as, homogeneous.

---

moeten volgen. Soms wordt gediscussieerd over de transformatie van de instelling, zoals bij het recente project om de Beurs om te vormen tot een biertempel, of het voorstel om een circusschool of een markthal onder te brengen in de Sint-Katelijnekerk in het centrum van Brussel.

Hoe zouden institutionele gebouwen, nu of in de toekomst, kunnen veranderen? Onder de antwoorden die in dit boek worden geschetst, neemt hybridisering een centrale plaats in. Deze term, ontleend aan de wetenschap en aan het klassiek Latijnse woord *ibrida*, dat bastaard of halfbloed betekent, wordt door Joseph Fenton in een architectuurcontext gebruikt in een essay getiteld 'Hybrid Buildings', dat in 1985 in het Amerikaanse tijdschrift *Pamphlet Architecture* verscheen. Hij doelt hiermee op grootschalige, monumentale gebouwen die een functionele mix bevatten. Vóór hem verklaarde Robert Venturi in een belangrijk werk uit 1966, *Complexity and Contradiction in Architecture*, dat wat hij mooi vond aan dingen "is dat ze eerder hybride dan *puur* zijn, dat ze eerder een compromis zijn dan zuiver, eerder grillig dan *rechtlijnig*, eerder dubbelzinnig dan eenduidig. [...] Naast *het ene of het andere* geef ik de voorkeur aan *het ene én het andere*, naast wit of zwart, gaat mijn voorkeur naar wit én zwart, en soms grijs. Architectuur is waardevol als ze aanleiding geeft tot meerdere betekenisniveaus en meerdere gecombineerde interpretaties, als de ruimte en de elementen ervan op meerdere manieren tegelijk kunnen worden gelezen en gebruikt."[2] Hybridisering als antwoord zou dus het teken kunnen zijn van een tijdperk dat niet homogeen is en zich ook niet als homogeen voordoet.

The concept of hybridization is not new. It is rooted in the past of our cities. In the Middle Ages, for example, German town halls housed shops and restaurants underneath the official reception rooms. Similarly, for centuries, housing and work were closely entwined in the same buildings. This is to say that, instead of being unitary or univocal, architecture has long possessed a diverse character. Seen from this angle, hybridization proves to be 'older' than monofunctionalism, which appeared during the Enlightenment, when the legibility of purposes and therefore of the building housing them became a major concern. Monofunctionalism guaranteed recognition, and there are many architects who have contended that 'a building should "look like what it is"'.[3] This monofunctionalism was taken up and reinforced by modernism, which arranged the city according to clear functions, separating work, leisure, housing and traffic. This movement went even further, monumentalizing both housing and offices, in the form of high-rise towers and slabs, an attribute reserved until then for institutions alone.

The student projects drew on this idea of hybridization and on the diversity of functions to intervene in existing institutions or to propose new ones.

In view of the current situation in Brussels—where a growing number of monumental buildings are being vacated—the decision was made to reoccupy the empty premises, because they represent a significant material, symbolic, economic and environmental

heritage. These vast built frames can accommodate a variety of activities while integrating the public space around them.

In parallel with this reoccupation and the questions on the future of the institutions located on the western hillside of the Senne, the students identified potential 'new' balances in the city, especially between its lower and upper parts. Today, the valley is once more attracting people and this renewed interest will, we hope, produce a more inclusive society. A new generation of institutions is emerging in the lower part of the city, along the canal that connects Brussels to Charleroi and Antwerp. Most of these are cultural institutions that are establishing themselves along this waterway in industrial buildings that they are also converting: the future Kanal-Centre Pompidou museum in the former Citroën garage, MIMA (Millennium Iconoclast Museum of Art) in the former Belle-Vue breweries, and Recyclart, which recently moved into an industrial complex. COOP, a hub for companies involved in cooperation and linked together with other functions, has set up house in the former Moulart mill. This new role given to architecture as a flexible expression of the structure of our society is particularly resonant here. The area around the canal—the site of a historical dividing line in the city—embodies a community project based on a variety of functions and social diversity. It embraces a productive past worth highlighting and preserves, as it transforms it, a district that is a great place to live, a place where workspaces combine with green and

leisure spaces, institutions, facilities and shops, and all this just a stone's throw from home.

Lastly, the students also developed new narratives capable of gathering and perhaps even of founding new institutions. Climate emergency, environmental protection, gender equality, housing rights, refugee support, over-consumption and waste management are some of the issues for which the students are mobilizing. Collage is their preferred means of expression for sharing these ideas and stories. This method of composition consists in integrating pre-existing heterogeneous elements into an image (as in a musical or literary composition), producing unexpected contrasts in the process. The following pages share their critical views of society and the utopias to which they aspire.

The shattering of the various 'monos' (-lingualism, -logism, -functionalism) that no longer characterize our age—an age that is advocating greater nuance, freedom, social inclusion and gender inclusion—is ushering in this shift towards hybridization. The students, future architects, are less interested in toppling these institutional 'sphinxes' and 'colossi' than in giving them functions that are meaningful for their time. Nor are they afraid to introduce them to such neighbours as an open-air bar, a library, a school, housing and many other functions that can loosen up and smooth out urban relations. With this in mind, architecture will certainly continue to play a role in the institutions of tomorrow.

↑
The cooling towers of nuclear power plants are totems of a past in
which humanity was engaged in the destruction of Mother Earth.
What if these cold totems today became the symbols of a renewal? –
Collages: V. de Grave, A. Rigolet, L. Villeret, 2016–17.

← / ↑
Lack of recognition and indifference towards culture deprived
citizens of an essential space during the pandemic. What if theatres
were to become public places, open to all, conducive to socialization
and direct communication? – Collages: N. Benali, H. Coche,
D. Deraymaeker, M. Misselyn, 2021–22.

↑
The anti-squatting law passed in 2017 is synonymous with an institutional malfunction: Why should homeless people be removed from empty buildings they are occupying? What if, instead, we made the city's empty spaces habitable? – Collage: L. Delgado S., L. Menant, C. Struvay, Y. Tanouti, 2016–17.

→
Food miles are devastating for the environment, health and society. By bringing its unused spaces into play, how can we make a city resilient and self-sufficient in terms of food? – Collages: S. Charles de la Brousse, M. De Clercq, C. Knauf, B. de Villenfagne, 2017–18.

205

← We live in a culture of images. Architects are commissioned by hyper-narcissistic powers to shape the city. Is this right? – Collage: H. Bramaud du Boucheron, J. Daenens, C. Morterol, G. Lambé, 2017–18.

↑ Big Tech companies—Alphabet (Google), Amazon, Apple, Meta (Facebook) and Microsoft—have become more powerful than states. Is their supremacy such that they are on the verge of replacing states? – Collage: M. Florès, J. Obedia, L. Roobaert, X. Vandendries, 2019–20.

↑
Everyone aspires to an ideal city, except those who consider the city they live in to be satisfactory. Since so few of us consider our city perfect, let's commit ourselves to building the society of tomorrow! – Collage: H. De Fauw, M. Geelhand de Merxem, M. Perney, A. Varesi, 2016–17.

→
What if agriculture became the cardinal feature of our societies? We could imagine a Brussels Pentagon emptied of its inhabitants and entirely devoted to cultivating fields in the shadow of residential towers – Collage: C. Dekimpe, J. Jadoul, S. Lux, P. Masson, 2021–22.

BIOGRAPHIES

DELPHINE DULONG is a professor of political science at the University of Paris 1 Panthéon-Sorbonne. She is a member of the European Centre for Sociology and Political Science (CESSP), of which she was a co-director from 2010 to 2014. Her threefold training in history, law and political science led her to study political institutions from a socio-historical perspective (*Sociologie des institutions politiques*, La Découverte, 2012). Since the publication of her thesis in 1997 under the title 'Moderniser la politique. Aux origines de la Ve République' (which argued that the regime change in France in 1958 was based on a relay of elites), her work has questioned the contribution of institutions to forms of social and male dominance. Gender issues, including the study of masculinities, are her second speciality (*Boys Don't Cry. Les coûts de la masculinité*, edited with C. Guyonnet and E. Neveu, PUR, 2012). In her latest book, *Premier ministre* (CNRS Éditions, 2021), she revisits the history of the Fifth Republic, showing how the presidentialization of this unique regime is closely linked to a disciplinary system in which prime ministers are subordinated to presidents.

DIETMAR EBERLE's approach to architecture can be summed up in two words: realism (when it comes to assessing a given building situation) and programme (when the aim of a design is to improve this situation). Over the years he has developed this process of optimization into a methodology for implementing architectural projects. Trained at the Vienna University of Technology until 1978, he co-founded the Vorarlberg School of Building, learning his trade from the bottom up, close to people and close to their needs, wants and dreams. At the Vorarlberg School, Eberle founded Baumschlager Eberle Architekten with Carlo Baumschlager in 1985. The practice later expanded abroad, opening offices in Vaduz, St. Gallen, Zurich and Vienna. Six further offices in Hong Kong, Berlin, Hanoi, Paris, Hamburg and Cracow followed between 2008 and 2018. The firm currently numbers some 270 collaborators. This wide distribution of offices reflects Eberle's attitude to architecture. He believes that a local presence is essential to understanding cultural context and that this enables the architect to properly consider the specific needs of both client and future building users.

Practice and theory are inextricably linked for Dietmar Eberle. For many years, until 2017, he taught his highly structured, methodical and culturally sensitive approach to architecture to students at ETH Zurich. He continues to hold visiting professorships in Europe, America and Asia and to write books on urban planning, architecture and the theory of design.

CHRISTIAN GILOT studied at UCLouvain (architectural engineering) and Harvard (master of architecture in urban design) before completing a doctorate at UCLouvain. His research on Place Royale in Brussels was part of his thesis entitled 'La place et la ville: notes sur l'ouverture'. Active as

an architect in Brussels, he is a professor of architecture at UCLouvain and has been a visiting professor at EPFL since 2004.

Recent publications include: 'La construction du sol', *Trans* 29 (Zurich); 'Histoires d'eau', *San Rocco* 14 (Milan); *La passerelle de la Joux Verte (Brauen Wälchli Architectes)* (Espazium, Zurich) and 'Combien de villes s'appelèrent Venise?', *Matières* 16 (Lausanne), which was the winner of the writing competition organized by Fondation Le Corbusier in 2017. His research focuses on the question of the interlocking (or not) of scales in an attempt to identify the emergence of a poetic idiom when studying relations between architecture, city and territory. His work as an architect, in collaboration with Bernard Baines and Anne Blondiau, has been presented in various publications. Their restoration of the Maison de Verre (Glass House) built in Brussels in 1935 by Paul-Amaury Michel was awarded the Jacques Lavalleye-Coppens Prize of the Royal Academy of Belgium (Fine Arts Category) and the EU Cultural Heritage Prize (winner of the Europa Nostra competition).

GÉRALD LEDENT is a professor of architecture at the LOCI Faculty of Architecture of UCLouvain (Brussels site). He teaches various workshops and theoretical courses. He holds a doctorate in architecture with a thesis entitled 'Potentiels relationnels', a work that explores relations between spaces and inhabitant practices in housing. For this thesis, more than 10,000 housing units were analysed, highlighting a finite number of spatial properties common to all human dwellings. Gérald Ledent is pursuing his research in the Uses&Spaces unit of which he is a joint director. His research still centres on housing, with a focus on three main themes: relations between uses and spaces, typo-morphology, and project-based research. In 2020 he co-edited *Sustainable Dwelling*, a book that explores the social and spatial dimensions of housing from a sustainability angle.

Gérald Ledent is also active as a practitioner. He started out in the office of Charles Vandenhove, where he soon became an associate partner. He was in charge of the design and management of public buildings and collective housing projects in Belgium and abroad. Today, Gérald Ledent continues his practice at KIS studio (Keep It Simple studio), an office that aims to avoid unnecessary complexity and to focus on the essential.

SOPHIA PSARRA is a professor of architecture and spatial design at The Bartlett School of Architecture, University College London (UCL). Her research and teaching investigate questions of spatial morphology and power in relation to the histories of buildings and cities that have influenced their development alongside the social patterns of human activity. She is the author of *The Venice Variations* (UCL Press, 2018), which explores cities and buildings as multi-authored processes of formation alongside authored projects of individual design intention. Her book *Architecture and Narrative* (Routledge, 2009) examines the relation between design conceptualization, narrative and human cognition. Her edited book *The Production Sites of Architecture* (Routledge, 2019) addresses the production of knowledge in architecture. Sophia Psarra is also the director of the History and Theory PhD programme at The Bartlett School of Architecture. She has taught undergraduate/graduate studios and seminars at The Bartlett, University of Michigan (2005–11), Cardiff University (1997–2004) and the University of Greenwich (1992–97). She was the editor of the *Journal of Space Syntax* (2011–15). Her research has been funded by the NSF (US), Leverhulme Trust, UCL Grand Challenges, the University of Michigan and the Onassis Foundation. She has collaborated with leading cultural institutions on layout design, exhibition narratives and visitor experience. As a practising architect, Sophia Psarra was part of a team that has won first prizes in international architectural competitions. Her work has been exhibited at the Venice Biennale, George Pompidou Centre and NAi Rotterdam, as well as in London, Berlin, Milan and Athens.

CÉCILE VANDERNOOT is an architect and author who is committed to the recognition of architectural culture in Belgium. She holds degrees in architecture from ISA St-Luc (2007) and in urban planning from ENSAV La Cambre (2009). Since 2011 she has been teaching at the LOCI Faculty of Architecture of UCLouvain (Brussels and Tournai sites). She is pursuing a thesis within laa (laboratoire analyse architecture). Her research focuses on the theme of inhabiting, based on the notions of immobility, postures and artefacts (clothing, utensils, furniture, buildings) capable of structuring social relations within communities and of establishing places.

Cécile Vandernoot is a regular contributor to the magazine *A+ Architecture in Belgium* as well as to scholarly publications and inventories or monographs of architects. In 2020 she co-edited the *Guide d'architecture moderne et contemporaine Namur & Luxembourg 1893–2020*, published by the 'Cellule architecture', a department of the Wallonia-Brussels Federation. That same year she took part in the development of two monographs: *Fragments* (VERS.A) and *Memory & Moments / Mémoire & moments* (Architecture Kristoffel Boghaert). In 2021 *Georges-Éric Lantair: (Im)pertinence* was published, the fifth book in the Archidoc series devoted to the architect from Liège, a series she is co-editing with Alain Richard, with whom she wrote an essay on the method used in Lantair's singular practice. The year 2022 will see the completion both of a publication on the Maison de l'habitat durable de Lens by the SNA office and of the present volume, the fruit of three years of research alongside students.

NOTES & BIBLIOGRAPHIES

PARADOXICAL INSTITUTIONS

1. Barry R. Weingast, 'Rational Choice Institutionalism', in *Political Science: State of the Discipline*, eds. Ira Katznelson and Helen V. Milner (New York: W. W. Norton, 2002).
2. Mary Douglas argues that institutions are based on naturalized social conventions. In other words, they are legitimized by analogies that inscribe them in the natural order, not the cultural order. This makes them both indisputable and a driving force for action: 'Institutions are linked by analogies to elementary classifications considered natural … Institutions are founded in nature and therefore, in reason. Being naturalized, they are part of the order of the universe and so are ready to stand as the grounds of argument.' Mary Douglas, *How Institutions Think* (Syracuse: Syracuse University Press, 1986), 52.
3. Bastien François, 'Le président, pontife constitutionnel', in *Le Président de la République*, eds. Bernard Lacroix and Jacques Lagroye (Paris: PFNSP, 1992), 303–332.
4. Christel Coton, *Officiers. Des classes en lutte sous l'uniforme* (Marseille: Agone, 2017).
5. Delphine Dulong and Frédérique Matonti, 'Comment devenir un professionnel-e de la politique? L'apprentissage des rôles au Conseil régional d'Île de France', in *Sociétés et représentations* 24 (2007): 251–267.
6. Delphine Dulong, *Sociologie des institutions politiques* (Paris: La découverte, 2012).
7. Pierre Bourdieu, *Sur l'État. Cours au collège de France (1989-1992)* (Paris: Raisons d'agir, 2012).
8. This is the thesis defended by Pierre Bourdieu. In his work on the state, Bourdieu argues that the state is an institution that distinguishes itself in that it came into being by concentrating what the sociologist calls *symbolic capital*, a form of power that equips the world with meaning by producing and/or validating representations of the world that are not only objectified but also formalized.
9. Paul Pierson, 'Increasing Returns, Path Dependence, and the Study of Politics', *American Political Science Review* 94, no. 2 (2000): 251–267.
10. Jean Garrigues, ed., *Histoire du Parlement de 1789 à nos jours* (Paris: Armand Colin, 2007).
11. Lacroix and Lagroye, *Le Président de la République*.
12. Corinne Rostaing, 'L'ordre négocié en prison: ouvrir la boîte noire du processus disciplinaire', *Droit et société* 87, no. 2 (2014): 303–328.
13. Remi Lenoir, *Généalogie de la morale familiale* (Paris: Seuil, 2003).
14. Jacques Lagroye, *Appartenir à une institution. Catholiques en France aujourd'hui* (Paris: Economica, 2009).
15. Michel Foucault's term refers to a heterogeneous set of said and unsaid things (discourses, institutions, rules, things, etc.) that are coherently inscribed in power relations and based on knowledge. *Michel Foucault, Dits et écrits II, 1976–1988* (Paris: Gallimard, 2001), 299.
16. This term borrowed from sociologist Erving Goffman refers to the set of discourses that the institution produces about itself for purposes of legitimization. On this point, see *Sociétés contemporaines* (2012).
17. Peter L. Berger and Thomas Luckmann, *The Social Construction of Reality* (London: Penguin, 1991).
18. Jacques Chevallier, 'Note de lecture sur *Le Président de la République*', *Politix* 23 (1993): 140.

BIBLIOGRAPHY

Berger, P., Luckmann, T. (1986) *La construction sociale de la réalité*, Paris: Méridiens Klincksiek.

Bourdieu, P. (2012) *Sur l'État. Cours au collège de France (1989-1992)*, Paris: Raisons d'agir.

Bourdieu, P., Passeron J. C. (1964) *Les héritiers. Les étudiants et la culture*, Paris: Seuil.

Chevallier, J. (1993) 'Note de lecture sur *Le Président de la République* (Lacroix B. et Lagroye J., dir.)', in *Politix*, no. 23.

Codaccioni, V., Maisetti, N., Pouponneau, F. (2012) 'Façades institutionnelles', in *Sociétés contemporaines*, no. 88.

Coton, C. (2019) *Officiers. Des classes en lutte sous l'uniforme*, Marseille: Agone.

Douglas, M. (1999) *Comment pensent les institutions*, Paris: La découverte.
Dulong, D. (2012) *Sociologie des institutions politiques*, Paris: La découverte.
Dulong, D., Matonti F. (2007) 'Comment devenir un-e professionnel-le de la politique? L'apprentissage des rôles au Conseil régional d'Ile de France', in *Sociétés et représentations*, no. 24.
Foucault, M. (2001) *Dits et écrits II, 1976-1988*, Paris: Gallimard.
François, B. (1992) 'Le président, pontife constitutionnel', in Lacroix, B., Lagroye, J. (eds), *Le président de la République*, Paris: PFNSP.
Garrigues, J., ed. (2007) *Histoire du Parlement de 1789 à nos jours*, Paris: Armand Colin.
Lacroix, B., Lagroye, J. (1992) *Le Président de la République. Usages et genèse d'une institution*, Paris: PFNSP.
Lagroye, J. (2009) *Appartenir à une institution. Catholiques en France aujourd'hui*, Paris: Economica.
Lenoir, R. (2003) *Généalogie de la morale familiale*, Paris: Seuil.
Pierson, P. (2000) 'Increasing Returns, Path Dependence and the Study of Politics', in *American Political Science Review*, vol. 94, no. 2.
Rostaing, C. (2014) 'L'ordre négocié en prison: ouvrir la boîte noire du processus disciplinaire', in *Droit et société*, vol. 87, no. 2, pp. 303-328.
Weingast, B. R. (2002) 'Rational Choice Institutionalism', in Katznelson, I., Milner H. V. (eds), *Political Science: State of the Discipline*, New York: W. W. Norton & Company.

INSTITUTING THROUGH SPACE & TEXT

1. Sebastian Dembski and Willem Salet, 'The Transformative Potential of Institutions: How Symbolic Markers Can Institute New Social Meaning in Changing Cities', in *Environment and Planning A* 42 (2010): 611–625.
2. Adrian Forty, *Words and Buildings* (London: Thames & Hudson, 2000), 117.
3. Michel Foucault, *Discipline and Punish: The Birth of the Prison*, trans. Alan Sheridan (New York: Vintage, 1979).
4. Bill Hillier and Julienne Hanson, *The Social Logic of Space* (Cambridge: Cambridge University Press, 1984).
5. Deborah Cameron and Thomas A. Markus, *The Words Between the Spaces* (London: Routledge, 2002).
6. Mary Douglas, *How Institutions Think* (London: Routledge and Keagan Paul, 1987), 47.
7. Foucault, *Discipline and Punish*.
8. Bill Hillier, *Space is the Machine: A Configurational Theory of Architecture* (Cambridge: Cambridge University Press, 1996).
9. Hillier and Hanson, *The Social Logic of Space*.
10. Known as space syntax.
11. A map produced by Fra Paolino, a Venetian monk on the island of Murano, dating from the second half of the fourteenth century.
12. This property is known as 'choice' in space syntax research or 'betweenness centrality' in network theory.
13. Sophia Psarra, *The Venice Variations: Tracing the Architectural Imagination* (London: UCL Press, 2018).
14. Psarra, *The Venice Variations*.
15. Squares also facilitated the collection of fresh water through underground cisterns and channels. This is evident through the wellheads, hundreds of which are still present in Venice today. Deborah Howard, *The Architectural History of Venice* (New Haven: Yale University Press, 2002).
16. The parish was based on a unified community substrate, bound to a territory. The traditional modality of the parish, as a stable community, was to be accessible to everyone and identifiable in a specific place where public assembly was made possible.
17. Edward Muir, *Civic Ritual in Renaissance Venice* (Princeton: Princeton University Press, 1981).
18. Muir, *Civic Ritual*, 148.
19. Psarra, *The Venice Variations*.
20. Richard J. Goy, *Building Renaissance Venice: Patrons, Architects and Builders, c. 1430-1500* (New Haven: Yale University Press, 2006), 11–12.
21. Dennis Romano, *Patricians and Popolani: The Social Foundations of the Venetian Renaissance State* (Baltimore: John Hopkins University Press, 1987).
22. Muir, *Civic Ritual*.
23. Manfredo Tafuri, *Venice and the Renaissance*, trans. Jessica Levine (Cambridge, MA: The MIT Press, 1995).
24. Muir, *Civic Ritual*.
25. Muir, *Civic Ritual*.
26. Sophia Psarra and Gustavo Maldonado, 'The Palace of Westminster and the Reichstag Building: Spatial Form and Political Culture', *Parliament Buildings Conference II, 12/13 November 2020* (2020).
27. Hillier, *Space is the Machine*.
28. Hillier, *Space is the Machine*.
29. John Bold, 'Familiar Ordinary Things: The Corridor in English Architecture', in *Transactions of the Ancient Monuments Society* 63 (2019): 41–78. Philip Norton, 'Power Behind the Scenes: The Importance of Informal Space in Legislatures', in *Parliamentary Affairs* 72 (2019): 245–266.
30. Psarra and Maldonado, 'The Palace of Westminster'.
31. Edward Hollis, *The Memory Palace: A Book of Lost Interiors* (London: Portobello, 2013), 107. However, a new rule enables members of the two houses to mix with each other through some eating and drinking facilities that were previously exclusive to one House or the other.
32. Hollis, *The Memory Palace*.
33. Robin Evans, 'Figures, Doors and Passages', in *Translations From Drawing to Building and Other Essays* (Cambridge, MA: The MIT Press, 1997).
34. Evans, 'Figures', 84.
35. Ministry of Housing and Local Government, *Homes for Today and Tomorrow* (Report of the Parker Morris Committee), HMSO (1961).
36. *Homes for Today and Tomorrow*, 2.
37. A term used to describe a residential development in the UK.
38. Activities were defined based on different types of spaces and occupants in the home, being divided into eating, sleeping, washing, children's play, homework, television watching, sewing and mending, hobbies, entertaining friends, and receiving casual visitors. These were in turn separated into those which cannot be carried on together or near one another, considering timing, frequency and purpose. Meals were organized into breakfast served in the kitchen, and weekday and weekend meals taken in the dining space, or in the kitchen if another family member was not present.
39. Barry Goodchild and Robert Furbey, 'Standards in Housing Design: A Review of the Main Changes since the Parker Morris Report (1961)', in *Land Development Studies* 3, no. 2 (1986): 79–99.
40. Savia Palate, 'Towards a Deregulated Domesticity: The Making of "Homes for Today and Tomorrow"' (PhD Thesis, Cambridge University, 2020).
41. Douglas, *How Institutions Think*.
42. Romano, *Patricians and Popolani*.
43. Jonathan Sumption, *Trials of the State: Law and Decline of Politics* (London: Profile, 2019).

BIBLIOGRAPHY

Bold, J. (2019) 'Familiar Ordinary Things: The Corridor in English Architecture', in *Transactions of the Ancient Monuments Society*, pp. 63, 41–78.
Dembski, S., Salet, W. (2010) 'The Transformative Potential of Institutions: How Symbolic Markers Can Institute New Social Meaning in Changing Cities', in *Environment and Planning A*, vol. 42, pp. 611–625.
Douglas, M. (1987) *How Institutions Think*, London: Routledge and Kegan Paul.
Evans, R. (1997) 'Figures, Doors and Passages,' in *Translations From Drawing to Building and Other Essays*. Cambridge, MA: The MIT Press.
Forty, A. (2000) *Words and Buildings*, London: Thames & Hudson.
Foucault, M. (1979) *Discipline and Punish: The Birth of the Prison*. Trans. A. Sheridan. New York: Vintage.
Goodchild, B., Furbey, R. (1986) 'Standards in Housing Design: A Review of the Main Changes since the Parker Morris Report (1961)', in *Land Development Studies*, vol. 3, no. 2, Land Policies and Housing Provision, pp. 79–99.
Goy, R. J. (2006) *Building Renaissance Venice: Patrons, Architects and Builders, c. 1430-1500*, New Haven, London: Yale University Press.
Hillier, B. (1996) *Space is the Machine: A Configurational Theory of Architecture*, Cambridge: Cambridge University Press.
Hillier B., Hanson, J. (1984) *The Social Logic of Space*, Cambridge: Cambridge University Press.
Hollis, E. (2013) *The Memory Palace: A Book of Lost Interiors*, London: Portobello.
Howard, B. (2002) *The Architectural History of Venice*, New Haven, London: Yale University Press.
Markus, T., Cameron, D. (2002) *The Words Between the Spaces*, London: Routledge.
Ministry of Housing and Local Government (1961) *Homes for Today and Tomorrow* (Report of the Parker Morris Committee), HMSO.
Muir, E. (1981) *Civic Ritual in Renaissance Venice*, Princeton: Princeton University Press.
Norton, P. (2019) 'Power Behind the Scenes: The Importance of Informal Space in Legislatures', in *Parliamentary Affairs*, 72, pp. 245–266.

Palate, S. (2020) 'Towards a Deregulated Domesticity: The Making of "Homes for Today and Tomorrow"'. PhD Thesis, Cambridge University.

Psarra, S. (2018) *The Venice Variations: Tracing the Architectural Imagination*, London: UCL Press.

Psarra, S. Maldonado, G. (2020) 'The Palace of Westminster and the Reichstag Building: Spatial Form and Political Culture', *Parliament Buildings Conference II, 12/13 November 2020*.

Romano, D. (1987) *Patricians and Popolani: The Social Foundations of the Venetian Renaissance State*, Baltimore; London: John Hopkins University Press.

Sumption, J. (2019) *Trials of the State: Law and Decline of Politics*, London: Profile.

Tafuri, M. (1995) *Venice and the Renaissance*. Trans. J. Levine. Cambridge, MA: The MIT Press.

THE ENTWINED HISTORIES OF BRUSSELS INSTITUTIONS

1. In his article 'Trace, forme ou message' (*Les cahiers de médiologie* 7, no. 1 [1999]), Régis Debray questions this monumentality. He condemns the 'old-fashioned monument' as outsized, axial, central. To him it is nothing but an outdated hybrid of rhetoric and propaganda, academism and ideology. He identifies three types: the monument-trace, the monument-form and the monument-message. The first invokes the visitor's historical interest, the second mobilizes the viewer's aesthetic pleasure, the third the participant's civic morality.
2. The little-known sculpture garden at the back of the Royal Museums of Fine Arts also served to tackle an unmanageable slope: it did not exist in the mid nineteenth century and predates the creation of Rue de la Régence.
3. French ethnologist and historian André Leroi-Gourhan suggests that the act of erecting responds to the physical and psychic need to ensure that the individual and the social group have a grip on the world, to achieve humankind's integration, through the symbolic apparatus, into the flowing, random world.
4. Joseph Poelaert was born in Brussels in 1817. He grew up in Rue de Laeken, which runs parallel to the Royal Route, but in the lower part of town.
5. Stereotomy is the art of cutting out different volumes in order to assemble them, more specifically the art of cutting stones to build vaults, domes, flights of stairs or ornaments.
6. In 1911, the architect Paul Bonduel wanted to convert the Marolles into an enormous esplanade giving onto the lower part of town. A whole section of the district was swept away. In 1929, Warrant Officer Labrique presented a plan geared towards the increasingly ubiquitous car, a new road connecting the Schaerbeek Gate to the Grand Place.
7. This scene is depicted by Georges Leboucq in a book on Vesalius dating from 1944.
8. It originated in a desire to gather all the Brussels courts in a single building and to leave the dilapidated premises on Place de la Justice.
9. These seven families, called 'lineages', were called Coudenbergh, Roodenbeke, Serhuyghs, Serroelofs, Sleeus, Steenweeghs and Sweerts. Since the Middle Ages, they have formed an aristocracy which, until 1421, had a monopoly on the key civil, military and economic positions in the city administration.
10. The institution materialized, in particular for the Great Oath of the Crossbowmen, in the form of the Domus Isabellae, offered by Archduchess Isabella to this guild.
11. Designed by architect Henri Beyaert, Place du Petit Sablon has perpetuated the memory of the guilds since 1890. Dotting the fence surrounding the park are forty-eight bronze statuettes with identification signs that represent each trade that walked in the procession. Weavers, goldsmiths, cabinetmakers, tapestry-makers, dyers, glove makers, fruiterers, gilders, brewers, bakers and more form a procession that is now immobile.
12. This point of arrival is not insignificant, as guilds occupied many houses on the Grand Place or in the streets near the political and economic centre. Their presence was made visible on the façades by explicit decorations.
13. The old Flemish term *omme* means 'around' while *gaan* means 'to walk'.
14. When it was founded, the Société Générale de Belgique was a mixed bank whose objective was to advance and promote the development of mechanical industry and trade. It carried out banking activities (deposit banking, financing, etc.) but also took stakes in commercial and industrial enterprises. In 1934 the Belgian government broke up the mixed banks to preserve the savings of customers. Deposit banks could no longer hold shares in industrial companies. The Société Générale was split into two separate companies: the Banque de la Société Générale de Belgique (the predecessor of the Générale de Banque, into which all banking activities were transferred) and the Société Générale de Belgique (the holding company).
15. A block formed by Rue Montagne du Parc, Rue des Douze Apôtres, Rue Isabelle, Rue de la Bibliothèque and Rue Royale.
16. The entire plot was demolished. The newly constructed neoclassical buildings on Rue Royale were to be used by the Société Générale de Belgique and the modernist building by the Générale de Banque, asserting the neoclassical/modernist duality.
17. Van Kuyck drew up successive plans before a consensus was reached on the twin towers. His ambition to design an imposing sixty-metre high-rise, i.e. twenty-two levels, fourteen of which would rise above Rue Royale, was shelved. King Baudouin opposed it. The bank's construction site bears some similarities to that of the Cité Administrative, which Van Kuyck designed in the 1960s. Both involved the construction of a vast office complex on a slope bordering Rue Royale. In both cases, the proposed architectural solution was the construction of a 'base' topped by an esplanade ... and one or more towers or superstructures.
18. Van Kuyck began working in 1926, when he interned with Victor Horta, who was working on the Centre for Fine Arts at the time.
19. The clean slate of the block's plot structure and the existing buildings made it possible for the first metro line to cross the bank's underground levels between the Central Station and Park stops. It is in fact the schedule set by the city's public transport company that determined the start of the demolition-reconstruction work on the buildings of the Société Générale de Belgique.
20. A forecourt is a more or less spacious open space in front of the façade of a public building that it completes. In the early Christian period, the forecourt coincided with the atrium, a forecourt enclosed by columned porticoes, or the narthex, a type of lobby adjoining the building.
21. Its octagonal plan, which is rare in Brussels, was inspired by the Basilica of San Vitale in Ravenna. The eight façades respond judiciously to the triangular plot of land that opens onto three streets. In 1874, to clear the site and create a forecourt, the houses around the church were razed.
22. The Monument to Labour by Constantin Meunier was bought by the government upon completion. However, it was not officially inaugurated until 1930, for fear that its location would become a rallying point for protests.
23. A lack of political concern means that the collections of the Museum of Modern Art have been in storage since 2011 and have not yet found a place where they can be exhibited to the public.
24. The orangery and the garden were conceived in 1826 during the reign of William I. The five founders of the garden were amateur botanists, including Jean-Baptiste Meeus. A centre of education and research, it was managed by the Horticultural Society of the Netherlands, which would become the Horticultural Society of Belgium from 1830. The garden was accessible to all, to the delight of the public. It was a great success with the people of Brussels. At first it was mainly home to native plants, and later to exotic plants.
25. Rue Isabelle followed almost exactly the line of the wall of the first Brussels ramparts, and connected Place des Bailles to Rue des Douze Apôtres. It represented a topographical node, destined to disappear in the ambitious plans of architect Henri Maquet who, between 1902 and 1908, implemented his vision for the development of the new district located between Rue Montagne de la Cour, Rue Ravenstein, Passage de la Bibliothèque and Rue Royale.
26. Many institutions and companies called on this designer, including the University of Louvain-la-Neuve, Sabena and Glaverbel. His last commission was to design the interior of the former Générale de Banque.
27. More so still, the column translates the human condition on earth and humankind's constant effort to stand upright on its two feet. Its hybrid, the caryatid, translates this silent effort that unites stone and human.
28. The articles of the Belgian Constitution have been inscribed in marble on the column since its inauguration in 1859. It was not until 1920 that the Tomb of the Unknown Soldier was installed at the foot of the Congress Column in memory of the Belgian soldiers who died in World War I.

BIBLIOGRAPHY

Aubry, F., Lautwein, R., Vandenbreeden, J. (1996) *Horta: naissance et dépassement de l'art nouveau*, Gand: Ludion.

Baerten, J., Bartier, J., Persoons, E., Witte, E. (1979) *Bruxelles: croissance d'une capitale*, Anvers: Fonds Mercator.

Belgique. Ministère des Travaux public. (1984) *Musées Royaux des Beaux-Arts de Belgique: travaux d'aménagement et de construction 1977-1984*, Bruxelles: Ministère des Travaux publics.

Boolens-Sintzoff, F., Walazyc, A.-S., Rouffin, C. (2004) *L'Église Notre-Dame du Sablon* (Histoire & Restaurations), Bruxelles: Ministère de la Région de Bruxelles-Capitale.

Borsi, F., Portoghesi, P., Delhaye, J., Henrion-Giele, S., Agueros, M.-H. (1990) *Victor Horta*, Bruxelles: Vokaer.

Brion, R., Moreau, J.-L. (1998) *La Société générale de Belgique (1822–1997)* (Acteurs économiques; 4), Anvers: Fonds Mercator.

Bruneel, A., Laurent, R. (1983) *Documents d'archives relatifs à Bruxelles: dossier pédagogique destiné à l'enseignement de l'histoire* (Archives générales du Royaume et Archives de l'État dans les provinces; 4), Bruxelles: Archives générales du Royaume.

Celis, M. M., Van Santvoort, L., Vandenbreeden, J. (1994) *Autour du parvis Notre-Dame à Laeken* (Des pierres pour le dire), Bruxelles: Crédit communal de Belgique.

Christens, R., D'Hoore, W. (1989) *La résidence du premier ministre: 1, rue Lambermont*, Paris: Duculot.

De Beule, M. (2017) *Bruxelles, histoire de planifier: urbanisme aux 19ᵉ et 20ᵉ siècles* (Architecture et urbanisme), Bruxelles: Mardaga.

Debray, R. (1999) 'Trace, Forme ou Message', in *Les cahiers de médiologie 7: La confusion des monuments*, Paris: Gallimard.

De Meulder, B., Van Herck, K., Heyns, M., Galloway, W. (eds.), (2000) *Vacant City: Brussels' Mont des Arts Reconsidered*, Rotterdam: NAi.

Depaifve, F., Devos, B., Fajardo-Fuentes, Y., de Belgique, E., de Codt, J., Van Reeth, S. (2019) *The Art of Justice*, Bruxelles: Meta-Morphosis.

Des Marez, G., Rousseau, A., Legrand, E. (1958) *Guide illustré de Bruxelles: monuments civils et religieux*, Bruxelles: Touring Club de Belgique.

Dessouroux, C., Puissant, J. (2008) *Espaces partagés, espaces disputés: Bruxelles, une capitale et ses habitants*, Bruxelles: Région de Bruxelles-Capitale.

De Vlieger-De Wilde, K., Migom, S. (2018) *Hôtel d'Ursel 1590-1960: biographie d'un hôtel particulier bruxellois*, Bruxelles: CFC.

Duquenne, X. (1976) *Le Château de Laeken au XVIIIᵉ siècle / Het Kasteel van Laeken in de XVIIIᵉ eeuw*, Bruxelles: Banque nationale de Belgique.

Duquenne, X. (1980) *Les origines du Palais de la Nation / De oorsprong van het Paleis der Natie*, Bruxelles: Banque nationale de Belgique.

Duquenne, X., Motquin, L., Mortier, R. (1993) *Le parc de Bruxelles* (Lieux de mémoire), Bruxelles: CFC.

Duvosquel, J.-M., Case, C., De Decker, J., Jacobs, J., Picqué, C., Laurent, D., Ramoneda, J., Vandermotten, C., Van Istendael, G. (2000) *Bruxelles* (L'esprit des villes d'Europe), Anvers: Fonds Mercator.

Fenton, J. (1985) *Pamphlet Architecture 11: Hybrid Buildings*, New York: Princeton Architectural Press.

Geerinck, A.-M. Vandendaele, R. Institut supérieur d'architecture Victor Horta (1980) *Poelaert et son temps*, Bruxelles: Crédit communal de Belgique.

Goslar, M. (2012) *Victor Horta, 1861–1947: l'homme, l'architecte, l'Art nouveau*, Bruxelles: Fonds Mercator.

Heymans, V. (2014) *Le palais du Coudenberg à Bruxelles: du château médiéval au site archéologique*, Bruxelles: Mardaga.

Hustache, A., Boenders, F., Jacobs, S. (1996) *Victor Horta: le Palais des beaux-arts de Bruxelles*, (Monographies de l'art moderne), Bruxelles: Crédit communal.

Lelarge, A. (2001) *Bruxelles, l'émergence de la ville contemporaine: la démolition du rempart et des fortifications aux XVIIIᵉ et XIXᵉ siècles*, Bruxelles: CIVA.

Loir, C. (2017) *Bruxelles néoclassique: mutation d'un espace urbain 1775–1840* (Lieux de mémoire), Bruxelles: CFC.

Loze, P., Colombo, E. (1983) *Le Palais de Justice de Bruxelles: monument XIXᵉ*, Bruxelles: Vokaer.

Martiny, V.-G., Aubry, F. (1992) *Bruxelles: architecture civile et militaire avant 1900*, Braine-lAlleud: Collet.

Narmon, F. (1979) *Bruxelles, construire et reconstruire: architecture et aménagement urbain: 1780–1914*, Bruxelles: Crédit communal de Belgique.

Ranieri, L., Coosemans, J. (1973) *Léopold II, urbaniste*, Bruxelles: Hayez.

Renoy, G., Abeels, G. (1974) *Bruxelles d'un siècle à l'autre*, Bruxelles: Commission française de la culture de l'agglomération de Bruxelles.

Roggemans, M.-L. (1995) *Tracé royal: la charte d'aménagement*, Bruxelles: Fondation Roi Baudouin.

Roggemans, M.-L., Libois, B. (1995) *Tracé royal: quelques réflexions à propos d'art urbain*, Bruxelles: Fondation Roi Baudouin.

Smolar-Meynart, A., Vanrie, A., Duvosquel, J.-M., Celis, M. M., Bonnenfant, P.-P., Galand, M., D'Hainaut-Zveny, B., Vermeire, M., Soenen, M., Puttemans, P., Ter Assatouroff, C. (1998) *Le quartier royal [Bruxelles]* (Lieux de mémoire), Bruxelles: CFC.

Smolar-Meynart, A., Vanrie, A., Soenen, M. (1991) *Le palais de Bruxelles: huit siècles d'art et d'histoire*, Bruxelles: Crédit communal de Belgique.

Somerhausen, L. A., Van den Steene, W. (1982) *Le Palais de la Nation*, Tielt: Lannoo.

Spapens, C., Gombert, C. (2006) *L'Église Notre-Dame de Laeken: un mémorial inachevé*, Bruxelles: C.I.D.E.P.

Stengers, J., Janssens, G. (1997) *Nouveaux regards sur Léopold Iᵉʳ et Léopold II: fonds d'archives Goffinet*, Bruxelles: Fondation Roi Baudouin.

Stengers, J., Smolar-Meynart, A. (1989) *La région de Bruxelles: des villages d'autrefois à la ville d'aujourd'hui* (Pro Civitate. Collection Histoire; 16), Bruxelles: Crédit communal de Belgique.

Vandenbulcke, A., Deknop, A., de Laveleye, B., Vrebos, M. (2001) *Bruxelles à ciel ouvert: esquisse de l'évolution des espaces dans le pentagone*, Bruxelles: Maison du Roi.

Vandendaele, R., Gossé, A., Klein, E. (1980) *Poelaert et son temps*, Bruxelles: Crédit communal de Belgique.

Vanrie, A., Buyle, A., Frydman, A., De Galan, M., Béghin, J. (2000) *Le siège du Parlement bruxellois: étude historique 1700–2000 / De Zetel van het Brussels parlement: historische studie 1700–2000*, Bruxelles: Parlement bruxellois.

Van der Wee, H., Verbreyt, M. (1997) *La Générale de Banque (1822–1997): un défi permanent*, Bruxelles: Racine.

van Meerten, M., Verbeurgt, G., Van der Herten, B. (2002) *Un tunnel sous Bruxelles: les 50 ans de la jonction Nord-Midi*, Bruxelles: Racine.

Van Ypersele de Strihou, A., Van Ypersele de Strihou, P. (1991) *Laeken: un château de l'Europe des Lumières*, Louvain-la-Neuve: Duculot.

Venturi, R. (1996, 2nd edition) *De l'ambiguïté en Architecture*, Paris: Dunod.

AN INSTITUTIONAL SHIFT

1. Régis Debray, 'Trace, forme ou message', *Les cahiers de médiologie* 7, no. 1 (1999): 37.
2. Robert Venturi, *Complexity and Contradiction in Architecture* (New York: The Museum of Modern Art, 1966), 16.
3. Steven Holl, 'Foreword', in Joseph Fenton, *Pamphlet Architecture 11: Hybrid Buildings* (New York: Princeton Architectural Press, 1985), 3.

PARADOXALES INSTITUTIONS

1. Weingast, B. R. (2002) «Rational Choice Institutionalism», in Katznelson I., Milner, H. V. (eds), *Political Science : State of the Discipline*, New York : W. W. Norton & Company.
2. Mary Douglas défend en effet la thèse selon laquelle les institutions reposent sur des conventions sociales naturalisées – autrement dit elles sont légitimées par des analogies qui les inscrivent dans l'ordre de la nature et non de la culture – ce qui à la fois les rend indiscutables et en fait des éléments moteurs de l'action : «Les institutions sont reliées par analogies à des classifications élémentaires considérées comme naturelles […]. Les institutions sont fondées en nature et donc en raison. Une fois naturalisées, elles deviennent parties prenantes de l'ordre universel et peuvent à leur tour servir de fondement». Douglas, M. (1999) *Comment pensent les institutions*, Paris : La découverte, p. 71.
3. François, B. (1992) «Le président, pontife constitutionnel», in Lacroix, B., Lagroye, J., dir., *Le président de la République*, Paris : PFNSP, pp. 303-332.
4. Coton, C. (2017) *Officiers. Des classes en lutte sous l'uniforme*, Marseille : Agone.
5. Dulong, D., Matonti, F. (2007) «Comment devenir un-e professionnel-le de la politique ? L'apprentissage des rôles au Conseil régional d'Ile de France», in *Sociétés et représentations*, n°24, pp. 251-267.
6. Dulong, D. (2012) *Sociologie des institutions politiques*, Paris : La découverte.
7. Bourdieu, P. (2012) *Sur l'État. Cours au collège de France (1989-1992)*, Paris : Raisons d'agir.
8. C'est la thèse défendue par Pierre Bourdieu. Dans les travaux qu'il a consacrés à l'État, cet auteur explique en effet que l'État est une institution qui a ceci de singulier qu'il s'est construit en concentrant ce que le sociologue appelle du *capital symbolique*, cette forme de pouvoir qui équipe le monde de sens en produisant et/ou en validant des représentations non seulement objectivées mais ici officialisées sur le monde.
9. Pierson, P. (2000) «Increasing Returns, Path Dependence and the Study of Politics», in *American Political Science Review*, vol. 94, n°2, pp. 251-267.

10. Garrigues, J. dir. (2007) *Histoire du Parlement de 1789 à nos jours*, Paris : Armand Colin.
11. Lacroix, B. et Lagroye, J. (1992) *Le Président de la République. Usages et genèse d'une institution*, Paris : PFNSP.
12. Rostaing, C. (2014) « L'ordre négocié en prison : ouvrir la boîte noire du processus disciplinaire », in *Droit et société*, vol. 87, n°2. pp. 303-328.
13. Lenoir, R. (2003) *Généalogie de la morale familiale*, Paris : Seuil
14. Lagroye, J. (2009), *Appartenir à une institution. Catholiques en France aujourd'hui*, Paris : Economica.
15. La notion renvoie à Michel Foucault et désigne un ensemble hétérogène de dits et non-dits (discours, institutions, règles, choses, ...) qui s'inscrivent de manière cohérente dans des rapports de pouvoir et s'appuient sur des savoirs. Foucault, M. (2001) *Dits et écrits II, 1976-1988*, Paris : Gallimard, p. 299.
16. Le terme est emprunté au sociologue Eving Goffman et désigne l'ensemble des discours que l'institution porte sur elle à des fins de légitimation. Sur ce point voir *Sociétés contemporaines*, 2012.
17. Berger, P. & Luckmann, T. (1986) *La construction sociale de la réalité*, Paris : Méridiens Klincksiek.
18. Chevallier, J. (1993) « Note de lecture sur *Le Président de la République* » (Lacroix B. et Lagroye J., dir.) in *Politix*, n°23, p. 140.

INSTITUER À TRAVERS L'ESPACE & LE TEXTE

1. Dembski, S., Salet, W. (2010) 'The Transformative Potential of Institutions : how symbolic Markers Can Institute New Social Meaning in Changing Cities', *Environment and Planning A*, Vol 42, pp. 611-625.
2. Forty, A. (2000) *Words and Buildings*, Londres : Thames & Hudson, p. 117.
3. Foucault, M. (1979) *Discipline and Punish : The Birth of the Prison*. Trans. A. Sheridan. New York : Vintage.
4. Hillier B., Hanson, J. (1984) *The Social Logic of Space*, Cambridge : Cambridge University Press.
5. Markus, T., Cameron, D. (2002) *The Words Between the Spaces*, Londres : Routledge.
6. Douglas, M. (1987) *How Institutions Think*, Londres : Routledge and Keagan Paul Ltd, p.47
7. Foucault, M. (1979) *Discipline and Punish : The Birth of the Prison*. Trans. A. Sheridan. New York : Vintage.
8. Hillier, B. (1996) *Space is the Machine : A Configurational Theory of Architecture*, Cambridge : Cambridge University Press.
9. Hillier B., Hanson, J. (1984) *The Social Logic of Space*, Cambridge : Cambridge University Press.
10. C'est ce qu'on appelle la syntaxe spatiale.
11. Carte réalisée par Fra Paolino, un moine vénitien de l'île de Murano, datant de la seconde moitié du 14e siècle.
12. Cette caractéristique est connue sous le nom de « choix » dans la recherche sur la syntaxe spatiale ou de « centralité d'interdépendance » dans la théorie des réseaux.
13. Psarra, S. (2018) *The Venice Variations : Tracing the Architectural Imagination*, Londres : UCL Press.
14. Psarra, ibid.
15. Les places permettaient également la récolte d'eau douce par le biais de citernes et de canaux souterrains. Ceci est rendu manifeste par la présence de puits, dont des centaines sont encore visibles à Venise aujourd'hui. Howard, D. (2002) *The Architectural History of Venice*, New Haven, Londres : Yale University Press.
16. La paroisse reposait sur un substrat communautaire unifié, lié au territoire. La modalité traditionnelle de la paroisse, en tant que communauté stable, était d'être accessible au tout-venant et repérable en un endroit précis où l'assemblée publique était rendue possible.
17. Muir, E. (1981) *Civic Ritual in Renaissance Venice*, Princeton : Princeton University Press.
18. Muir, ibid., p. 148.
19. Psarra, ibid.
20. Goy, R. J. (2006) *Building Renaissance Venice : Patrons, Architects and Builders, c. 1430-1500*, New Haven, Londres : Yale University Press, pp. 11-12.
21. Romano, D. (1987) *Patricians and Popolani : The Social Foundations of the Venetian Renaissance State*, Baltimore ; Londres : John Hopkins University Press.
22. Muir, ibid.
23. Tafuri, M. (1995) *Venice and the Renaissance*. Trans. Levine, J. Cambridge, MA : The MIT Press.
24. Muir, ibid.
25. Muir, ibid.
26. Psarra, S. Maldonado, G. (2020) 'The Palace of Westminster and the Reichstag Building : Spatial Form and Political Culture', *Parliament Buildings Conference II, 12/13 November 2020*.
27. Hillier, ibid.
28. Hillier, ibid.
29. Bold, J. (2019) 'Familiar Ordinary Things : The Corridor in English Architecture', *Transactions of the Ancient Monuments Society*, vol. 63, 41-78. Norton, P. (2019) 'Power Behind the Scenes : The Importance of Informal Space in Legislatures', *Parliamentary Affairs*, vol. 72, pp. 245-266.
30. Psarra, S. Maldonado, G. (2020) 'The Palace of Westminster and the Reichstag Building : Spatial Form and Political Culture', *Parliament Buildings Conference II, 12/13 November 2020*.
31. Hollis, E. (2013) *The Memory Palace : A Book of Lost Interiors*, London : Portobello, p. 107. Cependant, une nouvelle règle permet aux membres des deux Chambres de se mélanger grâce à certaines installations pour manger et boire qui étaient auparavant exclusives aux différentes Chambres.
32. Hollis, ibid.
33. Evans, R. (1997) *Figures, Doors and Passages*, in *Translations From Drawing to Building and Other Essays*, Cambridge MA : The MIT Press.
34. Ibid., p. 84.
35. Ministry of Housing and Local Government, *Homes for Today & Tomorrow* (Report of the Parker Morris Committee), HMSO (1961).
36. Ibid., p. 2.
37. Traduction de « estate », terme utilisé pour décrire un développement résidentiel en anglais.
38. Les activités étaient définies en fonction des différents types d'espaces et d'occupants de la maison : manger, dormir, se laver, jouer avec les enfants, faire ses devoirs, regarder la télévision, coudre et réparer, s'adonner à des passe-temps, recevoir des amis et recevoir des visiteurs occasionnels. Ces activités étaient ensuite distinguées en fonction de leur possibilité d'être effectuées ensemble ou à proximité les unes des autres, en fonction de leur horaire, leur fréquence ou leur objectif. Les repas étaient organisés en : petit-déjeuner servi dans la cuisine, repas de semaine et de week-end dans la salle à manger, ou dans la cuisine en l'absence d'un membre de la famille.
39. Goodchild, B., Furbey, R. (1986) 'Standards in housing design : A review of the main changes since the Parker Morris report (1961), *Land Development Studies*, vol 3 (2) Land Policies and Housing Provision, pp. 79-99.
40. Palate, S. (2020) *Towards a Deregulated Domesticity – The Making of 'Homes for Today and Tomorrow'*. PhD Thesis, Cambridge University.
41. Douglas, ibid.
42. Romano, ibid.
43. Sumption, J. (2019) *Trials of the State : Law and Decline of Politics*, Londres : Profile.

HISTOIRES ENTREMÊLÉES D'INSTITUTIONS BRUXELLOISES

1. Régis Debray dans l'article « Trace, Forme ou Message » paru dans *Les cahiers de médiologie* (1999) interroge cette monumentalité. Il discrédite le « monument à l'ancienne » – surdimensionné, axial, central –, dans lequel il ne voit plus qu'un hybride ringard de rhétorique et de propagande, d'académisme et d'idéologie. Il en distingue trois types : le monument-trace, le monument-forme et le monument-message. Alors que le premier invoque l'intérêt historique du visiteur, le deuxième mobilise le plaisir esthétique du regardeur et le dernier la morale civique du participant.
2. Assez peu connu, le Jardin des sculptures à l'arrière des Musées royaux des Beaux-Arts a lui aussi pour fonction de régler une dénivellation chahutée : il n'existait pas au milieu du 19e siècle, il est antérieur à la percée de la rue de la Régence.
3. L'ethnologue et historien français André Leroi-Gourhan, avance l'hypothèse que l'acte d'ériger répondrait au besoin à la fois physique et psychique d'assurer une prise de l'individu et du groupe social sur l'univers, de réaliser l'insertion de l'homme, à travers l'appareil symbolique, dans le mouvant et l'aléatoire qui l'entourent.
4. Joseph Poelaert naît en 1817 à Bruxelles. C'est dans la rue de Laeken qu'il grandit, voie parallèle au Tracé royal, mais dans le bas de la ville.
5. La stéréotomie est l'art de découper différents volumes en vue de leur assemblage et plus spécifiquement l'art de la coupe des pierres en vue de la construction des voûtes, coupoles, volées d'escaliers ou ornements.
6. L'architecte Pierre Bonduel notamment propose en 1911 le réaménagement des Marolles en une énorme esplanade vers le bas de la ville. C'est tout un pan de quartier qui est balayé. L'adjudant Labrique en 1929

7. Ce tableau est dépeint par Georges Leboucq dans un ouvrage consacré à André Vésale, paru en 1944.
8. Elle naît d'une volonté de regrouper toutes les juridictions bruxelloises dans un unique édifice et de quitter les locaux vétustes situés place de la Justice.
9. Ces sept familles, appelées «lignages», avaient pour noms Coudenbergh, Roodenbeke, Serhuyghs, Serroelofs, Sleeus, Steenweeghs et Sweerts. Elles ont formé depuis le Moyen Âge une aristocratie ayant le monopole, jusqu'en 1421, au sein de l'administration urbaine, des fonctions dirigeantes civiles, militaires et économiques.
10. L'institution se matérialise, en particulier pour le Grand Serment des Arbalétriers au travers de la *Domus Isabellae*, offerte par l'archiduchesse Isabelle à cette corporation.
11. Depuis 1890, le square du Petit Sablon conçu par l'architecte Henri Beyaert perpétue le souvenir des corporations. En son pourtour, quarante-huit statuettes de bronze accompagnées de signes d'identification figurent chaque métier qui fut naguère organisé. Tisserands, orfèvres, ébénistes, tapissiers, teinturiers, gantiers, fruitiers, doreurs, brasseurs, boulangers, etc. forment un cortège désormais immobile.
12. Ce point d'arrivée n'est pas anodin, les corporations occupent de nombreuses maisons sur la Grand-Place ou dans les rues proches du centre politique et économique. En façade, leur présence est rendue visible par des décorations explicites.
13. *Omme* signifie en ancien flamand «autour» et *gaan* «marcher».
14. À l'époque de sa création, la Société Générale de Belgique était une banque mixte dont l'objectif était de promouvoir le développement de l'industrie et du commerce. Cela signifie qu'elle exerçait des activités bancaires (banque de dépôt, financements, etc.) mais prenait également des participations dans les entreprises commerciales et industrielles. En 1934, le gouvernement belge impose la scission des banques mixtes pour préserver l'épargne des clients. Les banques de dépôts ne pourront plus détenir de participation dans des entreprises industrielles. La Société Générale de Belgique est alors scindée en deux sociétés distinctes: la Banque de la Société Générale de Belgique, ancêtre de la Générale de Banque dans laquelle sont transférées toutes les activités bancaires, et la Société Générale de Belgique, la holding.
15. Un îlot formé par les rue Montagne du Parc, rue des Douze Apôtres, rue Isabelle, rue de la Bibliothèque (aujourd'hui rue Baron Horta) et rue Royale.
16. L'ensemble de la parcelle est en effet démoli, les immeubles néoclassiques nouvellement construits à front de rue Royale seront destinés à la Société Générale de Belgique et l'immeuble moderniste à la Générale de Banque dans une dualité néoclassique / modernisme affichée.
17. Van Kuyck va dresser des plans successifs avant qu'il n'y ait de consensus sur les deux tours jumelles. Il va être bridé dans son ambition qui était de dessiner une imposante tour de 60 mètres, soit 22 niveaux, dont 14 au-dessus du niveau de la rue Royale. Le Roi Baudouin s'y est opposé! Le chantier de la Cité administrative de l'État dont Van Kuyck s'occupe dans les années 1960 présente des analogies avec celui qu'il va entamer pour la Banque. Dans les deux cas, il s'agit d'établir un vaste complexe de bureaux sur la déclivité de terrain qui borde la rue Royale. Dans les deux cas, la solution architecturale présentée sera la construction d'un «socle» surmonté d'une esplanade… et d'une ou plusieurs tours / superstructures.
18. Van Kuyck a commencé la pratique du métier dès 1926, effectuant un stage auprès de Victor Horta qui travaille alors sur le Palais des Beaux-Arts.
19. La table rase de la structure parcellaire de l'îlot et des bâtiments existants permet à la première ligne de métro de traverser les niveaux souterrains de la banque entre les arrêts Gare Centrale et Parc. C'est d'ailleurs le calendrier de la STIB qui détermine le début des travaux de démolition-reconstruction des bâtiments de la Société Générale de Belgique.
20. Un parvis est un espace dégagé, plus ou moins spacieux, devant la façade d'un édifice public qu'il vient compléter. À l'époque paléochrétienne, le parvis se confond avec l'atrium, une avant-cour fermée par des portiques à colonnes, ou le narthex, sorte de vestibule accolé à l'édifice.
21. Son plan de forme octogonale, rare à Bruxelles, est inspiré de la basilique Saint-Vital à Ravenne. Il en découle huit façades qui répondent judicieusement à la parcelle triangulaire ouverte sur trois rues. En 1874 pour dégager le site et créer un parvis, les maisons autour de l'église sont démolies.
22. Le Monument au travail est une œuvre de Constantin Meunier que le gouvernement se résout à acheter après sa réalisation mais n'inaugure officiellement qu'en 1930, par crainte de voir son lieu d'implantation devenir un lieu de ralliement et de protestations.
23. Faute de responsables politiques concernés, les collections du Musée d'Art moderne sont tapies dans des réserves depuis 2011 et n'ont pas encore retrouvé un lieu accessible aux publics.
24. L'Orangerie et le jardin ont été conçus sous le règne de Guillaume Ier, en 1826. Les cinq fondateurs de ce jardin sont des botanistes amateurs dont Jean-Baptiste Meeus. Ce lieu d'enseignement et d'études est géré par la Société d'Horticulture des Pays-Bas qui se nommera Société d'Horticulture de Belgique, dès 1830. Ce jardin était ouvert à tous pour la plus grande joie du public. Il aura énormément de succès auprès des Bruxellois. On y découvrait au départ principalement des plantes indigènes puis des plantes exotiques.
25. La rue Isabelle suivait presque fidèlement le tracé du mur de la première enceinte de Bruxelles. Elle reliait la place des Bailles à la rue des Douze Apôtres. Elle représente un nœud topographique, voué à disparaître dans les plans ambitieux de l'architecte Henri Maquet qui applique, entre 1902 et 1908, sa vision pour l'aménagement du nouveau quartier situé entre la «Montagne de la cour», la rue Ravenstein, le Passage de la Bibliothèque et la rue Royale.
26. Nombreuses sont les institutions et les entreprises parmi lesquelles l'Université de Louvain-la-Neuve, la Sabena ou encore Glaverbel qui font appel à ce designer. L'habillage de l'ancienne Générale de Banque fut sa dernière commande.
27. Plus encore, la colonne traduit la condition de l'individu sur terre et son effort constant pour se dresser verticalement sur ses deux pieds. Son hybride, la caryatide, traduit bien cet effort silencieux qui unit pierre et humain.
28. Y sont inscrits dans le marbre les articles de la Constitution belge depuis son inauguration en 1859. Ce n'est qu'en 1920 qu'on installe au pied de la colonne du Congrès le tombeau du Soldat inconnu en mémoire des soldats belges morts pendant la guerre de 1914-1918.

GLISSEMENT INSTITUTIONNEL

1. Debray, R. (1999) «Trace, Forme ou Message» in *Les cahiers de médiologie 7: La confusion des monuments*, Paris: Gallimard, p. 37.
2. Venturi, R. (1996, 2e édition) *De l'ambiguïté en Architecture*, Paris: Dunod, pp. 22-23.
3. Holl, S. (1985) «Avant-propos», in Fenton, J., *Pamphlet Architecture 11: Hybrid Buildings*, New-York: Princeton Architectural Press, p. 3.

PARADOXALE INSTELLINGEN

1. Weingast, B. R. (2002) 'Rational Choice Institutionalism', in Katznelson I., Milner, H. V. (eds), *Political Science: State of the Discipline*, New York: W. W. Norton & Company.
2. Mary Douglas verdedigt de stelling dat instellingen gebaseerd zijn op genaturaliseerde sociale conventies, met andere woorden dat ze worden gelegitimeerd door overeenkomsten die hen plaatsen in de orde van de natuur en niet van de cultuur, waardoor ze zowel onbetwistbaar als een drijvende kracht voor actie worden: "Instellingen zijn verbonden door overeenkomsten met elementaire classificaties die als natuurlijk worden beschouwd […]. Instellingen zijn gebaseerd op de natuur en dus op de rede. Eenmaal genaturaliseerd, worden ze deel van de universele orde en kunnen ze op hun beurt dienen als basis." Douglas, M. (1999) *Comment pensent les institutions*, Parijs: La découverte, p. 71.
3. François, B. (1992) 'Le président, pontife constitutionnel', in Lacroix, B., Lagroye, J., dir., *Le président de la République*, Parijs: PFNSP.
4. Coton, C. (2017) *Officiers. Des classes en lutte sous l'uniforme*, Marseille: Agone.
5. Dulong, D., Matonti, F. (2007) 'Comment devenir un-e professionnel-le de la politique? L'apprentissage des rôles au Conseil régional d'Ile de France', in *Sociétés et représentations*, n°24.
6. Dulong, D. (2012) *Sociologie des institutions politiques*, Parijs: La découverte.
7. Bourdieu, P. (2012) *Sur l'État. Cours au collège de France (1989–1992)*, Parijs: Raisons d'agir.
8. Dit is de stelling die Pierre Bourdieu verdedigde. In zijn werken over de staat legt deze auteur uit dat de staat een instelling is die uniek is ten

opzichte van andere, omdat ze werd opgebouwd door de concentratie van wat de socioloog *symbolisch kapitaal* noemt, een vorm van macht die de wereld van betekenis voorziet door voorstellingen van de wereld te produceren en/of te valideren die niet alleen geobjectiveerd maar ook geformaliseerd zijn.

9. Pierson, P. (2000) 'Increasing Returns, Path Dependence and the Study of Politics', in *American Political Science Review*, vol. 94, n°2.
10. Garrigues, J. dir. (2007) *Histoire du Parlement de 1789 à nos jours*, Parijs: Armand Colin.
11. Lacroix, B et Lagroye, J. (1992) *Le Président de la République. Usages et genèse d'une institution*, Parijs: PFNSP.
12. Rostaing, C. (2014) 'L'ordre négocié en prison: ouvrir la boîte noire du processus disciplinaire', in *Droit et société*, vol. 87, n°2. pp. 303–328.
13. Lenoir, R. (2003) *Généalogie de la morale familiale*, Parijs: Seuil
14. Lagroye, J. (2009), *Appartenir à une institution. Catholiques en France aujourd'hui*, Parijs: Economica.
15. Het begrip verwijst naar Michel Foucault en duidt op een heterogeen geheel van gezegde en niet-gezegde zaken (vertogen, instellingen, regels, voorwerpen, …) die op coherente wijze zijn ingebed in machtsverhoudingen en steunen op kennis. Foucault, M. (2001) *Dits et écrits II, 1976–1988*, Parijs: Gallimard, p. 299.
16. De term is ontleend aan de socioloog Eving Goffman en verwijst naar het geheel van discoursen dat de instelling over zichzelf uitdraagt om zich te legitimeren. Zie over dit punt *Sociétés contemporaines* 2012.
17. Berger, P. & Luckmann, T. (1986) *La construction sociale de la réalité*, Parijs: Méridiens Klincksiek.
18. Chevallier, J. (1993) 'Note de lecture sur *Le Président de la République*' (Lacroix B. en Lagroye J., dir.) in *Politix*, n°23, p. 140.

INSTITUEREN AAN DE HAND VAN RUIMTE & TEKST

1. Dembski, S., Salet, W. (2010) 'The Transformative Potential of Institutions: how symbolic Markers Can Institute New Social Meaning in Changing Cities', *Environment and Planning A*, Vol 42, pp. 611–625.
2. Forty, A. (2000) *Words and Buildings*, Londen: Thames & Hudson, p. 117.
3. Foucault, M. (1979) *Discipline and Punish: The Birth of the Prison*. Trans. A. Sheridan. New York: Vintage.
4. Hillier B., Hanson, J. (1984) *The Social Logic of Space*, Cambridge: Cambridge University Press.
5. Markus, T., Cameron, D. (2002) *The Words Between the Spaces*, Londen: Routledge.
6. Douglas, M (1987) *How Institutions Think*, London: Routledge and Keagan Paul Ltd, p. 47.
7. Foucault, M. (1979) *Discipline and Punish: The Birth of the Prison*. Trans. A. Sheridan. New York: Vintage.
8. Hillier, B. (1996) *Space is the Machine: A Configurational Theory of Architecture*, Cambridge: Cambridge University Press.
9. Hillier B., Hanson, J. (1984) *The Social Logic of Space*, Cambridge: Cambridge University Press.
10. Dit wordt de ruimtelijke syntaxis genoemd.
11. Kaart opgesteld door Fra Paolino, een Venetiaanse monnik van het eiland Murano, daterend uit de tweede helft van de 14de eeuw.
12. Dit kenmerk staat bekend als 'keuze' in onderzoek naar de ruimtelijke syntaxis of 'interdependent centrality' (onderling afhankelijke centraliteit) in de netwerktheorie.
13. Psarra, S. (2018) *The Venice Variations: Tracing the Architectural Imagination*, Londen: UCL Press.
14. Psarra, ibid.
15. Op de pleinen kon ook zoet water worden gewonnen via reservoirs en ondergrondse kanalen. Dit wordt duidelijk door de aanwezigheid van waterputten, waarvan er vandaag nog honderden te zien zijn in Venetië. Howard, D. (2002) *The Architectural History of Venice*, New Haven, Londen: Yale University Press.
16. De parochie was gebaseerd op een gemeenschappelijke groeibodem, verbonden met het grondgebied. De traditionele modaliteit van de parochie, als stabiele gemeenschap, was toegankelijk zijn voor het grote publiek en lokaliseerbaar zijn op een specifieke plaats waar publieke samenkomst mogelijk werd gemaakt.
17. Muir, E. (1981) *Civic Ritual in Renaissance Venice*, Princeton: Princeton University Press.
18. Muir, ibid., p. 148.
19. Psarra, ibid.
20. Goy, R. J. (2006) *Building Renaissance Venice: Patrons, Architects and Builders, c. 1430–1500*, New Haven, Londen: Yale University Press, pp. 11–12.
21. Romano, D. (1987) *Patricians and Popolani: The Social Foundations of the Venetian Renaissance State*, Baltimore; Londen: John Hopkins University Press.
22. Muir, ibid.
23. Tafuri, M. (1995) *Venice and the Renaissance*. Trans. Levine, J. Cambridge, MA: The MIT Press.
24. Muir, ibid.
25. Muir, ibid.
26. Psarra, S. Maldonado, G. (2020) 'The Palace of Westminster and the Reichstag Building: Spatial Form and Political Culture', *Parliament Buildings Conference II*, 12/13 November 2020.
27. Hillier, ibid.
28. Hillier, ibid.
29. Bold, J. (2019) 'Familiar Ordinary Things: The Corridor in English Architecture', *Transactions of the Ancient Monuments Society*, 63, pp. 41–78. Norton, P. (2019) 'Power Behind the Scenes: The Importance of Informal Space in Legislatures', *Parliamentary Affairs*, 72, pp. 245–266.
30. Psarra, S. Maldonado, G (2020) 'The Palace of Westminster and the Reichstag Building: Spatial Form and Political Culture', *Parliament Buildings Conference II*, 12/13 November 2020.
31. Hollis, E. (2013) *The Memory Palace: A Book of Lost Interiors*, London: Portobello Books, p. 107. Een nieuwe regel staat de leden van beide kamers echter toe zich met elkaar te mengen in bepaalde eet- en drinkgelegenheden die voorheen uitsluitend voor de verschillende kamers waren bestemd.
32. Hollis, ibid.
33. Evans, R. (1997) 'Figures, Doors and Passages', in *Translations From Drawing to Building and Other Essays*, Cambridge MA: The MIT Press.
34. Ibid., p. 84.
35. Ministry of Housing and Local Government, *Homes for Today & Tomorrow* (Report of the Parker Morris Committee), HMSO (1961).
36. Ibid., p. 2.
37. Vertaling van 'estate', de Engelse term om een woonwijk aan te duiden.
38. De activiteiten werden gedefinieerd volgens de verschillende soorten ruimten en bewoners van het huis: eten, slapen, wassen, spelen met de kinderen, huiswerk maken, tv kijken, naaien en herstellen, hobby's, vrienden ontvangen en af en toe bezoek ontvangen. Deze activiteiten werden vervolgens opgedeeld naargelang ze samen of in elkaars nabijheid konden worden uitgevoerd, naargelang hun timing, frequentie of doel. De maaltijden waren georganiseerd in: ontbijt geserveerd in de keuken, doordeweekse en weekendmaaltijden in de eetkamer, of in de keuken bij afwezigheid van een gezinslid.
39. Goodchild, B., Furbey, R. (1986) 'Standards in housing design: A review of the main changes since the Parker Morris report (1961), *Land Development Studies*, vol 3 (2) Land Policies and Housing Provision, pp. 79–99.
40. Palate, S. (2020) *Towards a Deregulated Domesticity – The Making of 'Homes for Today and Tomorrow'*. PhD Thesis, Cambridge University.
41. Douglas, ibid.
42. Romano, ibid.
43. Sumption, J. (2019) *Trials of the State: Law and Decline of Politics*, Londen: Profile.

EEN WEB VAN VERHALEN OVER DE BRUSSELSE INSTELLINGEN

1. Régis Debray stelt in zijn artikel "Trace, Forme ou Message", gepubliceerd in *Les cahiers de médiologie* (1999), deze monumentaliteit in vraag. Hij brengt het "ouderwetse monument" – overgedimensioneerd, axiaal, centraal – in diskrediet. Voor hem is het niets anders dan een ouderwetse hybride van retoriek en propaganda, academia en ideologie. Hij onderscheidt drie soorten: het sporenmonument, het vormmonument en het boodschapsmonument. Terwijl het eerste de historische interesse van de bezoeker oproept, spreekt het tweede het esthetisch genot van de toeschouwer en het laatste de burgerlijke moraal van de deelnemer aan.
2. De beeldentuin aan de achterzijde van de Koninklijke Musea voor Schone Kunsten, die niet erg bekend is, vormde zo eveneens een oplossing voor een hobbelige helling: hij bestond nog niet in het midden van de 19de eeuw en dateert van vóór de doorbraak van de Regentschapsstraat.
3. De Franse etnoloog en historicus André Leroi-Gourhan poneert de hypothese dat de handeling van het institueren, m.a.w. van het oprichten, beantwoordt aan de fysieke en psychische behoefte om het individu en de sociale groep greep te geven op het universum, en om de mens via het symbolische apparaat te doen opgaan in de beweging en de willekeur die hem omringen.

4. Joseph Poelaert werd geboren in Brussel in 1817. Hij groeit op in de Lakensestraat, die parallel loopt met het Koninklijk Tracé, maar in het lagergelegen deel van de stad.
5. Stereotomie is een onderdeel van de stereometrie die de doorsnede aan de oppervlakte van meetkundige volumes bestudeert, meer bepaald de steensnedes van gewelfconstructies, koepels, trapvluchten en ornamenten.
6. In 1911 stelt architect Bonduel voor om de Marollen om te vormen tot een grote esplanade richting benedenstad. Een hele buurt zou zo van de kaart worden geveegd. Adjudant Labrique stelt in 1929 een ontwerp voor dat meer gericht is op het toenemende autoverkeer, waarbij de Schaarbeeksepoort via een nieuwe as rechtstreeks verbonden wordt met onder meer de Grote Markt.
7. Dit beeld wordt ons geschilderd door Georges Leboucq in een boek over Andreas Vesalius, gepubliceerd in 1944.
8. De vraag naar een nieuw justitiepaleis ontstond uit de wens om alle Brusselse rechtbanken in één gebouw onder te brengen en de vervallen gebouwen aan het Justitieplein te verlaten.
9. De zeven families of 'geslachten' heetten Coudenbergh, Roodenbeke, Serhuyghs, Serroelofs, Sleeus, Steenweeghs en Sweerts. Sinds de middeleeuwen vormen zij een aristocratie die tot 1421 het monopolie heeft op de burgerlijke, militaire en economische leiding binnen het stedelijk bestuur.
10. De instelling wordt nu materieel. Voor de Grote Eed van de Kruisboogschutters gebeurt dit aan de hand van de *Domus Isabellae*, die aartshertogin Isabella aan de gilde overhandigt.
11. Sinds 1890 vereeuwigt het door architect Henri Beyaert ontworpen Kleine Zavel Square de herinnering aan de gilden. Eromheen staan achtenveertig bronzen beeldjes met herkenningstekens, die verwijzen naar elk aanwezig beroep. Wevers, goudsmeden, houtbewerkers, stoffeerders, ververs, handschoenmakers, fruittelers, vergulders, brouwers, bakkers, … Ze staan er samen in een onbeweeglijke stoet.
12. Dit aankomstpunt is niet onbelangrijk. De gilden waren immers gevestigd in vele huizen op de Grote Markt of in de straten in de buurt van het politiek en economisch centrum. Hun aanwezigheid wordt aangegeven op de voorgevel aan de hand van expliciete versieringen.
13. Het oude woord *ommegang* betekent 'rondgang'.
14. Bij haar oprichting was de Generale Maatschappij van België een gemengde bank die tot doel had de ontwikkeling van de mechanische industrie en handel te ontwikkelen en te bevorderen. Dit betekent dat ze bankactiviteiten verrichtte (depositobankieren, financiering, enz.) maar ook aandelen had in commerciële en industriële ondernemingen. In 1934 legde de Belgische regering de opsplitsing van gemengde banken op, om het spaargeld van de klanten te beschermen. Depositobanken konden niet langer aandelen bezitten in industriële ondernemingen. De Generale Maatschappij van België wordt bijgevolg opgesplitst in twee afzonderlijke vennootschappen: de Bank van de Generale Maatschappij van België, de voorloper van de Generale Bank, waarin alle bankactiviteiten worden ondergebracht, en de Generale Maatschappij van België, de holdingmaatschappij.
15. Een huizenblok gevormd door de Warandebergstraat, Twaalf Apostelenstraat, Isabellastraat, Bibliotheekstraat en Koningsstraat.
16. Het volledige perceel werd afgebroken, de nieuw opgetrokken neoklassieke gebouwen aan de straatkant op de Koningsstraat zouden worden gebruikt door de Generale Maatschappij van België en het modernistisch gebouw door de Generale Bank in een neoklassieke/modernistische tweeledigheid.
17. Van Kuyck zal opeenvolgende plannen uitwerken voordat er een consensus is over de tweelingtorens. Zijn ambitie om een imposante toren van zestig meter te ontwerpen, d.w.z. 22 verdiepingen waarvan veertien boven het niveau van de Koningsstraat, zal worden ingeperkt. Koning Boudewijn is hier immers tegen gekant. De werf van het Rijksadministratief Centrum, waarvoor Van Kuyck in de jaren zestig verantwoordelijk was, is vergelijkbaar met de werf die hij voor de bank zou beginnen. In beide gevallen is het de bedoeling een groot kantorencomplex te vestigen op een hellend terrein dat grenst aan de Koningsstraat. In beide gevallen zal de architecturale oplossing bestaan uit de bouw van een sokkel met daarop een esplanade… en een of meer torens of bovenbouwen.
18. Van Kuyck begon zijn vak uit te oefenen in 1926, toen hij stage liep bij Victor Horta, die destijds werkte aan het Paleis voor Schone Kunsten.
19. Dankzij een tabula rasa van de perceelstructuur van het huizenblok en de bestaande gebouwen kan de eerste metrolijn door de ondergrondse niveaus van de bank lopen, tussen de haltes Centraal Station en Park. Het is dan ook de planning van de MIVB die het begin van de sloopheropbouwwerkzaamheden van de GMB-gebouwen zou bepalen.
20. Een voorplein is een vrijgemaakte ruimte, al dan niet groot, voor de gevel van een publiek gebouw en vormt een aanvulling op het gebouw. In de vroegchristelijke periode was het voorplein een atrium, een voorkoer omsloten door kolomportieken, of een narthex, een soort voorhal die aan het gebouw aansloot.
21. De achthoekige plattegrond, zeldzaam in Brussel, is geïnspireerd op de Basiliek van San Vitale in Ravenna. Het resultaat zijn acht gevels die slim inspelen op het driehoekig perceel dat uitgeeft op drie straten. In 1874 werden de huizen rond de kerk afgebroken om het terrein vrij te maken en een voorplein aan te leggen.
22. Het Monument voor de Arbeid is een werk van Constantin Meunier, dat de regering besloot te kopen nadat het was voltooid, maar dat pas in 1930 officieel ingehuldigd werd uit vrees dat de locatie een verzamelpunt voor protesten zou worden.
23. Door een gebrek aan politieke besluitvorming ligt de collectie van het Museum voor Moderne Kunst sinds 2011 achter slot en grendel en werd er nog geen nieuwe thuis voor gevonden die toegankelijk is voor het publiek.
24. De Orangerie en de tuin werden ontworpen tijdens het bewind van Willem I in 1826. De vijf stichters van deze tuin zijn amateur-plantkundigen, onder wie Jean-Baptiste Meeus. Deze onderwijs- en studieplaats wordt beheerd door de 'Koninklijke Maatschappij van Kruid-, Bloem- en Boomkwekerije der Nederlanden', die vanaf 1830 de naam Koninklijke Belgische Botanische Vereniging zal dragen. Deze tuin was voor iedereen toegankelijk, tot groot genoegen van het publiek en werd een groot succes bij de Brusselaars. Eerst konden er vooral inheemse planten worden bewonderd, maar later werden ook exotische planten toegevoegd.
25. De Isabellastraat volgde bijna exact het tracé van de muur van de eerste Brusselse stadswal. Ze verbond het Baliënplein met de Twaalf Apostelenstraat. Ze is een topografisch knooppunt dat zou verdwijnen in de ambitieuze plannen van architect Henri Maquet, die tussen 1902 en 1908 zijn visie toepaste op de ontwikkeling van de nieuwe wijk tussen de Hofberg, de Ravensteinstraat, de Bibliotheekstraat (nu de Baron Hortastraat) en de Koningsstraat.
26. Talrijke instellingen en bedrijven, waaronder de Universiteit van Louvain-la-Neuve, Sabena en Glaverbel, deden een beroep op deze ontwerper. Zijn laatste opdracht was de inrichting van de voormalige Generale Bank.
27. Bovendien weerspiegelt de kolom de toestand van het individu op aarde en zijn voortdurende inspanning om rechtop te staan, op zijn twee voeten. Zijn hybride vorm, de kariatide, is een goed voorbeeld van de stille inspanning die steen en mens verenigt.
28. De artikelen van de Belgische Grondwet zijn sinds de inhuldiging in 1859 in marmer gegraveerd. Pas in 1920 werd aan de voet van de Congreskolom het Graf van de Onbekende Soldaat geïnstalleerd, ter nagedachtenis van de Belgische soldaten die in de oorlog van 1914–1918 zijn gesneuveld.

INSTITUTIONELE VERSCHUIVING

1. Debray, R. (1999) 'Trace, Forme ou Message' in *Les cahiers de médiologie 7: La confusion des monuments*, Parijs: Gallimard, p. 37.
2. Venturi, R. (1996, 2e editie) *De l'ambiguïté en Architecture*, Parijs: Dunod, pp. 22–23.
3. Holl, S. (1985) 'Avant-propos', in Joseph F., *Pamphlet Architecture 11: Hybrid Buildings*, New-York: Princeton Architectural Press, p. 3.

COLOPHON

ENG/

In 2019 the BNP Paribas Fortis bank decided to reflect on its property holdings in Brussels. The LOCI Faculty of Architecture, Architectural Engineering and Urban Planning of UCLouvain invited the bank to contextualize this question through a broader, more multilayered examination of institutions in the city and their role in urban development. This book is the result of that reflection. It will be accompanied by an exhibition in September–November 2022.

Now that the examination is complete, the relevance of this contextualization is clear, as it details the singular history of the banking institution and its headquarters. Indeed, for 200 years now, the history of the BNP Paribas Fortis headquarters, located at no. 3 Rue Montagne du Parc, has followed the history of the Brussels institutions in a surprisingly faithful manner. Initially a town house in a street perpendicular to Rue Royale, the bank grew until, like other institutions, it took its place on the Royal Route. To do so, it first adopted the neoclassical language of the neighbouring institutions, shaping the perimeter of Brussels Park with them. It then anchored itself resolutely in modernity by proposing a progress-oriented building, not least as regards cars. The current building, still on the same site, now seeks to meet the contemporary challenges of durability, flexibility and openness to the city by making itself accessible to the public.

Leaving aside the grey energy expended over the course of these successive reconstructions, we can see that the institution has taken an interest in the same challenges as its neighbours, including the relation between the upper, official part of the city and the lower, more trade-oriented part. Similarly, the history of the institution closely follows the evolution of its fellow institutions embedded in the Royal Route, evolving between monumentality and hybridization with a building that seeks to open itself up to the city and whose structure should allow it to accommodate the changing needs of the banking institution.

FR/

En 2019, la banque BNP Paribas Fortis décide d'engager une réflexion sur son patrimoine édifié sur le territoire de Bruxelles. La Faculté d'architecture LOCI de l'UCLouvain lui propose de mettre en abîme cette question à travers une recherche plus large et transversale sur les institutions dans la ville et leur rôle dans le développement urbain. Cette réflexion a donné lieu à cet ouvrage et à une exposition en septembre-novembre 2022.

Au bout de ce parcours, force est de constater la pertinence de cette mise en abîme qui rend compte de l'histoire singulière de la banque et de son siège social. En effet, depuis maintenant 200 ans, l'histoire du siège de la banque BNP Paribas Fortis sis 3 rue Montagne du Parc suit de manière étonnamment fidèle celle des institutions bruxelloises. Initialement maison mitoyenne située dans une rue perpendiculaire à la rue Royale, la banque s'est développée pour venir s'installer, comme d'autres institutions, sur le Tracé royal. Pour ce faire, elle a d'abord repris le langage néoclassique des institutions voisines, façonnant avec elles le pourtour du Parc royal. Ensuite, elle s'est résolument ancrée dans la modernité en proposant un bâtiment tourné vers le progrès, automobile notamment. Enfin, toujours sur le même site, le bâtiment actuel tente de répondre aux défis contemporains de durabilité, de flexibilité et d'ouverture sur la ville en proposant des lieux accessibles au public.

Abstraction faite de l'énergie grise dépensée lors de ces reconstructions successives, on constate que l'institution s'est intéressée aux mêmes défis que ses voisines et particulièrement la relation entre le haut, officiel, et le bas, plus laborieux, de la ville. De même, l'histoire de l'institution suit avec fidélité l'évolution de ses consœurs perchées sur le Tracé royal, évoluant entre monumentalité et hybridation, avec un bâtiment qui cherche à s'ouvrir sur la ville et dont la structure devrait permettre d'accueillir les besoins changeants de l'institution bancaire.

NL/

In 2019 besluit BNP Paribas Fortis om haar patrimonium op het Brusselse grondgebied te herzien. De faculteit Architectuur van de UCLouvain LOCI wil deze vraag in perspectief zetten aan de hand van een breder en transversaal onderzoek naar de instellingen in de stad en hun rol in de stedelijke ontwikkeling. Deze reflectie heeft geresulteerd in dit boek en een tentoonstelling in september-november 2022.

Aan het eind van dit parcours moeten we vaststellen dat deze denkoefening, die rekening houdt met de zeer bijzondere geschiedenis van de bank en haar hoofdzetel, wel degelijk relevant is. De geschiedenis van de hoofdzetel van BNP Paribas Fortis, gevestigd in de Warandebergstraat 3, volgt immers al tweehonderd jaar op een verrassend getrouwe manier de geschiedenis van de Brusselse instellingen. Van een rijhuis in een straat die loodrecht op de Koningsstraat staat, groeide de bank, net als andere instellingen, uit tot een vestiging aan het Koninklijk Tracé. Daartoe nam ze eerst de neoklassieke taal van de naburige instellingen over en gaf ze samen met hen vorm aan de omtrek van het Warandepark. Daarna verankerde de bank zich stevig in de moderniteit door een gebouw te plaatsen dat gericht is op vooruitgang, met name op vlak van autoverkeer. Nu tracht het huidige gebouw, nog steeds op dezelfde plaats, een antwoord te geven op de hedendaagse uitdagingen qua flexibiliteit en openheid naar de stad toe door publiek toegankelijke ruimten aan te bieden.

Abstractie makend van de grijze energie die bij deze opeenvolgende verbouwingen werd verbruikt, is duidelijk dat de instelling dezelfde uitdagingen is aangegaan als haar buren, en dan vooral de verbinding van de meer officiële bovenstad met de eerder op arbeid gerichte benedenstad. Op dezelfde manier volgt de geschiedenis van de instelling getrouw de evolutie van haar tegenhangers op het Koninklijk Tracé, evoluerend van monumentaliteit naar hybridisering, met een gebouw dat zich wil openen naar de stad en waarvan de structuur het mogelijk moet maken de veranderende behoeften van de bankinstelling op te vangen.

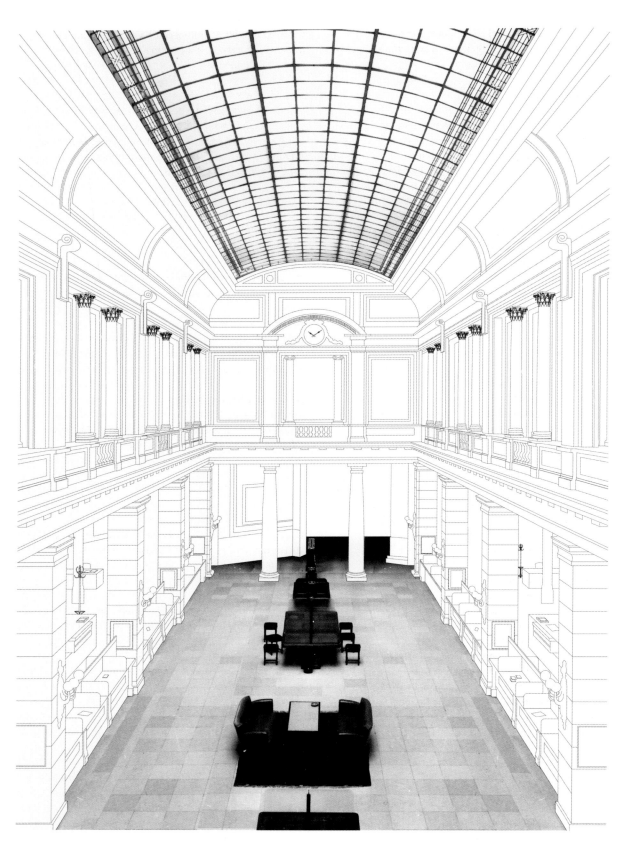

Counter hall of the Société Générale, c. 1900 – Collage: S. Vardar, M. Levy, A. Errembault, 2020.

As we conclude this project, we would like to thank Dominique Van Hove and Charles de Bueger for their support throughout the process, as well as the teachers of the LOCI Faculty of Architecture, Architectural Engineering and Urban Planning of UCLouvain for having integrated this subject into their courses.

We also wish to acknowledge:

BAIU-Bruxelles, Émilie Bechet, Geneviève Blondiau, Catherine Cornu, Jaime de Mendoza Fernández, Brigitte de Terwangne, Christine Fontaine, Virginie Fontesse, Ann Hollevoet, Géry Leloutre, Patrick Lennon, Laurent Leprince, Manuel León Fanjul, Raphaël Magin, Gabriel Pascoal, Brice Polomé, Lee Christopher Roland, SumProject, Isabelle Vanderhoeven, David Vandenbroeck, Pascale Van de Kerchove, Jean-Louis Vanden Eynde, Krysia Sobieski, Gert Walden

Lastly, this book would not have been possible without the investment of the students of the LOCI Faculty of Architecture of UCLouvain. We dedicate this book to them.

STUDENTS

Mohamed Akhira, Nesrine Benali, Warda Ben Amar, Guillaume Berna, Mylane Bismuth, Marine Boissières, Juliette Bollen, Mouniratou Boukari, Camille Bousmanne, Hilaire Bramaud du Boucheron, Antonina Butera, Stéphanie Charles de la Brousse, Xingyu Chen, Sheldon Cleven, Hadrien Coche, Gaspard Courtois, Jérôme Daenens, Kilian Daubié, Magali De Clercq, Vincent de Grave, Laura Delgado S., Clémentine Dekimpe, Delphine Deraymaeker, Baudouin de Villenfagne, Victoria Dubois, Aude Dupont, Imane El Habazi, Alix Errembault, Jimmy Fajwlewicz, Agathe Flipo, Manon Florès, Ibtihal Fnine, Marie Gorissen, Adrien Grillet, Nicolas Halleux, Olivia Hayon, Clément Hemy-Dumas, Magali Hertoghe, Nezihe Ipek, Justine Jadoul, Mohamed Kaidi, Camille Knauf, Thomas Kozlow, Zacaria Laachiri, Gaspar Lambé, Sofia Lamhamdi, Margaux Legrand, Gaëtane Lemaire, Marie Levy, Stéphanie Lux, Pauline Masson, Laurine Menant, Maryline Misselyn, Christophe Monfort, Côme Morterol, Marius Nova, Julien Obedia, Lou-Ann Prudhomme, Riwa Radwan, Mylan Rebout, Yassir Rhanja, Arnaud Rigolet, Louis Roobaert, Gabin Sepulchre, Sophia Sentissi, Yasser Sidi Yakoub, Nadège Snoy, Iliana Stefanova, Cécile Struvay, Agathe Studer, Yasmine Tanouti, Xiaolan Vandendries, Manu Vanderveken, Victoria Vandewalle, Sophie Vardar, Laura Villeret, Hsinting Wu

LECTURERS

Moyens d'expression et représentation (Bac 2 & 3) – 2019–2020, 2020–2021, 2021–2022
Joëlle Houdé, Pietro Manaresi, Louis Roobaert

**Atelier – Recherche pour le projet:
Observations et analyses (Master 1 & 2) – 2019–2020**
Emmanuel Beldars, Abdelmajid Boulaioun, Christophe Gillis, Christine Fontaine, Thomas Montulet, David Schmitz, Benoit Thielemans, Pascale Van de Kerchove, David Vandenbroucke

**Atelier – Recherche par le projet:
Propositions prospectives (Master 1) – 2019–2020**
Emmanuel Beldars, Abdelmajid Boulaioun, Stephane Damsin, Christophe Gillis, Christine Fontaine, David Schmitz, Benoît Thielemans, Pascale Van de Kerchove, David Vandenbroucke

Utopies et actualités de l'habiter (Master 1) – 2017–2018, 2018–2019, 2019–2020, 2021–2022
Gérald Ledent

**Question d'architecture:
Histoire et théorie (Master 1 & 2) – 2020–2021**
Cécile Chanvillard, Christine Fontaine

**Question d'architecture:
Art et architecture (Master 1 & 2) – 2019–2020, 2021–2022**
Ambra Fabi, Philippe Honhon, Anne Sophie Nottebaert, Raphaël Pirenne, Cécile Vandernoot, Grégoire Wuillaume

**Atelier TFÉ Architecture:
Compositions (Master 2) – 2019–2020, 2021–2022**
Cécile Chanvillard, Deborah Levy, Christine Fontaine, Gérald Ledent, Jean-Jacques Jungers

———

EDITORS
Gérald Ledent, Cécile Vandernoot
UCLouvain – Faculté d'architecture, d'ingénierie architecturale, d'urbanisme (LOCI) – Louvain research institute for Landscape, Architecture, Built environment (LAB)

AUTHORS
Delphine Dulong, Dietmar Eberle, Christian Gilot, Gérald Ledent, Sophia Psarra, Cécile Vandernoot

READING COMMITTEE
Charles de Bueger, Jean-Louis Moreau, Jacques Romainville

TRANSLATION
Artemo Taaldiensten – Eva Van Walle (NL), Patrick Lennon (EN)

Translators' note: Unless a source is given, quotes in the Dutch and English versions are free translations.

COPY EDITING
Koen Van Caekenberghe (NL), Cécile Vandernoot (EN), Dominique Van Hove (FR)

PROOFREADING
Dean Drake (EN), Monique Meyer Rebetez (FR),
Bart Van der Straeten (NL)

DESIGN
N.N. – Jurgen Persijn

PRINTING
Graphius, Ghent

COVER IMAGE
The Headdress of Justice
Collage: M. Vanderveken, 2019.

© 2022 Cécile Vandernoot and Gérald Ledent
and Park Books AG, Zurich

© for the texts: the authors
© for the images: the artists / see image credits
© 2022 ProLitteris, Zurich, for all works by Julie Guiches

Park Books
Niederdorfstrasse 54
8001 Zurich
Switzerland
www.park-books.com

Park Books is being supported by
the Federal Office of Culture with a
general subsidy for the years 2021–24.

All rights reserved; no part of this publication
may be reproduced, stored in a retrieval system
or transmitted in any form or by any means,
electronic, mechanical, photocopying, recording,
or otherwise, without the prior written consent
of the publisher.

Despite best efforts, we have not been able to
identify the holders of copyright and printing
rights for all the illustrations. Copyright holders
not mentioned in the credits are asked to
substantiate their claims, and recompense
will be made according to standard practice.

ISBN 978-3-03860-293-4

IMAGE CREDITS

All pictures have been produced by students from
UCLouvain – Faculty of Architecture, Architectural
Engineering and Urban Planning (LOCI) in Brussels,
except for:

Archives BNB Paribas Fortis: pp. 146 (top left & right),
    147 (top & bottom), 172 (bottom right), 173 (top)
Archives de la Ville de Bruxelles: pp. 78, 88, 91, 122 (top)
Archives du Palais royal (collections photographiques,
    topographie, Belgique, Bruxelles) - Archief van het
    Koninklijk Paleis (fotocollecties, topografie, België,
    Brussel): pp. 126–127 (bottom)
Arch. Souto Moura's Studio: p. 183 (top)
Baumschlager Eberle Architekten: pp. 185 (left & right),
    187, 188, 191 (top, middle & bottom)
Émilie Bechet: p. 132 (middle)
Émilie Bechet & Cécile Vandernoot: pp. 176–177
BnF: pp. 28, 66, 111 (bottom)
Brussels KBR: pp. 76, 107
CIVA: pp. 93, 132 (bottom left)
Catherine Cornu: p. 132 (top)
Virginie Fontesse: p. 134 (bottom)
Christian Gilot: pp. 94, 97 (middle & bottom)
KIK-IRPA, Brussels: pp. 114 (top left), 172 (bottom left)
Gérald Ledent: pp. 63, 65, 67, 69, 71, 73, 75, 77, 79, 81
Duccio Malagamba: p. 183 (middle)
Ministère des Travaux Publics: p. 80
Ministry of Housing and Local Government: p. 53
Museo Correr: p. 44
Musées de la Ville de Bruxelles – Maison du Roi:
    pp. 64, 68, 72 (bottom), 115
Museo Nacional del Prado (Photographic Archive): p. 30
National Archives of Belgium: pp. 90 (left), 97 (top), 98
Piovenefabi/Parckdesign 2016 Bruxelles, Photo:
    Julie Guiches © 2022, ProLitteris, Zurich: p. 135
Brice Polomé: p. 128 (top)
Sophia Psarra: pp. 35, 39, 41, 42, 47, 49, 51
RMN - Grand Palais (Musée de l'Orangerie)/
    Hervé Lewandowski: p. 27
RMN - Grand Palais (Musée du Louvre)/
    Daniel Arnaudet: p. 114 (bottom)
Lee Christopher Roland: p. 134 (top)
urban.brussels: p. 122 (bottom)
Simon Schmitt: pp. 6–7, 18–19
François Stroobant: p. 90 (right)
Cécile Vandernoot: p. 149